মনক জয় কৰক

AF529451

লেখক

সূৰ্য সিন্‌হা

মানৱ প্ৰশিক্ষক আৰু প্ৰেৰক

ডায়মণ্ড বুক্‌চ

www.diamondbook.in

প্ৰকাশক ঃ ডায়মণ্ড বুক্‌চ (প্ৰা.) লিমিটেড
X - 30, ওখলা ইণ্ডাস্ট্ৰিয়াল এৰিয়া,
ফেজ - II, নূতন দিল্লী - 110 020
ফোন ঃ 011 - 40712200
ই-মেইল ঃ sales@dpb.in
ৱেবচাইট ঃ www.diamondbook.in

লেজাৰ টাইপচেটিং ঃ ল্যাঙ্গুয়েজট্ৰন

মনক জয় কৰক

Man Ke Jeete Jeet (Assamese)

By: Surya Sinha

সমৰ্পণ

এইখন গ্ৰন্থ

মাতা বৈষ্ণ দেৱী-ৰ

চৰণত সমৰ্পিত, যাৰ অপাৰ

কৃপা সদায় মোৰ লগত আছে।

প্ৰকাশকৰ কলমৰ পৰা

এইখন গ্ৰন্থ সূৰ্য সিন্‌হাই অত্যন্ত সূক্ষ্মতাৰে মানৱ-মনৰ সন্ধান কৰিছে। মানৱ-মনৰ সেই দুটা মুখ্য ভাগৰ বিষয়ে অত্যন্ত বিস্তাৰ ৰূপেৰে কৈছে যে চেতন মন আৰু অবচেতন মনৰ আমাৰ জীৱনত কিমান ডাঙৰ যোগদান আছে, এই দুটা আমাৰ জীৱনত প্ৰতিটো মূহুৰ্তত ঘটা ক্ৰিয়াবিলাকত কিমান যে গুৰুত্বপূৰ্ণ ভূমিকা পালন কৰে তাক নুই কৰিব নোৱাৰি। এইখন গ্ৰন্থত তেওঁ মনুষ্যৰ বহুতো শংকা, সমস্যা, তেওঁলোকৰ উৎসুকতা নিবাৰণ কৰিছে, লগতে জীৱত আহি থকা পৰিস্হিতি জনিত সমস্যা আৰু কঠিনতাৰ নিৰাকৰণৰো চেষ্টা কৰিছে। মই কব পাৰো যে এইখন গ্ৰন্থ আমাৰ জীৱনত আগৰ পৰাই জড়িত হৈছে আৰু ভৱিষ্যতে অহা সকলো সমস্যাৰ সমাধান বিচাৰি উলিওৱাত মানুহক ভৰপুৰ পথ প্ৰদৰ্শন কৰিব।

আশা কৰো আগৰ দৰেই সূৰ্য সিন্‌হাৰ কলমৰ পৰা প্ৰকাশিত এইখন গ্ৰন্থ 'মনক জয় কৰক' ও আপোনালোক পছন্দ কৰি, এনেদৰে মোৰ দৃঢ় বিশ্বাস।

প্ৰকাশক

মই এইখন গ্ৰন্থ কিয় লিখিছো ?

প্ৰিয় বন্ধু !

এই কথাত মোক অত্যন্ত সন্তুষ্টি হয়, যে আপুনি মোৰ প্ৰকাশিত সকলো গ্ৰন্থক প্ৰশংসা কৰিছে আৰু পছন্দ কৰিছে, লাগিলে সেই গ্ৰন্থ নেটৱৰ্ক মাৰ্কেটিংৰ লগত সম্বন্ধীত হওক বা লোক-ব্যৱহাৰ আৰু জীৱনৰ উচ্চতম মূল্যৰ লগত সম্বন্ধীত সফলতাদায়ক গ্ৰন্থ হওক। মোৰ যুৱ পাঠক সকলৰ তৰফৰ পৰা ভৰপুৰ সহযোগ পাইছো।

এইবাৰ মোৰ নতুন গ্ৰন্থ হৈছে- মনক জয় কৰক।

এইখন গ্ৰন্থক লিখাৰ পূৰ্বে মই সংসাৰৰ কিছু সফলতম ব্যক্তি, কিছুমান বিজেতা আৰু এনে কিছুমান লোকৰ ইতিহাস পঢ়িছো, যি শূন্যৰ পৰা শিখৰলৈ গৈ পাইছে। তেওঁলোকৰ প্ৰত্যেকৰে মাজত এক সমান বস্তু দেখা পাইছো, সেয়া আছিল যে তেওঁলোকে নিজৰ নিজৰ ক্ষেত্ৰত সফলত প্ৰাপ্ত কৰাৰ পূৰ্বে নিজৰ মনক জয় কৰাৰ কাম কৰিছিল। এনেদৰে মই এই নিৰ্ণয়ত আহি পাওঁ যে সংসাৰক জয় কৰাৰ পূৰ্বে আৱশ্যক হয় মনক জয় কৰাতো। যি ব্যক্তিয়ে নিজৰ মনক জয় কৰিছে, তেওঁ হেজাৰ হেজাৰ বাধা পাৰ কৰি বিজয়ী হৈছে। তেওঁ শূন্যৰ পৰা শিখৰলৈ গৈ পাইছে।

এইখন গ্ৰন্থত মই এইটো কথা জনাবকৈ চেষ্টা কৰিছো যে মনক জয় কৰাতো কি হয় ? কেনেদৰে নিজৰ ওপৰত বিজয় প্ৰাপ্ত কৰিব পৰা যায় ? আপুনি কেনেদৰে মনক নিয়ন্ত্ৰিত কৰি তাক ট্ৰেনিং প্ৰাপ্ত

ঘোঁৰাৰ দৰে কেনেদৰে সফলতাৰ প্ৰাপ্তিৰ বাবে দৌৰাব পাৰে ?

এতিয়া প্ৰশ্ন এইটো উঠে যে মনক কেনেদৰে জয় কৰিব পাৰি ?

যেনেদৰে আপোনালোকে জানে যে মন অত্যন্ত চলায়নমান হয়। ইয়াৰ গতি বায়ুতকৈ বেছি তীব্ৰ হয়। মন বহুতত জেদী হয়। মন যদি এবাৰ অস্হিৰ হৈ যায়, তেতিয়া মনুষ্য নিজৰ মতে, নিজৰ ৰাস্তাত চলে, লাগিলে সেই ৰাস্তা শুদ্ধ হওক বা ভুল। সংসাৰৰ প্ৰত্যেক প্ৰাণী মনৰ অধীন হয়, কিন্তু এনে কিছুমান প্ৰাণী আছে, যি নিজৰ মনৰ ওপৰত শাসন কৰি, মনক নিজৰ পদ্ধতিৰে চলায়।

এইখন গ্ৰন্থত মই এইটো কথা কৈছো যে কেনেদৰে মনৰ ওপৰত নিয়ন্ত্ৰণ ৰাখিব পৰা যায় আৰু সফলতাৰ শিখৰত গৈ পাই কেনেদৰে জীৱনত সুখ-শান্তি, সন্তুষ্টি, সমৃদ্ধি আদি যিমান শুভ বস্তু আছে, সেইবিলাক প্ৰাপ্ত কৰিব পৰা যায়।

ইতিবাচক চিন্তাধাৰা, সুস্হ চিন্তাধাৰা, বিশ্বাস, আত্ম-বিশ্লেষণ, জ্ঞানক আত্মসাৎ কৰা, আত্মচিন্তন, চেতনা, বুদ্ধি সততা আদি মনক জয় কৰাৰ পদ্ধতি এইখন গ্ৰন্থত মই বিস্তাৰেৰে আলোকপাত কৰিছো।

এইখন গ্ৰন্থত দিয়া পৰামৰ্শ বিলাকৰ ওপৰত যদি আপুনি এবাৰ অনুশীলন কৰি অৰ্থাৎ মনত জয় কৰি তেন্তে আপুনি সফলতা পাব পাৰে।

এবাৰ আপুনি মোৰ পৰামৰ্শৰ অনুসাৰে মনক জয় কৰি লয় তেতিয়া মোৰ দৃঢ় বিশ্বাস যে আপুনি বিশ্ব জয় কৰিব।

যেনেদৰে আপুনি জানে যে ব্যস্ততাৰ কাৰণে মই বেছি লিখা-লিখিৰ কাম কৰিব নোৱাৰে, এনেতো লিখনি কাম মই মোৰ জীৱিকা চলাবৰ বাবে কৰা নাই। মই লিখো মোৰ সেই লক্ষ লক্ষ অনুগামীৰ পথ প্ৰদৰ্শন কৰিবৰ বাবে, যি কোনো কাৰণৱশত আত্মবিকাশ সম্বন্ধীত মোৰ চেমিনাৰ আৰু বিভিন্ন চহৰত হোৱা কৰ্মশালাত অন্তৰ্ভুক্ত হ'ব নোৱাৰে। মই সেই সকলো পাঠকৰ প্ৰতি কৃতজ্ঞ, যি ই-মেইলৰ মাধ্যমেৰে মোক জানিব দিয়ে যে মোৰ গ্ৰন্থৰ পৰা তেওঁলোকক অশেষ লাভ হৈছে। এই সকল ব্যক্তিৰ মাজত স্কুলীয়া ছাত্ৰ-ছাত্ৰী, কলেজ

ষ্টুডেন্ট, শিক্ষক, গৃহিণী আৰু শিশুলৈকে অন্তৰ্ভুক্ত আছে।

এইটো মোৰ বাবে গৌৰৱৰ বিষয় যে প্ৰতিটো বয়সৰ পাঠক মোৰ লগত জড়িত আছে। ইমানেই নহয়, নেটৱৰ্ক মাৰ্কেটিং ব্যৱসায়ৰ লগত জড়িত লক্ষ লক্ষ নেটৱৰ্কাৰো মোৰ নেটৱৰ্ক মাৰ্কেটিং বিজিনেচৰ লগত সম্বন্ধীত গ্ৰন্থৰ পৰা লাভান্বিত হৈছে আৰু মোক গৌৰৱেৰে জানিব দিয়ে যে মোৰ দ্বাৰা দিয়া পৰামৰ্শ আৰু সূত্ৰৰ পৰা কেনেদৰে তেওঁলোকৰ জীৱনত পৰিৱৰ্তন আহিছে আৰু আজি তেওঁলোকে সুখৰ জীৱন জীয়াই আছে।

এই প্ৰসংগত মই সকলো প্ৰকাশকৰ প্ৰতি আন্তৰিক কৃতজ্ঞতা জ্ঞাপন কৰিছো, কিন্তু ডায়মণ্ড বুকচ্‌ৰ শ্ৰী নৰেন্দ্ৰ বৰ্মাৰ প্ৰতি বিশেষ কৃতজ্ঞতা জ্ঞাপন কৰিছো, যি মোৰ গ্ৰন্থবিলাক হিন্দীতেই নহয়, বৰং ভাৰতৰ অন্যান্য ভাষা যেনে, ইংৰাজী, মাৰাঠী, কানাড়া, বঙালী, অসমীয়া, উড়িয়া, তেলেগু, মালায়ালম, গুজৰাটী আদি ভাষাতো প্ৰকাশিত কৰি জন-জনৰ ওচৰলৈ লৈ গৈছে।

এইখন গ্ৰন্থ মনক জয় কৰক গ্ৰন্থখনকো তেওঁ কেইবাটাও ভাষাত প্ৰকাশিত কৰিছে। যেনেদৰে মই আগতেই কৈছো যে তেওঁৰ আৰু মোৰ এটাই উদ্দেশ্য হয়- বিশ্বভৰৰ যুৱবৰ্গক উচিত পথ প্ৰদৰ্শন কৰা তেওঁলোকৰ বিকাশ কৰা।

তেনেহ'লে প্ৰিয় পাঠক, এইখন গ্ৰন্থও আপোনাক উচিত পথ প্ৰদৰ্শন দেখুৱাব, এনেদৰে মোৰ দৃঢ় বিশ্বাস। এইখন গ্ৰন্থৰ প্ৰসংগতো মই আপোনাৰ পৰামৰ্শ বিলাক অধীৰ ভাৱে অপেক্ষা কৰিম।

মই ইয়াত পাঠক সকলক বিশেষ ভাৱে অনুৰোধ কৰিব বিচাৰো যে তেওঁলোকে জীৱন সম্পূৰ্ণ সফলতা প্ৰাপ্ত কৰিবৰ বাবে আৰু নিজৰ আত্মবিকাশৰ বাবে মোৰ দ্বাৰা লিখা অন্যন্য গ্ৰন্থ 'আপুনি আৰু আপোনাৰ ব্যৱহাৰ', 'ইতিবাচক চিন্তাধাৰাৰ যাদু', 'সফল বক্ত হওক', 'গ্ৰুপই কথা কয়', 'মনক জয় কৰক', 'কম্প্লিট পাৰ্চনেলিটি ডেভেলপমেন্ট ক'ৰ্চ্‌', 'কিছু শুনা আৰু কিছু নশুনা কাহিনী', 'সফল বক্তা', 'লোক ব্যৱহাৰ' আৰু 'জাগা, উঠা, আগবাঢ়া' ইত্যাদি গ্ৰন্থক নিশ্চয় পঢ়ক।

মোৰ দৃঢ় বিশ্বাস যে এই গ্ৰন্থ বিলাক পঢ়িলে তেওঁলোকৰ জীৱনৰ প্ৰত্যেক পৰ্যায়ত নিশ্চয় লাভ হ'ব আৰু তেওঁলোকক জীৱনৰ সকলো ক্ষেত্ৰত এই সকলো গ্ৰন্থৰ মাধ্যমেৰে সহায়তা প্ৰাপ্ত হ'ব।

আপোনাৰ

সূৰ্য সিন্‌হা

website : www.suryasinha.com
email : surya@suryasinha.com, winnerztrack@gmail.com

এবাৰ এজন ব্যক্তিয়ে এটা চিত্ৰৰ দোকানলৈ যায়। তাত তিনিটা ডাঙৰ ডাঙৰ অদ্ভুত চিত্ৰ দেখা পালে। প্ৰথম ছবিত মুখত একেবাৰে চুলিৰে ঢকা আছিল আৰু ভৰিত পাংখা আছিল। আন এটা ছবিত মূৰ পিছ ফালৰ পৰা তপা আছিল।
গ্ৰাহকে সুধে, 'এইটো কেনেকুৱা চিত্ৰ হয়?'
দোকনীয়ে কয়, 'সুযোগৰ।'
গ্ৰাহকে সুধে, 'ইয়াৰ চেহেৰা চুলিৰে কিয় ঢকা?'
দোকনীয়ে কয়, 'কাৰণ প্ৰায়ে যেতিয়া সুযোগ আহে তেতিয়া মনুষ্যই তাক চিনিব নোৱাৰে।'
গ্ৰাহকে সুধে, 'আৰু ইয়াৰ ভৰি পংখা কিয়?'
দোকনীয়ে কয়, 'সেইকাৰণে যে এইটো শীঘ্ৰে পলাই যায়, যদি ইয়াৰ ব্যৱহাৰ কৰা নাযায়, তেন্তে ই শীঘ্ৰে উৰি যায়।'
গ্ৰাহকে সুধে, 'আৰু এইটো চিত্ৰ পিছফালে তপা মূৰ কাৰ হয়?'
দোকানীয়ে কয়, 'এইটোও সুযোগৰ হয়। যদি সুযোগক সন্মুখৰ পৰাই চুলিৰে ধৰি লব তেন্তে সেইটো আপোনাৰ হয়। যদি আপুনি অলপ পিছত ধৰিবলৈ চেষ্টা কৰিব তেন্তে পিছফালৰ তপা মূৰ হাতলৈ আহিব আৰু পিচলি নাইকিয়া হৈ যাব।' গ্ৰাহক জনে এই চিত্ৰ বিলাকৰ ৰহস্যক জানি আচৰিত হৈছিল, কিন্তু এতিয়া তেওঁ সেই ৰহস্যক বুজি পাইছি।
আপুনি নিশ্চয় বহুবাৰ আনক কোৱা শুনিছে বা নিজেও কৈছে সম্ভৱ যে 'মই সুযোগ নাপালো,' কিন্তু এইটো আপুনি নিজৰ দায়িত্বৰ পলাই যোৱা আৰু নিজৰ ভুলক লুকাই ৰখাৰ অজুহাত হয়। ভগৱানে আমাক অসংখ্য সুযোগৰ মাজত জন্ম দি এইখন পৃথিৱীলৈ পঠিয়াইছে। সুযোগ সদায় আমাৰ সন্মুখত অহা-যোৱা কৰি থাকে, কিন্তু আমি তাক চিনি নাপাওঁ বা চিনি পোৱাত পলম কৰি দিওঁ। অনেক বাৰ আমি সেইকাৰণে ব্যৰ্থ হওঁ, কাৰণ আমি ডাঙৰ সুযোগৰ অপেক্ষা কৰি থাকো, কিন্তু আমি এইটো বুজিব লাগিব যে সুযোগ ডাঙৰ বা সৰু নহয়, আমি সকলো সুযোগৰ ভৰপুৰ উপযোগ কৰা উচিত।

সূচী পত্ৰ

বহু দিনৰ আগৰ কথা, এখন গাওঁ সুৰ্কমা নামৰ এজন খৰিকতীয়া আছিল। তেওঁৰ পত্নীৰ নাম ৰোহিণী আছিল, তেওঁ অত্যন্ত পৰিশ্ৰমী আৰু নিজৰ প্ৰেৰণাৰে জীয়াই থকা স্ত্ৰী আছিল। বহু দিনৰ পৰা সুকৰ্মাৰ ওচৰত কোনো কাম নাছিল, যাৰ কাৰণে তেওঁৰ আৰ্থিক অৱস্থা বেয়া হৈ আহিব ধৰে। তেওঁলোক ভৱিষ্যতক লৈ সুকৰ্মা আৰু তেওঁৰ পত্নী ৰোহিণী বহুত চিন্তিত হৈছিল। সুকৰ্মাৰ পত্নীয়ে পতিক শান্তনা দিয়ে যে এদিন নহয় এদিন ভাল দিন নিশ্চয় আহিব, কিন্তু সুৰ্কমা নিজৰ স্বভাৱৰ অনুসাৰে এই কথাৰ ওপৰত বিশ্বাস হোৱা নাছিল। সুকৰ্মাই কয় মই এজন খৰিকতীয়া, জীৱনত কেনেদৰে ডাঙৰ কৰিব পাৰো ? এইটো কথা কৈ সুকৰ্মা মৌন হৈ যায়। এদিন সুকৰ্মা কাম বিচাৰি চহৰলৈ যায়, ৰাস্তাত তেওঁ দেখে যে এটা বিশাল হাতী আগৰ ভৰিত এটা সৰু ৰচিৰে বন্ধা আছিল। এইটো দেখি তেওঁ আচৰিত হয় যে হাতীৰ দৰে বিশাল জীৱক সৰু ৰচিৰে বান্ধ খাই মনে মনে থিয় হৈ আছে।

সুৰ্কমাই ওচৰত থিয় হৈ থকা হাতীৰ মালিকৰ ওচৰলৈ গৈ হাতীক শান্তিৰে থিয় হৈ থকাৰ কাৰণ সুধে, 'ডাঙৰীয়া, ভীৰ দৰে হাতী এটাক সৰু ৰচিৰে কেনেদৰে বান্ধিছা ?' তেতিয়া হাতীৰ মালিকে কয়, 'সৰুৰে পৰা হাতীক ৰচিৰে বন্ধা যায়, সেই সময়ত ইয়াৰ ওচৰত বেছি শক্তি নোহোৱাৰ কাৰণে বাৰে বাৰে ৰচিক চিঙিবলৈ চেষ্টা কৰাৰ পিছতো সফল হ'ব পৰা নাছিল আৰু লাহে লাহে সি নিজৰ মনত মানি লয় যে সি এই ৰচিক আৰু চিঙিব নোৱাৰে। ডাঙৰ হোৱাৰ পিছতে তাৰ এই মানসিকতাত পৰিৱৰ্তন নাহে, সেইকাৰণে সি কেতিয়াও ইয়াক চিঙাৰ প্ৰয়াস নকৰে আৰু মনে মনে থাকে।' সুকৰ্মা আচৰিত হৈ যায় যে হাতীৰ দৰে জন্তু ইমান বলৱান হোৱাৰ পিছতো কেৱল মনৰ পৰাজয়ৰ কাৰণে ৰচিৰে বান্ধ খাই মনে মনে থিয় হৈ থাকে।

সুকৰ্মাক এই ঘটনাৰ পৰা জীৱনৰ মূলমন্ত্ৰৰ জ্ঞান প্ৰাপ্ত হয় আৰু শীঘ্ৰে নিজৰ মনত এইটো প্ৰণ লয় যে 'এতিয়া মই হাতীৰ দৰে মানসিক গোলমীৰ শিকলিৰে বান্ধ খাই নাথাকো। মানসিক বাধা ৰূপী ৰচিৰে আৱদ্ধ হৈ থকা হাতীৰ দৰে ব্যক্তিত্বৰ কাৰণে সফল হ'ব পৰা নাছিলো, এতিয়া মই তাক মুক্ত কৰিম। এতিয়া মই মোৰ মনক জয় কৰিছো, মই অনেক কিছু কৰিব পাৰো।' এই সকলো চিন্তা কৰি তৎক্ষণাত সুৰ্কমা ঘৰলৈ ঘূৰি যায়।

মনক জয় কৰক

প্ৰিয় বন্ধু! ঈশ্বৰে মনুষ্যক জন্ম দিয়াৰ লগতে এক অদ্ভুত শক্তিও প্ৰদান কৰিছে। সাধাৰণতে ব্যক্তিয়ে সেই শক্তিৰ প্ৰতি অজ্ঞান হৈ থাকে বা তেওঁলোক ইয়াৰ ওপৰত অমনোযোগী হৈ থাকে, যি ব্যক্তিৰ লগত থাকি সেই শক্তিয়ে নিৰন্তৰে ব্যক্তিকে বিজয় প্ৰদান কৰি থাকে। যদি ব্যক্তিৰ ভিতৰত সেই শক্তিৰ অভাৱ হয় বা সেই শক্তি যদি দুৰ্বল হয় যায়, তেনেহ'লে সেই দুৰ্বল শক্তিয়ে ব্যক্তি ৰসাতল পৰ্যন্ত পোৰাই দিয়ে।

সেই শক্তি হৈছে – বিশ্বাস! নিজৰ ওপৰত বিশ্বাস অৰ্থাৎ আত্মবিশ্বাস!

এক প্ৰবাদ বাক্য আছে – "মনক জয় কৰাই বাস্তৱিক জয় হয় আৰু মনৰ পৰাজয়ে সকলো ফালৰ পৰা পৰাজয়।"

যি ব্যক্তিয়ে মনক জয় কৰিছে, নিয়ন্ত্ৰিত কৰি ৰাখিব পাৰিছে, তেনে ব্যক্তিয়ে বিশ্বক জয় কৰিছে আৰু যি ব্যক্তিয়ে মনৰ পৰা পৰাজয় স্বীকাৰ কৰিছে, তেনে ব্যক্তিয়ে সকলো হেৰুৱাইছে। মনক জয় কৰাৰ সকলোতকৈ ডাঙৰ অস্ত্ৰ হৈছে- আত্মবিশ্বাস!

ই এনে এক মহাশক্তি হয়, যাৰ বলত ব্যক্তিয়ে নিজৰ জীৱনত সকলো কৰিব পাৰে...সকলো। ইয়ালৈকে যে অসম্ভৱকো সম্ভৱ কৰি দেখুৱাব পাৰে, পাহাৰৰ উচ্চতাক

নিজৰ মনত বিশ্বাস বজায় ৰাখক, বিশ্বাসকেই নিজৰ মনত স্হান দিয়ক, বিশ্বাসৰ দ্বাৰা নিজৰ মনক জয় কৰক – তেতিয়াহে আপুনি বিশ্ব জয় কৰিব পাৰিব। সেইকাৰণে এনেদৰে কোৱা হয়- মনক জয় কৰাই আচল জয় হয় আৰু মনৰ পৰা পৰাজয়ে সকলোতকৈ ডাঙৰ পৰাজয়!

– সূৰ্য সিন্‌হা

স্পৰ্শ কৰিব পাৰে, সমুদ্ৰৰ গভীৰতাক জুখিব পাৰে। ব্যক্তিয়ে যদি নিজৰ মনক নিয়ন্ত্ৰিত কৰি ৰাখি নিজৰ ভিতৰত আত্মবিশ্বাস জাগ্ৰত কৰিব পাৰে, তেনেহ'লে সেই আত্মবিশ্বাস তেওঁৰ মনৰ এক মুখ্য শক্তি হৈ উঠিব আৰু এনে ধৰণৰ ব্যক্তিয়ে নিজৰ মনৰ শক্তিৰ বলত এনে কোনো কাম কৰিবলৈ সক্ষম হৈ যায়, যিটো তেওঁৰ আগত কোনো ব্যক্তিয়ে কল্পনাই কৰা নাছিল। এনে কাম যিটো কৰাৰ কল্পনাও মনৰ পৰাই উৎপন্ন হয়।

প্ৰিয় বন্ধু! এনেদৰে তেতিয়াহে সম্ভৱ হয়, যেতিয়া আপোনাৰ নিজৰ ওপৰত বিশ্বাস থাকিব অৰ্থাৎ আত্মবিশ্বাসকে জাগ্ৰত কৰি তুলিব। যি সকল ব্যক্তি নিজৰ আত্মবিশ্বাসক জাগ্ৰত কৰিব পাৰে, তেওঁলোকে সফলতা চৰণ স্পৰ্শ কৰে – কিন্তু এই আত্মবিশ্বাসক জাগ্ৰত কৰে তোলাতো সকলোৰে বাবে সহজ নহয়।

আত্মবিশ্বাসেৰ অভাৱ থকাৰ কাৰণে অনেক লোকে নিজৰ বিশ্বাসক জাগ্ৰত কৰি তুলিব নোৱাৰে। তেওঁলোকে বিশ্বাসেই কৰিব নোৱাৰে যে তেওঁলোকক এক অসীম শক্তিৰ মালিক হয়, যিটো তেওঁলোকৰ ভিতৰত সোমাই আছে, তেওঁলোক সকলো কাম কৰাৰ ক্ষমতা প্ৰদান কৰে, সকলো কাম কৰাৰ সমৰ্থ প্ৰদান কৰে আৰু সকলো শক্তি প্ৰদান কৰে। এইটো কেনে ধৰণৰ বিড়ম্বনা যে, ব্যক্তিয়ে এইটো মানে যে, তেওঁ ঈশ্বৰৰ সন্তান, কিন্তু তেওঁ প্ৰায়ে বিশ্বাস নকৰে যে, তেওঁৰ ভিতৰতো ঈশ্বৰৰ অসীম শক্তিৰ অংশ মজুদ আছে। যেতিয়া আমি ঈশ্বৰৰ সন্তান হয়, তেন্তে এইটো কেনেদৰে সম্ভৱ যে আমাৰ ভিতৰত ঐশ্বৰিক শক্তি নাই!

সংসাৰত আজি পৰ্যন্ত যি সকল লোক সফল হৈছে, যি ইতিহাস ৰচিছে, যি আনক বিস্ময়ীত কৰি তুলিছে, তেওঁলোকে প্ৰথম কাম কৰিছিল, সেয়া হৈছে নিজৰ ভিতৰৰ এই শক্তিক জাগ্ৰত কৰি তোলাৰ কাম, যাৰ আৱশ্যকতা এতিয়া আপোনাৰো হয়। তেওঁলোকে দৃঢ়তাৰে এই সত্যক মানিছিল যে, আমি ঈশ্বৰৰ সন্তান আৰু আমাৰ ভিতৰতো ঈশ্বৰৰ দৰে অসীম শক্তি আছে। সেই শক্তিৰ বলত তেওঁলোকে যি বিচাৰিছিল, সেয়া প্ৰাপ্ত কৰিছে। তেওঁলোকে এনে এনে কাম কৰি ইতিহাসৰ পৃষ্ঠাত ভৰি গৈছে, তেওঁলোকে এনে কাম কৰিছে যে মানুহে হতভম্ব হৈছে। তেওঁলোকৰ এনে অদ্ভুত সফলতাৰ পিছত

কেৱল আৰু কেৱলমাত্ৰ এইটো বিশ্বাস আছিল যে, আমি ইতিহাস ৰচিব পাৰো।

সফলতাৰ ইতিহাস ৰচা ব্যক্তি সকল অন্য কোনো গ্ৰহৰ পৰা অহা নাই। তেওঁলোকৰ আঠটা হাত-ভৰি নাছিল। এইটো হয় যে তেওঁলোকৰ এক বিশেষতা নিশ্চয় আছিল। সেই বিশেষতা হৈছে-নিজৰ ওপৰত বিশ্বাস কৰাৰ ক্ষমতা! তেওঁলোকে কেৱল নিজৰ ওপৰত বিশ্বাস কৰিছিল আৰু তেওঁলোকে জানিছিল যে, তেওঁলোকে যি ভাৱে সেই কাম কৰিব বিচাৰে, যিটো পাব বিচাৰে, তাক বিশ্বাসেৰে এই শক্তিৰ বলত কৰিব পাৰে, তেওঁলোকে এই বিশ্বাসৰ শক্তিৰ বলত প্ৰাপ্ত কৰিব পাৰে। তেওঁলোকৰ দ্বাৰা কৰা কামবোৰ সমগ্ৰ বিশ্বই দেখিছে। এই বিশ্বাসৰ শক্তিৰ বলত তেওঁলোকে সফলতাৰ নতুন-নতুন শিখৰ স্পৰ্শ কৰিছে।

আত্মবিশ্বাসৰ এই শক্তিৰ বলত সেই সকলো লোকে সফলতাৰ উচ্চ-উচ্চ শিখৰ স্পৰ্শ কৰি গৈ থাকে, তেওঁলোকৰ নিজৰ ওপৰত ইমান বিশ্বাস থাকে যে তেওঁলোকে যি কৰিব বিচাৰে, তাক কৰিব পাৰে। ইয়াৰ বিপৰীতে সেই লোক, যি নিজৰ ভিতৰৰ এই বিশ্বাসক প্ৰচণ্ড ৰূপেৰে জাগ্ৰত কৰি তুলিব নোৱাৰে, তেওঁলোকে নিজৰ জীৱনক সামান্য জীৱন কৰি তুলে আৰু এদিন কোনেও নাজনাকে মৃত্যুৰ মুখত পৰি যায়। সংসাৰৰ কথা বাদি দিয়ক, তেওঁলোকৰ আত্মীয়-পৰিয়ালো তেওঁলোকক মনত ৰাখিব নোৱাৰে। তেওঁলোকক কি কাৰণত মনত ৰাখিব? মৃত ব্যক্তিয়ে জীৱনত এনে কোনো কাম কৰা নাই, যাৰ কাৰণে তেওঁক মনত ৰাখিব, তেওঁক নিজৰ মনৰ স্মৃতিকোঠাত সজাই ৰাখিব।

এনেদৰেও নহয় যে কোনো ব্যক্তিয়ে গোটেই জীৱনকালত ব্যৰ্থ হৈ থাকিব। কোনো ব্যক্তি গোটেই জীৱন আৰু সম্পূৰ্ণ ৰূপেৰে ব্যৰ্থ হৈ নাথাকে। মানুহে সফলো হয়, কিন্তু তেওঁলোকৰ সেই সফলতা অত্যন্ত সাধাৰণ হয়। সেই সৰু সফলতা প্ৰাপ্ত কৰিই সেই লোকে অহংকাৰ কৰা আৰম্ভ কৰি দিয়ে আৰু এই অহংকাৰৰ কাৰণে তেওঁলোক কুঁৱাৰ ভেকুলী হৈ থাকি যায়। এনে লোক সফলতাৰ গুৰুত্ব বিষয়ে অৱগত নহয় আৰু তেওঁলোক দীৰ্ঘ সময়লৈকে সফলতাৰ

সোৱাদ গ্ৰহণ কৰিব নোৱাৰে।

ইয়াত এই কথা বিশেষ ৰূপেৰে উল্লেখনীয় যে, কোনো সৰু বস্তু প্ৰাপ্ত কৰা বা কোনো সৰু লক্ষ্য প্ৰাপ্ত কৰাই সফলতা নহয়। আপোনাৰ ওচৰত ঘৰ নাই আৰু যেনে-তেনে কৰি গোটাই ঘৰ সাজি ললে, তেনেহ'লে ইয়াৰ অৰ্থ এইটো নহয় যে আপুনি জীৱনত সফল হৈ গৈছে বা আপোনাৰ জীৱন সফল হৈ গৈছে। সফলতাৰ অৰ্থ হৈছে- সঠিক পথত আগবাঢ়ি নিৰন্তৰে উন্নতি কৰি গৈ থকা। সংসাৰত যি শুভ আৰু ভাল হয় তাক নিৰন্তৰে প্ৰাপ্ত কৰি গৈ থকা। নিজে লাভান্বিত হোৱা আৰু লগতে সমাজ আৰু দেশকো লাভান্বিত কৰি গৈ থকা।

এইটো সদায় মনত ৰাখক, ব্যক্তিক নিজৰ ওপৰত যিমান বিশ্বাস থাকিব, তেওঁ জীৱনত সিমানেই বেছি সফলতা অৰ্জন কৰে। নিজৰ বিশ্বাসক চিনাক্ত কৰি, তাক জাগ্ৰত কৰি আৰু বঢ়াই ব্যক্তিয়ে জীৱনত চমৎকাৰ কৰি দেখুৱাব পাৰে। আনক আচৰিত কৰোৱা সফলতা প্ৰাপ্ত কৰিব পাৰে। তেওঁ সংসাৰক এনে বাৰ্তা প্ৰেৰণ কৰিব পাৰে যে যদি ব্যক্তিয়ে এবাৰ নিজৰ মনস্থিৰ কৰি লব পাৰে, তেন্তে এইখন সংসাৰৰ অসম্ভৱ বোলা একো শব্দই নাই। নিজৰ ওপৰত কৰা বিশ্বাসৰ বলতেই মানুহে বতাহ আৰু নদীৰ গতি পৰিৱৰ্তিত কৰিব পাৰিছে, বিশ্ব ব্ৰহ্মাণ্ডত বিজয় প্ৰাপ্ত কৰিব পাৰিছে, দূৰত্বক কম কৰিছে আৰু স্বৰ লহৰীৰ ওপৰতো নিয়ন্ত্ৰণ প্ৰাপ্ত কৰিব পাৰিছে। এই সকলো সম্ভৱ হয় কেৱল আৰু কেৱলমাত্ৰ আত্মবিশ্বাসৰ বলত। ব্যক্তিয়ে নিজৰ ওপৰত যিমান বেছি বিশ্বাস কৰিব, সেই অনুপাতেই তেওঁ সফলতা প্ৰাপ্ত কৰে।

এইটো অত্যন্ত দুঃখৰ বিষয় যে, সাধাৰণ ব্যক্তিয়ে নিজৰ ভিতৰত লুকায় থকা এই শক্তিক সঠিক ভাৱে চিনি নাপাত, আৰু জাগ্ৰত কৰি তুলিব নোৱাৰে আৰু সেই শক্তিৰ সৎ ব্যৱহাৰ কৰি নিজৰ জীৱনক সফল কৰি তুলিব নোৱাৰে। কিছুমান ব্যতিক্ৰমক বাদ দিলে সাধাৰণ ব্যক্তিয়ে নিজৰ ওপৰত খুব কম বা এনেদৰে কব পাৰি যে, এক গড় মাত্ৰা পৰ্যন্তই বিশ্বাস কৰিব পাৰে। ফলস্বৰূপে তাৰ জীৱন গড় স্তৰ পৰ্যন্তই সীমিত হৈ থাকি যায়। উপাৰ্জন কৰিলে, খালে-বলে আৰু এটা

সময়ত মৰি গ'ল।

লাখ টকাৰ এটা কথা শুনো-অন্য লোক সেই ব্যক্তিৰ ওপৰতেই বিশ্বাস কৰে, যাৰ নিজৰ ওপৰত বিশ্বাস থাকে। যি ব্যক্তিয়ে নিজৰ ওপৰত বিশ্বাস কৰিব নোৱাৰে, তেওঁৰ ওপৰত অন্য লোকে কেনেদৰে বিশ্বাস কৰিব ? কিয় বিশ্বাস কৰিব। কি কাৰণে বিশ্বাস কৰিব ?

যেতিয়া আমি নিজৰ ওপৰত বিশ্বাস থাকিব, তেতিয়া গোটেই সংসাৰ আমাৰ ওপৰত বিশ্বাস কৰিব। যি নদৰে প্ৰেমৰ দ্বাৰা প্ৰেমৰ সৃষ্টি হয়, তেনেদৰে বিশ্বাসৰ পৰা বিশ্বাস সৃষ্টি হয়।

ইতিহাস এই কথাৰ সাক্ষী যে, সংসাৰ সেই ব্যক্তিৰ ওপৰতেই বিশ্বাস কৰিছে, তেওঁকেই নিজৰ নেতা হিচাপে মানিছে যাৰ নিজৰ ওপৰত বিশ্বাস আছিল। এই প্ৰসঙ্গত মহাত্মা গান্ধী, নেলচন মেণ্ডেলা, আব্ৰাহাম লিংকন ইত্যাদিৰ নাম উল্লেখ কৰিব পৰা যায়। মহাত্মা গান্ধী শাৰীৰিক ৰূপেৰে যিমান দুৰ্বল আছিলে, তেওঁৰ বিশ্বাস তাতকৈ দৃঢ় আছিল, মজবুত আছিল। তেওঁ এনে নিৰ্ণয় লৈছিল যে, অহিংসাৰ বলত তেওঁ ভাৰতক স্বাধীন কৰি তুলিব আৰু তেওঁ কৰিও দেখুৱাইছিল। গান্ধীজী অহিংসা আৰু বিশ্বাসৰ শক্তিৰ দ্বাৰা ইংৰাজৰ তোপ আৰু তৰুৱালৰ শক্তিক পৰাস্ত কৰিছিল। শেষত ইংৰাজক ভাৰত এৰিব লগীয়া হৈছিল, তেওঁলোকক ভাৰতবৰ্ষক স্বাধীনতা প্ৰদান কৰিব লগীয়া হৈছিল।

সেইকাৰণে জাগক, নিজৰ ভিতৰৰ বিশ্বাসক জাগ্ৰত কৰি তুলক আৰু সফলতাৰ নতুন-নতুন শিখৰ স্পৰ্শ কৰা আৰম্ভ কৰি দিয়ক। নিজৰ বিশ্বাসক এনেদৰে কৈ শক্তি প্ৰদান কৰক – "হয়, মই কৰিব পাৰিম। মই সকলো কৰিব পাৰিম। এইখন জগতত এনে কোনো কাম নাই, যিটো মই কৰিব নোৱাৰো। ঈশ্বৰৰ সন্তান হোৱাৰ বাবে মোৰ ওচৰত অপাৰ শক্তি আছে। মোৰ ওচৰত সকলো কাম কৰাৰ শক্তি আছে।"

নিজকে বিশ্বাসৰ শক্তিৰে সম্পন্ন হোৱাৰ বিশ্বাস প্ৰদান কৰক। নিজৰ শক্তিৰ দবা বজোৱা আৰম্ভ কৰি দিয়ক। 'হয়, মই সকলো কাম কৰিব পাৰো।' নিজকে এনেদৰে বিশ্বাস প্ৰদান কৰি এনেদৰে অনুভৱ কৰিব যে, আপোনাৰ ভিতৰত এক নতুন এনাৰ্জী আৰু অদ্ভুত

শক্তি আহি গৈছে। এই শক্তিতেই সেই আকৰ্ষণ থাকে, যিটো সফলতা, ধন-সম্পত্তি আৰু বৈভৱ-সমৃদ্ধিক নিজৰ প্ৰতি আকৃষ্ট কৰে। ভ্ৰম, দুৰ্বলতা আৰু অবিশ্বাসক শিপাৰ পৰা উঘালি উলিয়াই দিয়ক, তাক আপোনাৰ মনৰ পৰা উলিয়াই দিয়ক আৰু মনত বিশ্বাসৰ বীজ ৰোপণ কৰক। তাৰ পিছত চাওক যে বিশ্বাসৰ সেই বীজ কি দৰে বিশাল বৃক্ষৰ ৰূপ ধাৰণ কৰে!

এই প্ৰসঙ্গত মোৰ এটা কাহিনী মনত পৰে ঃ-

জন আলফ্ৰেড নামৰ এক সোণাৰী (জুয়েলাৰ) আছিল। তেওঁ সোণ-ৰূপোৰ পাৰম্পৰিক অলংকাৰ তৈয়াৰ কৰাত অত্যন্ত নিপুণ আছিল। নগৰৰ মহাজনৰ পৰিয়ালৰ কথা বাদেই, ৰাজ পৰিয়ালৈকে অলংকাৰ তেওঁক তৈয়াৰ কৰিব দিছিল। সেইকাৰণে জন অন্য সোণাৰীতকৈ বেছি সম্পন্ন আৰু সফল আছিল। তেওঁ নিজৰ কামত ইমান বেছি ব্যস্ত আছিল যে ব্যৱসায়ৰ বাদে অন্য কোনো ফালে দৃষ্টি দিব পৰা সময় নাছিল, য'ত অন্য সোণাৰীয়ে ৰাতি-দিন যেনে-তেনে নিজৰ অস্তিত্ব বজায় ৰাখাৰ প্ৰচেষ্টাত আছিল। তেওঁলোকে নিত নতুন প্ৰয়োগ কৰে, নতুন-নতুন ডিজাইনেৰ অলংকাৰ তৈয়াৰ কৰে, কিন্তু জন আলফ্ৰেড আৰু তেওঁৰ প্ৰতিষ্ঠাক হিলাব পৰা নাছিল।

প্ৰিয় বন্ধু! সময় পৰিৱৰ্তনশীল হয়। প্ৰতিটো দিনৰ পৰা ৰাতি আৰু প্ৰতিটো ৰাতিৰ পৰা দিন অহাতো নিশ্চিত হয়। জনৰ ভাল দিনো এটা সময়ত লাহে লাহে শেষ হ'ব ধৰে। সময় পৰিৱৰ্তিত হ'ব ধৰে। সোণালী উজ্জ্বল দিন ধীৰে-ধীৰে ৰাতিৰ দিশত অগ্ৰসৰ হ'ব ধৰে। মানুহৰ চিন্তাধাৰাত দ্ৰুত পৰিৱৰ্তন আহিব ধৰে। নতুন চিন্তাধাৰা, নতুন দৃষ্টি আৰু নতুন ফেচনৰ কাৰণে মানুহৰ দৃষ্টি প্ৰতিটো বস্তুত নতুনত্বৰ সন্ধান কৰিব ধৰে। তেওঁলোকৰ এই পৰিৱৰ্তনক অন্য সোণাৰীয়ে জনতকৈ আগত চিনিব পৰিলে। তেওঁলোকে নতুন ধাতু, নতুন ডিজাইন আৰু নতুন টেক্‌নিকৰ অলংকাৰ বজাৰত মেলি দিয়ে। নতুন ফেচনৰ সেই সকলো অলংকাৰ মানুহে বহুত পছন্দ কৰে আৰু সেইবিলাক সোনকালে বিক্ৰীও হ'ব ধৰে।

নিজৰ সফলতাৰ অহংকাৰত ডুবি থকা জনক তেওঁৰ

শুভাকাংখীয়ে সতৰ্ক কৰি দিয়ে যে, বতাহৰ পৰিৱৰ্তনক চিনি লওক, কিন্তু জন তেওঁলোকৰ সেই সতৰ্কবাণী আৰু পৰামৰ্শক একেবাৰে গুৰুত্ব নিদিলে। তেওঁ বতাহৰ পৰিৱৰ্তনক বুজিবলৈ প্ৰয়োজন অনুভৱ নকৰিলে আৰু সময়ৰ লগত নিজকে পৰিৱৰ্তন কৰাৰ আৱশ্যকতাক! তেওঁৰ চিন্তাধাৰা আছিল- 'নতুন ন দিন, পুৰনা এশ দিন!' তেওঁ ভাৱে যে, একদিন সেই সকলো বৰষুণৰ বেঙৰ দৰে পলাই যাব।

কিন্তু সেই সময় কেতিয়াও ঘূৰি নাহিলে আৰু তেওঁৰ পুৰনা গ্ৰাহকো ঘূৰি নাহিলে। জনে এইটো বুজিব পৰা নাছিল যে সময়ৰ লগত প্ৰবাদবাক্য 'নতুন ন দিন, পুৰনা এশ দিন' ও নিজৰ গুৰুত্ব হেৰুৱাইছে আৰু আজি মানুহে পৰিৱৰ্তনক স্বীকাৰ কৰিছে। বৰ্তমান যুগ শুদ্ধতা আৰু মজবুতীৰ যুগ নহয়, বৰং ফেচনৰ যুগ আৰু ফেচনৰ কোনো গ্যাৰাণ্টী নাথাকে। চন্দ্ৰকলাৰ দৰে ফেচন প্ৰত্যেক দিনে নিজৰ আকাৰ সলনি কৰি থাকে।

পৰিণাম এইটো হয় যে, জনৰ ব্যৱসায় ৰূপী জাহাজৰ তলিত ফুটা হৈ যায় আৰু ই ধীৰে-ধীৰে ডুবিব ধৰে। জন এই আশাত থাকে যে, তেওঁ ব্যৱসায় আজি নহ'লেও কালিলৈ ঠিক হৈ যাব। তেওঁ নিজৰ পুৰনা সিদ্ধান্তত অটল হৈ থাকি পুৰনা ডিজাইনতেই অলংকাৰ তৈয়াৰি কৰিব ধৰে। ৰাজসিক ডিজাইন আৰু উচ্চ গুণাগুণৰ অলংকাৰ তৈয়াৰ কৰে, কিন্তু সেইবিলাক কোনো কিনা গ্ৰাহক পোৱা নগ'ল। ফলস্বৰূপে, জনৰ ব্যৱসায় অত্যন্ত দ্ৰুত গতিৰে লোকচান হ'ব ধৰে।

যেতিয়ালৈকে জনে এই কথা বুজি পালে যে পৰিৱৰ্তন জৰুৰী হয়, তেতিয়ালৈকে অনেক দেৰি হৈ গৈছিল। অন্য সোণাৰী তেওঁতকৈ বহুত আগত গুচি গৈছিল, জন তেওঁলোকতকৈ অনেক পিছত থাকি যায়। এতিয়া তেওঁ তীব্ৰ গতিৰে দৌৰিলেও তেওঁলোকক ধৰাতো সম্ভৱ নাছিল। তেওঁক অৰ্ডাৰ পোৱা বন্ধ হৈ গৈছিল। বাজাৰত যেনে ধাতু আৰু ডিজাইনৰ অলংকাৰেৰ চাহিদা আছিল, তেনেকুৱা একো জনৰ ওচৰত নাছিল। তেওঁৰ বিক্ৰী দিনক দিনে কমি আহিব ধৰে। ব্যৱসায় চম্ভালিবৰ বাবে বজাৰৰ পৰা লোৱা সুদত লোৱা ঋণ ক্ৰমান্বয়ে বৃদ্ধি হ'ব ধৰে। জনে সময়ত ঋণ

পৰিশোধ কৰিব পৰা নাছিল, গতিকে তেওঁৰ প্ৰতিষ্ঠা ধূলি-মাকতিত মিলিব ধৰে। চাওঁতে চাওঁতে এনে সময়ো আহে যে জনৰ শ্বোৰুম আৰু কাৰখানাৰ দোৱাৰত তলা লাগিব ধৰে।

জন একেবাৰে ভাঙি পৰে।

তেওঁৰ অনুতাপ হ'ব ধৰে যে, তেওঁ সময়ৰ লগত কিয় পৰিৱৰ্তন নহ'ল? জনে নিজৰ ব্যৰ্থতাৰ কাৰণবিলাকৰ ওপৰত মন্থন কৰিব ধৰে আৰু এই নিষ্কৰ্ষত আহি পাই যে তেওঁৰ ভিতৰত দূৰদৰ্শিতা নাই আৰু ভাল বজাৰ বুজাৰ বুদ্ধি নাই। এই নিষ্কৰ্ষ তেওঁৰ ভিতৰলৈকে হিলাই দিয়ে। তেওঁক এনে লাগিল যে আজি পৰ্যন্ত তেওঁৰ ভাগ্যৰ চমকতাৰ বাবে সফলতা পাইছিল আৰু এই সময়ত তেওঁৰ ভাগ্যৰ তৰা অস্তমিত হৈ পৰিছে, সেইকাৰণে তেওঁ জীৱনত কেতিয়াও আৰু উঠিব নোৱাৰিব।

এক প্ৰবাদবাক্য আছে – 'উদয়মান সূৰ্য্যৰ ফালে সকলোৱে প্ৰণাম জনায়, মাৰ যোৱা সূৰ্য্যৰ ফালে কোনেও চকু মেলি নাচায়।' জনৰ ভাগ্যৰ সূৰ্য্য অস্ত গৈছিল, সেইকাৰণে সকলো বন্ধু-বান্ধৱ আৰু পৰিচিত ব্যক্তি তেওঁৰ লগ এৰিবলৈ আৰম্ভ কৰে। জনৰ অৱস্থা অৱস্থা ইমান বেয়া আছিল যে, ঈশ্বৰৰ প্ৰতিও তেওঁৰ বিশ্বাস সমাপ্ত হৈ গৈছিল। চাৰিওফালে নিৰাশ হৈ তেওঁ এদিন চাৰ্চলৈ যায়। নিৰাশাৰ ঘোৰ অন্ধকাৰত এক কিৰণ জিলিকি উঠিল।

সেই সময়ত চাৰ্চত প্ৰৱচন চলি আছিল। সেই প্ৰৱচনত ফাদাৰে ঈশ্বৰৰ প্ৰতি বিশ্বাসৰ বিষয়ে আলোচনা কৰিছিল। তেওঁ কৈছিল-'আপু প্ৰথমে ঈশ্বৰৰ প্ৰতি বিশ্বাস থকাটো উচিত, তাৰ পিছত নিজৰ ওপৰত বিশ্বাস কৰা উচিত। আপোনাৰ যদি নিজৰ ওপৰত, নিজৰ যোগ্যতাৰ ওপৰত আৰু ঈশ্বৰৰ কৃপাৰ ওপৰত সৰিয়হৰ দানাৰ সমানো বিশ্বাস থাকে, তেনেহ'লে আপুনি সফল হোৱাত সংসাৰৰ কোনো শক্তিয়ে বাধা দিব নোৱাৰে।'

প্ৰৱচন সমাপ্ত হোৱাৰ পিছত জনে ফাদাৰক লগ কৰে আৰু তেওঁক প্ৰশ্ন কৰে-'ফাদাৰ! এইটো কেনে সত্য যে, যদি ব্যক্তিয়ে ঈশ্বৰৰ কৃপাৰ ওপৰত আৰু নিজৰ যোগ্যতাৰ ওপৰত সৰিয়হৰ দানাৰ সমানো বিশ্বাস থাকে, তেন্তে জীৱনত অসংখ্য সফলতা প্ৰাপ্ত

কৰিব পাৰে ?'

'ইয়েচ, ইয়েচ মাই চান !' ফাদাৰে জনৰ কান্ধত সান্ধনা ভৰা হাত থৈ অত্যন্ত আত্মীয়তাৰে কয়- 'এইটা এশ শতাংশ সত্য। বিশ্বাসৰ মাজত অনেক ডাঙৰ শক্তি থাকে। ঈশ্বৰৰ ওপৰত বিশ্বাস থাকিলে, নিজৰ ওপৰত বিশ্বাস থাকিলে সফলতা প্ৰাপ্তি সুনিশ্চিত হয়, লাগিলে সেই বিশ্বাস সাৰিয়হৰ দানাৰ সমান হ'লেও !'

'ডুবি যোৱা ব্যক্তিক অলপ সহায়েই বহুত' এই প্ৰবাদবাক্যটো জনৰ ওপৰত প্ৰযোজ্য হ'ল। ফাদাৰৰ কথা জনৰ ভাঙি পৰা মনত ডাঙৰ সান্তনা দিয়ে। তেওঁৰ ভিতৰত কিছু বিশ্বাস জাগি উঠে। তেতিয়াও ভাৱে-'জীৱনত পুনৰ সফলতা পাবৰ বাবে মোক নিজৰ মনৰ ভিতৰত সৰিয়হৰ দানাৰ সমান হ'লেও অলপ বিশ্বাস নিশ্চয় জগাব লাগিব আৰু তাক মই সহজতে জাগিব দিম।'

ঘৰলৈ আহি জনে নিৰ্ণয় লয় যে, তেওঁ সৰিয়হৰ দানাক চাই তেওঁৰ মনৰ ভিতৰৰ বিশ্বাসক জীৱিত ৰাখিব। তেওঁ তেওঁৰ পত্নী তেওঁৰ এই মনৰ কথা কয় আৰু তেওঁ এটা দানা আনি নিজৰ পাৰ্চত ৰাখে।

সৰিয়হৰ সেই সৰু দানা পাৰ্চত কিমান দিনলৈকে সুৰক্ষিত থাকে ! জনক দিনত অনেক বাৰ পকেটৰ পৰা পাৰ্চ বাৰে বাৰে খুলিব লগীয়া হয়। ফলত এটা সময়ত সেই সৰু দানা পাৰ্চৰ পৰা পৰি যায়। ইয়াৰ পৰা জন অত্যন্ত অস্থিৰ হৈ উঠে। তেওঁৰ বিশ্বাস যাতে জীৱিত থাকে, সেইকাৰণে তেওঁ নিজৰ ঘড়ী, ব্ৰেচলেট, আঙুঠি, লকেট ইত্যাদিত এটা এটা দানা সৰিয়হ ফিটিং কৰি ৰাখে আৰু তেওঁ তাৰ পৰা নিৰন্তৰে প্ৰেৰণা পাই থাকে।

জনক প্ৰেৰণাও প্ৰাপ্ত হ'ল আৰু তেওঁৰ বিশ্বাসো শক্তিশালী হৈ উঠে। হঠাৎ এদিন জনৰ মনত এক বৈপ্লৱিক চিন্তা আহে। তেওঁ ভাৱে, সৰিয়হৰ দানাৰে নতুন ডিজাইনৰ অলংকাৰ তৈয়াৰ কৰিলে কেনেকুৱা হয় ?

সেইদিনা জনে একান্ত মনে কোঠাত বহি সৰিয়হৰ দানা জড়িত সোণ-ৰূপৰ অলংকাৰৰ ডিজাইন কৰিব ধৰে। যিহেতু জনৰ মনত এনে বিশ্বাস আছিল যে, তেওঁ নতুন আৰু শ্ৰেষ্ঠ কিছু তৈয়াৰি

কৰিব পাৰে, সেইকাৰণে তেওঁত প্ৰচেষ্টা সফল হয়। সময় আৰু পৰিশ্ৰম লাগিল, কিন্তু এনে অলংকাৰ তৈয়াৰি হ'ল, যি কেতিয়াও আগতে তৈয়াৰ কৰা নাছিল আৰু এনে অলংকাৰ তৈয়াৰ কৰাৰ চিন্তাও কৰিব পৰা নাছিল।

কিছুদিন পিছত জনে এক প্ৰদশনীত এক ষ্টল বুক কৰি তাত সৰিয়হৰ দানা জড়িত সোণ-ৰূপৰ গহনাৰ প্ৰদৰ্শন কৰে আৰু প্ৰতিটো অলংকাৰৰ লগত এটা শ্লোগানো লিখা আছিল- 'বিশ্বাসৰ প্ৰতিক সৰিয়হৰ দানা জড়িত আচল সোণ-ৰূপৰ গহনা।' প্ৰতিটো গহনাৰ লগতে জনে বাইবেলৰ সেই পৃষ্ঠাৰ এটা-এটা ফটোষ্টেট কপিও লগাই দিয়ে, যাৰ ওপৰত লিখা আছিল – 'যদি আপোনাৰ মনত সৰিয়হৰ সমানো বিশ্বাস থাকে, তেন্তে আপুনি উন্নতিৰ চিড়ি বগাই গৈ থাকিব।'

ইয়াৰ পৰা মানুহৰ মাজত এক আস্থাৰ সৃষ্টি হয়। প্ৰদৰ্শনৰ দ্বাৰা প্ৰভাৱিত হৈ উঠি মানুহে সৰিয়হৰ দানা জড়িত সোণ-ৰূপৰ গহনা কিনিব ধৰে। চাওঁতে চাওঁতে জনৰ সকলো গহনা বিক্ৰী হয়। সৰিয়হৰ দানা জড়িত গহনা কিনিবৰ বাবে মানুহৰ ভীড় এনেদৰে বাঢ়ি যায় যে, কিছুমানক নিৰাশ হৈ ঘূৰি যাব লগীয়া হয়। নতুন ষ্টাইলৰ গহনাৰ বজাৰ এনে আলোড়ন সৃষ্টি কৰে যে, সৰিয়হৰ দানা জড়িত গহনাৰ চাহিদা ক্ৰমান্বয়ে বাঢ়ি যায়। জনৰ ব্যৱসায় পুনৰ দিনক দিনে বাঢ়িব ধৰে আৰু তেওঁ পুনৰ সফল আৰু সমৃদ্ধ হৈ উঠে।

প্ৰিয় বন্ধু! এই কাহিনী পৰা শিক্ষা আৰু প্ৰেৰণা লৈ আপোনাৰ মনত সৰিয়হৰ দানাৰ সমান বিশ্বাস জগাই জীৱনক জনৰ দৰে চমৎকাৰ হোৱা দেখা পাব পাৰে।

বিশ্বাস থাকিলে জীৱন সফল

বিশ্বাসৰ দ্বাৰাই ব্যক্তিৰ আত্মবিশ্বাস আৰু আত্মবল বৃদ্ধি পাই আৰু তাৰ ভিতৰতে এক চুম্বকীয় আকৰ্ষণ উৎপন্ন হয়। এনে ধৰণৰ ব্যক্তি যি বস্তুৰ ওপৰত বিশ্বাস ৰাখে, তাক প্ৰাপ্তও কৰি লয়।

এই বাক্যটো বাৰে-বাৰে পঢ়ক। ইমান বাৰ পঢ়ক যে, আপোনাৰ অবচেতন মনে অংকিত হৈ যায়। যদি এনেদৰে হৈ যায়, তেন্তে নিঃসন্দেহে আপোনাৰ মন স্বয়ংক্ৰিয় পদ্ধতিৰে কাম কৰি সফলতাৰ ফালে লৈ যোৱা আৰম্ভ কৰি দিব।

এইটো হৈছে সফলতাৰ মূল মন্ত্ৰ, এইটো হৈছে সফলতাৰ ৰহস্য।

এই ৰহস্য আজিৰ নহয়। মানৱৰ বিকাশ যাত্ৰাৰ ৰহস্য হৈছে – বিশ্বাস! ইয়াৰ বলত আজি মানৱ চন্দ্ৰ-তৰা স্পৰ্শ কৰাত সক্ষম হৈছে। মানুহে সফলতা-সফলতা চিঞৰে, কিন্তু সেই বিশ্বাসক আজি পাহৰি পেলাই, যাৰ বল সফলতা প্ৰাপ্ত হয়।ᑭ

প্ৰিয় বন্ধু! নিজৰ মনত বিশ্বাস জাগ্ৰত কৰক, বিশ্বাসক নিজৰ মনত স্হান দিয়ক, বিশ্বাসৰ দ্বাৰা নিজৰ মনক জয় কৰক, তেতিয়াহে আপুনি জগত জিনিব পাৰিব।

সেইকাৰণে এনেদৰে কোৱা হয় ঃ

মনক জয় কৰাই আচল জয় হয় আৰু মনৰ পৰাজয়েই সকলোতকৈ ডাঙৰ পৰাজয়!

এজন ব্যক্তিয়ে এবাৰ এক প্ৰসিদ্ধ সন্তৰ ওচৰলৈ যায় আৰু কয়- "গুৰুদেৱ! মই অত্যন্ত মনোযোগেৰে শাস্ত্ৰৰ অধ্যয়ন কৰিছো, তথাপিও মোৰ কোনো কামত মন নবহে। মই যি কামৰ বাবে বহো, মোৰ মন অন্য মনস্ক হৈ যায় আৰু সেই কামক এৰি দিব লগীয়া হয়। মোৰ মনৰ অস্হিৰতাৰ কাৰণ কি?"

সন্তই সেই ব্যক্তিক ৰাতি হোৱালৈকে অপেক্ষা কৰিবলৈ কয়। ৰাতি হোৱাত সন্তই সেই ব্যক্তিক এটা পুখুৰীৰ পাৰলৈ লৈ যায় আৰু পুখুৰীৰ পানীত আকাশৰ চন্দ্ৰৰ প্ৰতিবিম্ব দেখুৱাই কয়- "আমাৰ মন এই পুখুৰীৰ চন্দ্ৰৰ দৰে হয়, যি ডুলি থাকে। ওপৰৰ সেই আকাশৰ চন্দ্ৰলৈ চোৱা, ই কিমান স্হিৰ হয়, ই স্হিৰ হৈ চাৰিওফালে প্ৰকাশ দি আছে। তুমিও নিজৰ মনক জয় কৰি সেই আকাশৰ চন্দ্ৰৰ দৰে স্হিৰ হ'ব লাগিব।"

সন্তৰ কথা শুনি সেই ব্যক্তিক এনে জ্ঞানৰ প্ৰাপ্তি হয় যে, এতিয়া তেওঁ নিজৰ মনক জয় কৰিব লাগিব!

এক বাৰ কন্‌ফুচিয়াচ পদযাত্ৰাত গৈছিল। তেওঁ ৰাস্তাত এটা গছৰ ছাঁ এক মহাত্মাক বিশ্ৰাম কৰা দেখা পাইছিল। তেওঁ নিজৰ উৎসুকতা শান্ত কৰাৰ উদ্দেশ্যে সেই মহাত্মাকে প্ৰশ্ন কৰে – "মহাত্মা! আপুনি নগৰ এৰি ইয়াত একাতন্ত কিয় বহি আছে ?"

মহাত্মাই উত্তৰ দিয়ে – "এই ৰাজ্যৰ ৰজা অত্যাচাৰী, কুটিল আৰু অত্যন্ত দুষ্ট। প্ৰজাও ৰজাক দেখি তেনেদৰে হৈ উঠে। এনে পৰিৱেশত থকাটো মোৰ বাবে অত্যন্ত কঠিন হৈছিল, সেইকাৰণে মই ইয়াত আহিছো। ইয়াত কোনো ধৰণৰ চিন্তা নাই।"

কন্‌ফুচিয়াচে হাঁহি কয়- "ক্ষিছু মান বেয়া লোকৰ কাৰণে আপুনি নগৰ এৰি আহিছে। বেয়াৰ আগত পৰাজয় স্বীকাৰ কৰাই এই সমস্যাৰ সমাধাননে ? এইটো আপোনাৰ পলায়নবাদ হয় !"

মহাত্মাই কয়- "আপোনাৰ কথা ঠিক, কিন্তু ইমান খেলিমেলিৰ মাজত থকাতকৈ তাৰ পৰা গুচি যোৱাই ভাল নহয় জানো ? আমি বেয়াৰ দূৰ কৰি ভালৰ আনন্দ কিয় উপভোগ কৰিব নোৱাৰো ?"

ইয়াৰ ওপৰত কন্‌ফুচিয়াচে কয়- "আপুনি পাহৰি গৈছে যে খেলিমেলি ভৰা জীৱনেই আপোনাৰ আধাৰ হয়। আপোনাৰ শান্তি আপোনাৰ ওচৰত আছে, তাক কাঢ়ি নিয়াতো সম্ভৱ নহয়। আপুনি ইয়াত থাকিও সেই সমাজৰ আশ্ৰয়ক পালি আছে, যি সমাজত আপুনি বেয়া কৰিছে। এইটো আপোনাৰ কৃতঘ্নতা নহ'বনে যে, আপুনি সমাজক সংশোধন কৰাৰ পৰিৱৰ্তে আপুনি তাৰ পৰা আতৰি জংঘললৈ পলাইছে। আপুনি পলাই এইটো প্ৰমাণ কৰিছে যে, সদ্‌গুণ দুৰ্গুণতকৈ দুৰ্বল, সত্য অসত্যেৰ তুলনাত দুৰ্বল আৰু অজ্ঞানতা জ্ঞানৰ ওপৰত কব্জা কৰে আছে।।"

মহাত্মাই কয়– "মই ইয়াত বেয়াৰ ফালে চকু মুদি সদ্‌গুণৰই ৰক্ষা কৰিছো। আপুনিয়েই কওক মই ইয়াত ভালকো বেয়াত প্ৰভাৱিত হোৱাৰ পৰা ৰক্ষা কৰা নাইনে ?"

কন্‌ফুচিয়াচে কয়- "আপুনি একান্ত সাধনা কৰি নিজেকে বচাব পাৰি, কিন্তু এক সাধকৰ কৰ্তব্য কেৱল ইমানেইনে ? কোনো সাধকৰ কেৱল নিজৰ মুক্তিৰ কথাই ভৱাতো উচিত নহয়। তেওঁ সমাজৰ, ব্যাপক জনমানসৰ মুক্তিৰ কথা চিন্তা কৰা উচিত। ইয়াতেই তেওঁৰ সাধনাৰ আচল মূল্য লুকাই আছে।"

এইটো শুনি মহাত্মাই নগৰৰ ফালে ঘূৰি যায়!

চিন্তা, দুৰ্গুণ আৰু অজ্ঞানতাৰ পৰা দূৰত থাকক

চিন্তা নহয়... চিন্তন কৰক

প্ৰিয় বন্ধু! চিন্তা এনে এক উই পোকা হয়, যিটো ব্যক্তিক কুটি-কুটি খাই, নিস্তেজ আৰু শেষ কৰি দিয়ে। ব্যক্তিৰ যিমান চিন্তাধাৰা হয়, যিমান তেওঁ কৰ্ম কৰে, সেই অনুসাৰেই তেওঁ চিন্তাধাৰা আৰু কৰ্মৰ ফল প্ৰাপ্ত হয়। আপোনাৰ জীৱনত এই পৰামৰ্শক গাঠি বান্ধি লওক যে, চিন্তা কৰা ব্যৰ্থ হয়। চিন্তা ব্যক্তিক ব্যৰ্থতাৰ অন্ধকাৰলৈ থেলি দিয়ে। প্ৰত্যেক ব্যক্তিৰ জীৱনত ভাল-বেয়া সময় আহি থাকে। ভাল সময়ত ব্যক্তিয়ে একো নকৰে, কিন্তু বেয়া সময়ত ব্যক্তি মুখ বেজাৰ কৰি বহি থাকে। তেওঁ নিজৰ মস্তিস্কক এনেদৰে বন্ধ কৰে, যেন তেওঁৰ ভিতৰত ভাৱনা-চিন্তা কৰাৰ শক্তি নাই। আৰে ভাই! কেৱল মুখ বেজাৰ কৰি বহি থাকিলে সংকট আৰু নিৰাশাৰ সময় গুচি নাযায়। নিৰাশাৰ অন্ধকাৰৰ পৰা আশাৰ কিৰণৰ ফালে অগ্ৰসৰ হ'ব লাগে। আকাশৰ ফালে মূৰ দাঙি চাওক। ঈশ্বৰৰ স্মৰণ কৰি নিজৰ জীৱনত অহা ব্যৰ্থতা আৰু নিজৰ ভুল-ত্ৰুটিৰ ওপৰত চিন্তন কৰা আৰম্ভ কৰক। চিন্তন কৰক আৰু এনে নিস্কৰ্ষ উলিয়াওক যে, আপোনাৰ দ্বাৰা জীৱনত, কৰ্মত ক'ত

> মই যিমান লোকক চিন্তা কৰা দেখো, তেতিয়া আচৰিত হওঁ। যাকেই দেখো, তেওঁৰেই চিন্তাত লীন হৈ থাকে, আচলতে তেওঁলোকে ভৱিষ্যত লৈ চিন্তিত থাকে। এনে লোকৰ প্ৰতি মোৰ পৰামৰ্শ হৈছে তেওঁলোকে চিন্তা নহয়, চিন্তন কৰক। কাৰণ আত্মচিন্তনৰ দ্বাৰাই ভৱিষ্যত উন্নত হৈ উঠে।
>
> – সূৰ্য সিন্হা

ভুল হ'ল? আপুনি সেই সকলো ভুলবোৰক সংশোধন কৰা আৰু সেইবিলাক দূৰ কৰাৰ পথ বিচাৰক। আপোনাৰ সমস্যাৰ বিষয়ে ঈশ্বৰক অৱগত কৰাওক আৰু তেওঁৰ ওচৰত সহায় আৰু পথ প্ৰদৰ্শনৰ প্ৰাৰ্থনা কৰক। আপুনি যদি এনেদৰে কৰে, তেনেহ'লে আপুনি নিজে দেখা পাব যে আপোনাৰ আত্মবল হঠাৎ বৃদ্ধি পাইছে, আপোনাৰ ভিতৰত এক নতুন শক্তিৰ সঞ্চাৰ হৈছে আৰু আপুনি এক নতুন এনাৰ্জীৰে ভৰি পৰিছে। এনেদৰে আপোনাৰ এনেদৰে লাগি যে, এতিয়া আপুনি এই এনাৰ্জী আৰু এই শক্তিৰ বলত অনেক কিছু কৰিব পাৰিব, আপোনাৰ এনে অনুভূতি হ'ব যে, এতিয়া আপুনি সেই সকলো কৰিব পাৰে, সেই সকলো প্ৰাপ্ত কৰিব পাৰে, যি বিলাক প্ৰাপ্ত কৰাৰ কল্পনা আপুনি এটা সময়ত কৰিছিল। এনেদৰে ভাৰি লওক যে এই শক্তি আৰু এনাৰ্জীৰ বলত আপোনাৰ ভৱিষ্যত উজ্জ্বল হোৱাতো নিশ্চিত!

দুৰ্গুণৰ পৰা দূৰত থাকক

এইটো অত্যন্ত প্ৰসন্নতাৰ কথা যে, মনুষ্য এইখন সংসাৰৰ সৰ্বশ্ৰেষ্ঠ প্ৰাণী আৰু দুঃখৰ বিষয় হৈছে যে, সৃষ্টিৰ সৰ্বশ্ৰেষ্ঠ প্ৰাণী হোৱাৰ সত্ত্বেও মনুষ্য দিন-ৰাতি বেয়া কামত লিপ্ত থাকে। ব্যক্তি অত্যন্ত দ্ৰুত দুৰ্গুণৰ দাস হৈ গৈছে আৰু এই দুৰ্গুণ ভৱিষ্যতে ব্যক্তিৰ জীৱনত ডাঙৰ ধুমুহাৰ সৃষ্টি কৰি দিয়ে। ব্যক্তিয়ে নিজৰ লক্ষ্যৰ পৰা দূৰত গুচি যায়। কিছুমান লোক, যাক এই বিষয়ে অনুভৱ হয়, তেওঁলোকে নিজকে চম্ভালাৰ চেষ্টা কৰে। তেওঁলোকে সদ্‌গুণৰ ওচৰ চাপে বা প্ৰেৰণাদায়ক কিতাপৰ আশ্ৰয় লৈ নিজকে সংশোধন কৰাৰ চেষ্টা কৰে। প্ৰিয় বন্ধু! আমি এই সকলো দুৰ্গুণৰ জালত তেতিয়া ফচি যাওঁ, যেতিয়া আমাৰ চাৰিওফালে অজ্ঞানতাৰ অন্ধকাৰে আৱৰি ধৰে, আমাৰ মনত অজ্ঞানতাৰ ধূলিৰ মাকতি জমা হৈ যায় আৰু আমাৰ সম্মুখত সকলো ধোঁৱা খোৱা লাগি যায়। আমাৰ লক্ষ্য, আমাৰ কৰ্তব্য, আমাৰ কৰ্ম – সকলো এক প্ৰকাৰৰ ধোঁৱা-খোৱা দেখা পোৱা যায়। যেনেদৰে আয়নাৰ ওপৰত ধূলি জমা হোৱাৰ কাৰণে তাত চেহেৰা দেখা পোৱা নাযায় আৰু দেখা দিলেও ধোঁৱা-খোৱা দেখা দিয়ে। ঠিক সেইদৰে মানৱ মনৰ ওপৰত যেতিয়া দুৰ্গুণৰ ধূলি জমা হৈ যায়, তেতিয়া মানৱ শুভ-অশুভ, ভাল-

বেয়া জ্ঞান নাথাকে। তেওঁ অজ্ঞানতা আৰু অকৰ্মৰ অন্ধকাৰত ঘূৰি থাকে। যদি নিজকে এনে পথভ্ৰষ্ট হোৱাৰ পৰা বচাব বিচাৰে তেনেহ'লে দুৰ্গুণৰ পৰা দূৰত থাকক।

আমি ভাৱিব লাগিব যে, আমি ক'ত আছো আৰু আমি কলৈ যাব লাগে? নিজৰ লক্ষ্যত উপণিত হ'বৰ বাবে আমাৰ গতি কিমান? আমি সফলতাৰ ফালে অগ্ৰসৰ হ'বৰ বাবে ওপৰৰ ফালে গৈছোনে, নাই সফলতাৰ ভ্ৰমত ব্যৰ্থতাৰ গভীৰ গৰ্তৰ ফাগে গৈছো? আমি যদি এই সকলো বিষয় বিলাকৰ ওপৰত গম্ভীৰতাৰে বিচাৰ-বিবেচনা নকৰো, তেন্তে আমি গৈ থাকি ক'ত গৈ পাম আমি জানো, কিন্তু যদি আমি প্ৰত্যেক পদক্ষেপ যথেস্ট ভাবনা-চিন্তা কৰি আগবাঢ়ো, তেন্তে নিশ্চয় তালৈ গৈ পাম, য'ত আমি গৈ পাব লাগে। আমি কলেজলৈ যাব বিচাৰিলে কলেজলৈ গৈ পাম, অফিচৰ ফালে গৈ পাব বিচাৰিলে অফিচলৈ গৈ পাম আৰু বজাৰলৈ যাব বিচাৰিলে বজাৰলৈ গৈ পাম। এইটো আমি নিৰ্ধাৰিত কৰিব লাগিব যে আমি কলৈ যাব লাগে? তাৰ পিছত নিজৰ সংসাধনৰ ওপৰ ভাৱনা-চিন্তা কৰিব লাগিব যে আমি কি সাধনাৰে, কোনটো গতিৰে আৰু কিমান সময়ত নিজৰ লক্ষ্য, নিজৰ গন্তব্যস্থলত গৈ পাব পাৰিম?

ঠিক এনেদৰে আপোনাৰ উন্নতিৰ বিষয়ে ভাৱনা-চিন্তা কৰিব লাগে। গভীৰতাৰে ভাৱিব লগে যে, আপোনাৰ উন্নতিৰ গতি কেনেকুৱা – দ্ৰুত, নে লেহেমীয়া? নিজৰ লক্ষ্যভেদ কৰিবৰ বাবে আপোনাক কিমান গতিৰ প্ৰয়োজন? সেইটো আপুনি ঠিক কৰিব লাগিব।

এইটো সদায় মনত ৰাখিব, আপুনি লক্ষ্যৰ ফালে গতি কৰিব বিচাৰে, কিন্তু আপুনি দিশাহীন। দিশাহীন হৈ আপুনি গন্তব্যত কোনো দিনে গৈ পাব নোৱাৰে। দিশাহীন হোৱাৰ লগতে আপুনি যদি দুৰ্গুণ দ্বাৰা ঘিৰে যায়, তেন্তে আপুনি চিৰ দিনৰ বাবে সাধাৰণ জীৱনৰ জালত ফচি যাব।

আপুনি যদি সাধাৰণ জীৱন কটাব নিবিচাৰে, তেনেহ'লে আপোনাৰ ক্ৰিয়াশীলতাৰ ফালে চাব লাগিব, আপোনাৰ গতিশীলতাৰ প্ৰতি দৃষ্টি দিব লাগিব।

মনক জয় কৰক

প্ৰিয় বন্ধু! ক্ৰিয়াশীল আৰু গতিশীল ব্যক্তিয়েই লক্ষ্যভেদ কৰাত সফলতা প্ৰাপ্ত কৰে। আপুনি যদি লেহেমীয়া গতিত নিজৰ লক্ষ্যৰ ফালে অগ্ৰসৰ হয়, তেনেহ'লে লক্ষ্য অনেক দূৰত দেখা পাব। সেই লক্ষ্যলৈকে আপুনি 'কেতিয়া আৰু কেনেদৰে গৈ পাব?' – এনে ধৰণৰ প্ৰশ্ন আপোনাক হতাশ কৰিব, আপোনাৰ ইচছা শেষ হৈ যাব ধৰিব।

লেহেমীয়া গতিত চলি থকা ব্যক্তিয়ে অলপ গৈয়েই ক্লান্ত হৈ বহি যায়, কাৰণ তেওঁক এনে লাগি যায় যে লক্ষ্য অনেক দূৰত আৰু তালৈ গৈ পোৱাতো অসম্ভৱ। উদাহৰণ স্বৰূপে এই কথাক এনেদৰেও বুজিব পৰা যায়।

আপুনি যদি গোৱালৈ যাব বিচাৰে, তেন্তে কোন দ্ৰুত গতিৰ বাহন, ৰেলগাড়ী বা উৰা জাহাজেৰে যাব লাগিব। কিন্তু আপুনি যদি খোঁজ কাঢ়ি তালৈ যাব বিচাৰে, তেন্তে দূৰত্বৰ কল্পনা কৰা মাত্ৰকে আপোনাৰ মনোবল ভাঙি পৰিব। এনেদৰে যদি আপুনি লেহেমীয়া গতিৰে লক্ষ্যৰ ফালে যাব বিচাৰে, তেন্তে এটা কথাযাৰৰ প্ৰচণ্ড সম্ভাৱনা আছে যে আপোনাৰ মনোবল মাজতেই সমাপ্ত হৈ যাব। কোৱাৰ তাৎপৰ্য হৈছে যে, লক্ষ্যত উপণিত হ'বৰ বাবে তীব্ৰ গতি আৰু সঠিক সংসাধনেৰ আৱশ্যক হয়। নিজৰ ক্ৰিয়াশীলতা আৰু গতিশীলতাৰ দ্বাৰা আপোনাৰ গতিও তীব্ৰ কৰিব পাৰে আৰু আৱশ্যকীয় সংসাধন গোটাই সফলতাৰ সোৱাদ লব পাৰে। সফল হ'লে আপোনাৰ জীৱন স্তৰো নিজে নিজে ওপৰলৈ উঠিব।

জ্ঞান থকাতো ডাঙৰ কথা

আমি যেতিয়া আত্মচিন্তনৰ কথা কওঁ, তেতিয়া আমি এটা পৰীক্ষা কৰা উচিত যে, আমি কিমান জ্ঞানী আৰু দীন-দুনিয়াৰ বিষয়ে আমাৰ ওচৰত কিমান তথ্য আছে? তথ্য-প্ৰযুক্তিৰ এই নতুন যুগত আপুনি তথ্য আৰু জ্ঞানৰ বিনে আগবাঢ়িব নোৱাৰে। জ্ঞানৰ পৰিধি বিস্তাৰ কৰাটো আজিৰ যুগৰ কোনো ব্যক্তিৰ পক্ষে কঠিন নহয়। কঠিনতা তেতিয়া সৃষ্টি হয়, যেতিয়া ব্যক্তিয়ে জ্ঞান প্ৰাপ্ত কৰে, কিন্তু তাক ভালদৰে ব্যৱহাৰ কৰিব নোৱাৰে। অন্য শব্দত এনেদৰে কব পাৰি যে ব্যক্তিয়ে জ্ঞান প্ৰাপ্ত কৰিব বিচাৰে, কিন্তু তাক নিজৰ মন-মস্তিস্কত সমাহিত কৰিব নোৱাৰে। কাৰণ তাৰ ভিতৰত আগৰ পৰাই কিছু ভৰি

থাকে। সেই 'কিছু' এনেদৰে হয় যে, জ্ঞান সমাহিত কৰাৰ বাবে আৰু অৱশিষ্ট স্হান নাথাকে। এই প্ৰসঙ্গত মোৰ এটা প্ৰেৰণাদায়ক কাহিনী মনত পৰিছে ঃ-

এজন ব্যক্তি কোনো এজন মহাপুৰুষৰ ওচৰত জ্ঞান প্ৰাপ্ত কৰিবৰ বাবে যায়। মহাপুৰুষে সেই ব্যক্তিক স্নেহেৰে নিজৰ ওচৰত বহিব দিয়ে আৰু জগৰ পৰা এক গিলাচ পানী ভৰাব ধৰে। গিলাচ ভৰি যায়, কিন্তু মহাপুৰুষ নৰখিলে। তেওঁ জগৰ পৰা গিলাচত পানী ভৰাই গৈ থাকে। পানী গিলাচৰ পৰা বাহিৰত পৰি যায়। জ্ঞান প্ৰাপ্ত কৰিবলৈ অহা ব্যক্তিয়ে মহাপুৰুষক বাধা দি কয়- "মহাশয়! গিলাচ ভৰি গৈছে, পানী পৰি গৈছে।"

মহাপুৰুষে ৰখি, হাঁহি কয়- "গিলাচ আগৰ পৰাই ভৰি আছিল। আগৰ পৰা ভৰি থকা গিলাচত আৰু পানী ভৰাব পাৰিনে?"

"নোৱাৰি!"

"ঠিক এনেদৰে ব্যক্তিৰ মন অহংকাৰ, ক্ৰোধ, ঘৃণা, দ্বেষ, ভয় আৰু শংকা ভৰি থাকে, তেওঁৰ মনত জ্ঞান ক'ত ভৰিব? জ্ঞান প্ৰাপ্ত কৰিবৰ বাবে প্ৰথমে এই সকলো দুৰ্গুণক বাহিৰ কৰিব লাগিব, মন-মস্তিষ্ক জগাব লাগিব, তেতিয়াহে আমি কিছু জ্ঞান প্ৰাপ্ত কৰিব পাৰিম।"

মহাপুৰুষৰ কথা শুনি সেই ব্যক্তি তল মূৰ কৰে আৰু মনে মনে তাৰ পৰা উঠি গুচি যায়। তেওঁ এইটো বুজিব পাৰিলে যে যেতিয়ালৈকে তেওঁৰ ভিতৰৰ সেই সকলো দুৰ্গুণ বাহিৰ নকৰিব, তেতিয়ালৈকে অশেষ চেষ্টা কৰিছেলা তেওঁ জ্ঞান প্ৰাপ্ত কৰিব নোৱাৰে। জ্ঞান প্ৰাপ্ত কৰিবৰ বাবে দুৰ্গুণৰ পৰা মুক্ত হৈ পুনৰ মহাপুৰুষৰ চৰণলৈ আহিব লাগিব।

প্ৰিয় বন্ধু! কটু সত্য হৈছে, প্ৰত্যেক ব্যক্তিয়ে এইটো জানে যে, দুৰ্গুণৰ পৰা মুক্ত হৈয়েই জ্ঞান অৰ্জন কৰিব পাৰে। ততসত্ত্বেও ব্যক্তিয়ে উন্টো-পোন্টা কামত লাগি থাকে আৰু সাংসাৰিক মায়াজালত ফচি যায়। এইটো এক প্ৰকাৰৰ নিজৰ প্ৰতি শত্ৰুতা বজায় ৰাখাৰ কাম হয়। আপুনি যদি সঁচাকৈ জ্ঞান প্ৰাপ্ত কৰিব বিচাৰে, তেন্তে আপুনি এই মায়াজালৰ পৰা মুক্ত হৈ ঈশ্বৰক চিনিব লাগিব। নিজৰ মিত্ৰ হ'ব লাগিব। এইটো সদায় মনত ৰাখিব, ব্যক্তিৰ সকলোতকৈ ডাঙৰ মিত্ৰ

তেওঁ নিজেই হয়। নিজৰ লগত বন্ধুত্ব কৰক, নিজৰ বিবকৰ কথা শুনক, তাৰ ওপৰত দৃষ্টি দিয়ক আৰু তাৰ পিছত চাওক অদ্ভুত চমৎকাৰ! আপোৰ জীৱন সুখেৰে ভৰি পৰিব।

সুখ আমাৰ মানসিক স্তৰৰ ওপৰত নিৰ্ভৰ কৰে, বাহ্যিক স্তৰৰ লগত তাৰ কোনো সম্পৰ্ক নাথাকে। আপুনি জীৱনত সুখ পাবনে না দুঃখ – সেইটো আপোনাৰ মানসিকতাৰ ওপৰত নিৰ্ভৰ কৰে। আপোনাৰ দৃষ্টি যি বস্তুৰ সন্ধান কৰিব, সেইটো আপুনি দেখা পাবেন আৰু সেইটো আপুনি প্ৰাপ্ত কৰিব।

শগুনকেই চাওক। আকাশত উৰি তলৰ ফালে চাই থাকে, কিন্তু তেওঁৰ দৃষ্টি কেৱল মৰা, গেলা-পচা বস্তুৰেই সন্ধান কৰি থাকে। প্ৰকৃতিৰ সেউজতা আৰু সুন্দৰতাৰ প্ৰতি তাৰ দৃষ্টি একেবাৰেই নাযায়। শগুন সেই সকলো মনমোহা দৃশ্যক আনন্দ নাপায়, কাৰণ সি কেৱল নিজৰ লক্ষ্যৰ সন্ধানত থাকে আৰু তাৰ সেই লক্ষ্য হৈছে মৃত জন্তু! শগুন কেৱল তাৰেই সন্ধান কৰি থাকে, তাৰ কেৱল মৃত জন্তু প্ৰাপ্ত কৰাতেই আনন্দ আছে।

আমি যদি জীৱনত সফল হ'ব বিচাৰো, জীৱনৰ সত্য সুখ প্ৰাপ্ত কৰিব বিচাৰো, তেন্তে সকলোতকৈ প্ৰথমে নিজৰ সত্য স্বৰূপক চিনিব লাগিব। সংসাৰক ত্যাগ কৰি প্ৰথমে নিজৰ বিষয়ে চিন্তন কৰিব লাগিব। যি ব্যক্তিয়ে নিজৰ সত্য স্বৰূপক চিনি পাইছে, ধৰিব লাগে যে তেওঁ জগত জিনিলে। ■■■

চম্পাৰন সত্যাগ্ৰহৰ সময় মহাত্মা গান্ধীৰ লগত কস্তুৰবাও চম্পাৰন গৈছিলে। এদিন গান্ধীজীয়ে তেওঁক কয়- "তুমিও কৃষকৰ সন্তানৰ ওচৰলৈ যোৱা, তেওঁলোকক পঢ়োৱা।" কস্তুৰবাই কয়- "মই তেওঁলোকক কি শিকাম? মই বিহাৰৰ হিন্দী কব নাজানো।" গান্ধীজীয়ে কয়-"কথা সেইটো নহয়। শিশু সকলক প্ৰাথমিক শিক্ষা পৰিস্কাৰ-পৰিচ্ছন্নতা হয়। তুমি কৃষকৰ সন্তানক একগোট কৰোৱা। তেওঁলোকৰ দাঁত চোৱা, তেওঁলোকৰ চকু চোৱা, তেওঁলোকক স্নান কৰোৱা। এনেদৰে তুমি তেওঁলোকৰ পৰিস্কাৰ-পৰিচ্ছন্নতাৰ প্ৰথম পাঠ শিকোৱা। তাৰ পিছত যেতিয়া তোমাক তেওঁলোকৰ ভাষাৰ জ্ঞান হ'ব, তেতিয়া তেওঁলোকক জ্ঞান দিব পাৰিবা।" পিছ দিনৰ পৰাই কস্তুৰবা এই সকলো কৰিব ধৰে।

চেতনাৰ পৰা অবচেতনাৰ ফালে

আপুনি যদি জীৱনত সফলতা প্ৰাপ্ত কৰিব বিচাৰে, তেন্তে আপোনাৰ চেতন মন আৰু অবচেতন মনৰ মাজত সামজঞ্চ স্হাপন কৰিব লাগিব। চেতন মনত অহা ইতিবাচক বিষয় বিলাক অবচেতন মনলৈ লৈ যাব লাগিব। ঠিক সেইদৰে, যেনেদৰে ৰেডিঅ তৰঙ্গৰ দ্বাৰা কোনো বাৰ্তা এটা স্হানৰ পৰা আন এটা স্হানলৈ পোৱাই দিয়ে। আপুনি যদি এনেদৰে কৰে, তেন্তে ইতিবাচক চিন্তাধাৰাৰ এটা-এটা সূচতা একত্ৰিত কৰি এদিন এক শক্তিশালী ৰচি হৈ উঠিব। আপোনাৰ চেতন মন আৰু অবচেতন মনৰ মাজত এই সূতা যেতিয়া এক শক্তি ৰচিলৈ পৰিণত হ'ব তেতিয়া ভাৰি লব যে আপোনাক মনৰ মতে সফলতা পোৱাত কোনেও ৰখাব নোৱাৰে।

প্ৰিয় বন্ধু! জীৱনত আমি যি কাম আৰম্ভ কৰো, সেইটো ভাল হওক বা বেয়া, তাক সকলোতকৈ প্ৰথমে আমাৰ চেতন মনে গ্ৰহণ কৰে। সেই কামক যেতিয়া আমি বাৰে বাৰে কৰো, তেতিয়া সেই কাম আমাৰ অবচেতন মনত কেতিয়াও মচিব নোৱাৰা ৰূপত অংকিত হৈ যায়। ইয়াক অন্য শব্দত এনেদৰে কব পাৰো যে সেই কাম কামক

নিজৰ মনত সদায় উচ্চ আৰু প্ৰগতিশীল চিন্তাধাৰা পোষণ কৰক, সদায় সফল হওয়াৰ কামনা কৰক। এবাৰ যদি আপেনাৰ অবচেতন মনে এই কথাষাৰ স্বীকাৰ কৰি লয়, তেতিয়া সেই সৰ্বশক্তিৰে সফলতাৰ নতুন চিন্তাধাৰা তৈয়াৰ হ'ব ধৰে। আপোনাৰ সফল হোৱা পৰিকল্পনা নিজে নিজে তৈয়াৰ হ'ব ধৰিব।

– সূৰ্য সিন্হা

কৰাৰ সম্পূৰ্ণ প্ৰণালী আমাৰ অবচেতন মনত একেবাৰে সমাহিত কৰে। ইয়াৰ পিছত এনে এটা সময় আহে যে আমি সেই কাম কৰাত ইমান পৰিপক্ক হৈ যাওঁ যে আমি সেই কামক কৰিবলৈ ভাৱিব লগীয়া নহয়। সেই কাম প্ৰাকৃতিক ৰূপেৰে নিজে নিজে হ'ব ধৰে।

ইয়াক আপুনি এনেদৰে বুজিব পাৰে- ধৰক, এটা শিশু চাইকেল চলোৱা শিকে। আৰম্ভণিত কোনো ব্যক্তিয়ে কয় যে কেনেদৰে চাইকেলৰ হেণ্ডেল ধৰিব লাগে আৰু চাইকেলৰ মাজত সন্তুলিত বজায় ৰাখিবৰ বাবে চাইকেলৰ সেই চিটত বহিব লাগে, কেনেদৰে পেডেল ভৰি মাৰিব লাগে, কেনেদৰে দৃষ্টি আগত ৰাখি হাত আৰু ভৰিক নিজৰ কাম কৰিব দিব লাগে। আৰম্ভণি চাইকলে চলোৱা শিকা শিশু সকলো কাম তালমিলেৰে কৰিব নোৱাৰে। কেতিয়াবা দৃষ্টি পেডেলত যায়, কেতিয়াবা প্ৰয়োজনীয়তাৰ বিনে ব্ৰেক মাৰে। শিশু কেতিয়াবা চাইকেলৰ পৰা পৰি যায়। যেতিয়া বাৰে বাৰে সেই কাম কৰিব ধৰে তেতিয়া চাইকেল চলোৱাৰ সম্পূৰ্ণ সিদ্ধান্ত তেওঁৰ অবচেতন মনত অংকিত হৈ যায়। তাৰ পিছত সেই কাম, যিটো কেইবা দিনৰ পৰা অত্যন্ত কঠিনতাৰে কৰি আহিছিল, তেওঁ একেবাৰে যান্ত্ৰিক পদ্ধতিৰে আৰু অত্যন্ত সহজতে কৰা আৰম্ভ কৰি দিয়ে। চাইকেল চলোৱাৰ এই সম্পূৰ্ণ সিদ্ধান্ত তেওঁৰ অবচেতন মনত বহি যায়। তেওঁ কোনো কঠিনতাৰে চাইকোৰ চিটত বহি যায় আৰু তাৰ পিছত নিজে নিজে হাত-ভৰিয়ে কাম কৰিব ধৰে। ভৰিয়ে পেডেল মৰাত ব্যস্ত থাকে, দৃষ্টি সন্মুখৰ ফালে থকে, সন্মুখত কোনোবাই আহিলে বা পথত কোনো অবৰোধ দেখা পালে হাতে নিজে নিজে ব্ৰেক মাৰি দিয়ে আৰু সতৰ্কবাণী দিবৰ বাবে আঙুলিয়ে ঘণ্টি বজাব ধৰে। এনেদৰে শিশু অত্যন্ত সহজতেই চাইকেল চলাব ধৰে। চাইকেল চালোৱা তেওঁৰ অভ্যাসলৈ পৰিণত হয়।

এনেদৰে যেতিয়া কোনো কাম আমি বাৰে বাৰে কৰি থাকো, তেতিয়া সেই কাম কৰাৰ শৈলী আমাৰ চেতন মনৰ দ্বাৰা আমাৰ অবচেতন মনত সুৰক্ষিত হৈ যায়। এই গোটেই কাহিনীকে এই উদাহৰণ দ্বাৰাও বুজিব পাৰিঃ-

যিদৰে আপুনি কম্পিউটাৰত কোনো কাম কৰে। এইটো এক

বাহ্যিক ক্ৰিয়া হয়। তাৰ পিছত আপুনি সেই কামক 'ফাইল' তৈয়াৰ কৰি কম্পিউটাৰত 'চেভ্' কৰি দিয়ে। এইটো হৈছে চেতন মনৰ পৰা অবচেতন মনলৈ পাঠিওৱা কামক। এতিয়া ভৱিষ্যতে যেতিয়াই আপোনাক সেই 'ফাইল'-ৰ আৱশ্যক হ'ব, সেইটো এটা ক্লিকত অপেন হৈ যাব আৰু আপুনি সহজতে তাক পৰিব পাৰিব, আৱশ্যকতা অনুসাৰে তাত কামো কৰিব পাৰিব।

প্ৰিয় বন্ধু! যিদৰে কম্পিউটাৰক এইটো গম পোৱা নাযায় যায় যে তাত কেনে ধৰণৰ প্ৰকাৰৰ প্ৰগ্ৰেম দিয়া গৈছে, ঠিক সেইদৰে আমাৰ মস্তিষ্কও এইটো নাজানা যে, তাত কেনে ধৰণৰ প্ৰগ্ৰেম 'চেভ্' কৰা হৈছে। যেনে চিন্তাধাৰা আৰু বিচাৰধাৰাৰ আপুনি সঞ্চাৰ কৰিব, আপোনাৰ মস্তিষ্কও ঠিক তেনেদৰেই গ্ৰহণ কৰিব। আপুনি যদি নিজৰ মনত নিৰাশা, দাৰিদ্ৰতা, ভয়, চিন্তা, অনুৎসাহ, দুৰ্বলতা ইত্যাদি প্ৰগ্ৰেম ঢালিব আৰু ভাৱিব যে, মই একো কৰিব নোৱাৰো, মই কেতিয়াও সফল হ'ব নোৱাৰো, মই দুৰ্বল, তেতিয়া আপোনাৰ মন এই সকলো চিন্তাধাৰাক গ্ৰহণ কৰি নিজৰ ভিতৰত সুৰক্ষিত কৰি লব। ইয়াৰ দুষ্পৰিণাম এইটো হ'ব যে, আপুনি যেতিয়াই কোনো কাম কৰিবৰ বাবে নিজৰ মনৰূপী কম্পিউটাৰ ষ্টাৰ্ট কৰিব, তেতিয়া এই সকলো প্ৰগ্ৰেম অপেন হ'ব আৰু আপুনি নিজৰ নেতিবাচক চিন্তাধাৰাৰ কাৰণে ব্যৰ্থতাৰ মুখ দেখা পাব। আপোনাৰ মনত বাৰে-বাৰে নিৰাশা, ব্যৰ্থতা, ভয়, উৎসাহহীনতা ইত্যাদিৰ চিগনেল আহি থাকিব আৰু সেই সকলো চিগনেল আপোনাক কোনো কামত সফলতা প্ৰাপ্ত কৰিব নিদিব। সফলতা প্ৰাপ্ত হ'বও কেনেদৰে? আপুনি নিজেই এনেদৰে ভাৱি ললে- "মই কোনো কামৰ বাবে যোগ্য নহয়!"

ইয়াৰ বিপৰীতে যদি আপুনি নিজৰ মনৰ প্ৰগ্ৰেমিং ইতিবাচক ৰূপে কৰে, অৰ্থাৎ – "এইখন জগতৰ সকলো কাম কৰা সম্ভৱ। মই সককো কাম কৰিব পাৰো। মই জীৱনত সফল হমেই, কাৰণ মোৰ ভিতৰত সফলতা প্ৰাপ্ত কৰা আৰু বিজয়ী হোৱাৰ গুণ আছে।" – এনে প্ৰগ্ৰেম ফীট কৰিলে আপোনাৰ অৱচেতন মন এই প্ৰগ্ৰেম অৰ্থাৎ চিন্তাৰধাৰাক চেভ্ কৰিব। আপুনি যেতিয়াই কোনো কাম কৰিব,

তেতিয়া আপোনাৰ মস্তিষ্ক ৰূপী কম্পিউটাৰ সেই ফাইল অপেন হৈ যাব। এই সকলো ফাইলৰ পৰা উৎপন্ন ধ্বনি আপোনাৰ অৱচেতন মনত গুঞ্জি থাকিব– "এইখন জগতত কোনো কাম কঠিন নহয়, মই সকলো কাম কৰিব পাৰো, মই জীৱনত সফল হমেই।" এই ধ্বনি আপোনাক সফলতাৰ দিশত আগুৱাই লৈ যাব। আপোনাৰ উৎসাহ আৰু আত্মবিশ্বাস অপ্ৰত্যাশিত ৰূপেৰে বৃদ্ধি পাব আৰু তাৰ বলত আপুনি দ্ৰুত গতিত সফলতাৰ ফালে অগ্ৰসৰ হ'ব।

আপুনি এইটো নিশ্চয় দেখা পাব যে, কিছুমান লোকে অত্যন্ত দ্ৰুত গতিৰে সফলতাৰ ফালে আগবাঢ়িছে, তেওঁলোকে প্ৰতি দিনেই সফল হৈ উঠিছে, অন্য ফালে লক্ষ-কোটি লোক দাৰিদ্ৰতা ভৰা অথবা অত্যন্ত সাধাৰণ জীৱন কটাইছে। এই গোটেই খেল্ মস্তিষ্ক ৰূপী কম্পিউটাৰ প্ৰগ্ৰেমিংৰ হয়। যি সকল ব্যক্তিয়ে নিজৰ মস্তিষ্কৰ প্ৰগ্ৰেমিং প্ৰচুৰ অৰ্থ উপাৰ্জন কৰিবৰ বাবে আৰু জীৱনত সফলতা অৰ্জন কৰাৰ বাবে নিৰ্মিত, তেওঁলোক জীৱনত ধনী আৰু সফল হয়। ইয়াৰ বিপৰীত যি সকল ব্যক্তিয়ে নিজৰ মস্তিষ্কত দাৰিদ্ৰতা, ব্যৰ্থতা আৰু দুঃখ ভৰি থাকে, তেওঁলোক দাৰিদ্ৰতা, ব্যৰ্থতা আৰু দুঃখৰ মাজত গোটেই জীৱন কটায়। তেওঁলোকে নিজৰ জীৱনত কেতিয়াও সুখ-বৈভৱ ভোগ কৰিব নোৱাৰে। গড় অনুপাতে জীৱন কটোৱাই তেওঁলোকৰ নিয়তি হৈ যায়।

মস্তিষ্কৰ প্ৰগ্ৰেমিং কেনেকুৱা হয়

এই তথ্যটো আমি সকলোৱেই জনা উচিত যে, আমাৰ মস্তিষ্কৰ প্ৰগ্ৰেমিং আচলতে কেনেকুৱা হয়? কেনেদৰে তৈয়াৰি হয় আমাৰ মস্তিষ্কৰ প্ৰগ্ৰেমিং? তেতিয়াহ'লে আহক জানো। আমাৰ মস্তিষ্কৰ দুটা ভাগ থাকে – চেতন মন আৰু অৱচেতন মন, যি কেৱল আমাৰ বাবেই কাম কৰে। ইয়াৰ ওপৰত এইখন গ্ৰন্থৰ আগতেও আলোচনা কৰা হৈছে। চেতন মনৰ কাম হৈছে চিন্তা কৰা, বিচাৰধাৰা প্ৰস্তুত কৰা আৰু অৱচেতন মন চেতন মনৰ চিন্তাধাৰাৰ পৰা কিছু চিন্তাধাৰা গ্ৰহণ কৰা আৰু তাক আধাৰ প্ৰদান কৰা। এইটো হৈছে আমাৰ মস্তিষ্কৰ প্ৰগ্ৰেমিং। আমাৰ চিন্তাধাৰা যেনেকুৱা হয়, তেনেদৰেই আমাৰ মস্তিষ্কৰ প্ৰগ্ৰেমিং হয়। আমাৰ চিন্তাধাৰা, আমাদেৰ বিচাৰধাৰা বা এনেদৰে কব

পাৰি যে, আমাৰ মান্যতা অনুসাৰেই আমাৰ মস্তিস্ক প্ৰগ্ৰেম তৈয়াৰি হয় আৰু সেইবিলাক সুৰক্ষিত হৈ থাকে।

এই গোটেই খেল চিন্তাধাৰাৰ হয়, মান্যতাৰ হয়। আপুনিও যদি এনেদৰে বিচাৰে যে আপুনি জীৱনত সফল হ'ব লাগে, তেনেহ'লে আপোনাৰ মনৰ পৰা ব্যৰ্থতা আৰু দাৰিদ্ৰতাৰ চিন্তাধাৰা আতৰাব লাগিব আৰু সেইবিলাকৰ স্হানত নতুন প্ৰগ্ৰেমিং লোড কৰিব লাগিব, সেইবিলাকৰ মাজত এনে চিন্তাধাৰাক স্হান দিব লাগিব যে-"হয়, মই বিজয়ী হয়, মই সফলতাৰ পথত আগবাঢ়িছো, মই সকলো কাম কৰিব পাৰো, মোৰ ভিতৰত মানৱৰ দ্বাৰা কৰিব পৰা সকলো কাম কৰাৰ সামৰ্থ্য আছে। যেনেদৰে সফল আৰু সমৃদ্ধ লোকৰ নিজৰ সফলতা আৰু সমৃদ্ধিক নিৰন্তৰে বৃদ্ধি কৰি থাকে, ঠিক সেইদৰে মইও নিৰন্তৰে সফলতা আৰু সমৃদ্ধিৰ দিশত অগ্ৰসৰ হ'ব পাৰো।" এইখন সংসাৰ ধন-দৌলত, সুখ-সমৃদ্ধি আৰু বৈভৱৰ অনেক নদী প্ৰৱাহিত হৈছে। আপুনি সেই সকলো নদীত নিজৰ চাহিদাৰ অনুসাৰে গভীৰ ডুব লগাব পাৰে। আপুনি সমুদ্ৰত যিমান পাৰে ডুব লগাব পাৰে, সমুদ্ৰৰ পৰা যিমান পাৰে পানী ভৰাওক, ই কেতিয়াও কম নহয়। ঠিক সেইদৰে ধন-দৌলত, সুখ-সমৃদ্ধি আৰু বৈভৱ ৰূপী নদীৰ পৰা, সমুদ্ৰৰ পৰা আপুনি যিমান পানী ললেও তাৰ পানী কেতিয়াও কম নহয়।

গতিকে আপোনাৰ মনত সদায় উচ্চ আৰু প্ৰগতিশীল চিন্তাধাৰা পোষণ কৰক, সদায় সফল হোৱাৰ বিশ্বাসৰ প্ৰগ্ৰেম নিজৰ মনত লোড কৰক। এবাৰ যদি আপোনাৰ অৱচেতন মন এই কথাক স্বীকাৰ কৰি লয়, তেনেহ'লে আপোনাৰ অৱচেতন মন সৰ্বশক্তিৰে সফলতাৰ নৱীনতম চিন্তাধাৰা তৈয়াৰ কৰিব ধৰে। সফলতাৰ দিশত লৈ যোৱা আপোনাৰ পৰিকল্পনা নিজে নিজে তৈয়াৰ হ'ব ধৰে।

অৱচেতন মন দেখা নিদিয়া আপোনাৰ ড্ৰাইভাৰ হয়।

ই আপোনাৰ অস্তিত্ব হয়।

আপোনাৰ অৱচেতন মন আপোনাৰ চেতন মনৰ সকলো আদেশৰ পালন কৰি থকা দাস হয়। আপোনাৰ চেতন মন আপোনাৰ অৱচেতন মনক এনেদৰে আদেশ দিয়ে – এইটো কৰক বা এনেদৰে কৰক আৰু এইটো নকৰিব ইত্যাদি। আমাৰ অৱচেতন মন ঐশ্বৰিক শক্তিৰে যুক্ত

হৈ থাকে। যিহেতু ঐশ্বৰিক শক্তি অসীম হয়, সেইকাৰণে অৱচেতন মন প্ৰাকৃতিক ৰূপেৰে স্বয়ং চালিত প্ৰক্ৰিয়াৰ অন্তৰ্গত কাম কৰে। চেতন অবস্হাত আপুনি যেতিয়া কোনো কামক বাৰে বাৰে কৰে, তেতিয়া তখন সেই কাম বা চিন্তাধাৰা আপোনাৰ অৱচেতন মনত নিজে নিজে গৈ পায়। অৱচেতন মন 'কামটো ভাল, বা বেয়া বা চিন্তাধাৰা ঠিক বা নহয়' – ইয়াৰ ওপৰত ভাৱনা-চিন্তা নকৰে, ই কেৱল তাক 'চেভ্' কৰি ৰাখে। যেনেদৰে- আপুনি যদি কোনো ইতিবাচক চিন্তাধাৰাক বাৰে-বাৰে পুনৰাবৃত্তি কৰে বা কোনো ইতিবাচক কামক বাৰে-বাৰে কৰে, তেতিয়া ইতিবাচক ভাৱনা আপোনাৰ অৱচেতন মনত গৈ পোৱাত আপোনাক চিৰ দিনৰ বাবে ইতিবাচক বুদ্ধিসম্পন্ন কৰি তুলিব। ইয়াৰ বিপৰীতে, আপোনাৰ যদি নেতিবাচক ক্ৰিয়া কৰা বা নিজৰ মনত নেতিবাচক চিন্তাধাৰাৰ পোষণ কৰে, তেন্তে বাৰে-বাৰে কৰাৰ কাৰণে সেই ক্ৰিয়া বা চিন্তাধাৰা আপোনাৰ অৱচেতন মনত গৈ পোৱাত আপোনাৰ বুদ্ধিক নেতিবাচক কৰি দিব।

প্ৰকৃতিৰ স্বভাৱকে বুজক

প্ৰকৃতিয়ে যিমান কাম কৰে, সেয়া স্হায়ী ৰূপেৰে কৰে। প্ৰকৃতিয়ে কেতিয়াও নিজৰ অভ্যাস আৰু নিজৰ স্বভাৱ পৰিবৰ্তন নকৰে। আদিম যুগৰ পৰা এই কথা চলি আহি আহিছে, ঘেঁহুৰ বীজৰ পৰা ঘেঁহুৰ আৰু যবৰ বীজৰ পৰা যব। সদায় সূৰ্যোদয় পূব দিশত হয় আৰু আজিও আছে আৰু যেতিয়ালৈকে মানৱ জীৱন থাকিব, তেতিয়ালৈকে সূৰ্য পূব দিশত উদয় হৈ থাকিব। দিনৰ পৰা পিছত ৰাতি আৰু ৰাতিৰ পিছত ৰাতিপুৱা হোৱাতো নিশ্চিত। ইয়াৰ অৰ্থ হৈছে, যুগ-যুগ ধৰি প্ৰকৃতিয়ে নিজৰ অভ্যাস সলনি নকৰে। মনুষ্যও যদি কোনো কাম বাৰে-বাৰে কৰে বা কৰি থাকে, তেতিয়াহ'লে প্ৰকৃতিয়ে সেই কামক তাৰ অভ্যাস পৰিৱৰ্তিত কৰি দিয়ে।

অভ্যাস এক ৰচিৰ দৰে হয়। প্ৰত্যেক বাৰ আৰু বাৰে বাৰে কৰা এটা সূতাৰ দৰে চেতন মনৰ পৰা অৱচেতন মনত গৈ পাই থাকে। সকলো সূতাক একত্ৰিত কৰি ৰচিৰ আধাৰ দিব পৰা যায়। গতিকে যি কোনো ব্যক্তিৰ পক্ষে সফলতা প্ৰাপ্ত কৰিবৰ বাবে এইটো অত্যন্ত জৰুৰী হয় যে, তেওঁ চেতন মনেৰে ইতিবাচক কাম আৰু ইতিবাচক

চিন্তাধাৰাক সূতাৰ দৰে অৱচেতন মনত সোমোই দিব লাগে, যাতে ইতিবাচক চিন্তাধাৰা ৰূপী সেই সব সূতা পৰস্পৰৰ লগত মিলি ৰচিৰ আকাৰ গ্ৰহণ কৰিব পাৰে আৰু সেই ৰচি নিৰন্তৰে শক্তিশালী হৈ থাকিব পাৰে। এবাৰ যদি এই ৰচি শক্তিশালী হৈ যায়, তেতিয়া মোৰ দৃঢ় বিশ্বাস যে, প্ৰথমে আপুনি নিজৰ মনক জয় কৰিব পাৰি, তাৰ পিছত গোটেই জগতক জয় কৰিব পাৰিব। অৰ্থাৎ সকলো পৰিস্হিতিতেই সফলতা আপোনাৰ চৰণ স্পৰ্শ কৰিব। সংসাৰৰ কোনো কোন শক্তিয়ে আপোনাক সফল হোৱাত বাধা দিব নোৱাৰিব। স্বয়ং আপুনিয়েই নহয়, কাৰণ তেতিয়ালৈকে আপোনাৰ ইতিবাচকতা এনেদৰে অভ্যস্ত হৈ যাব, আপোনাৰ দ্বাৰা লোৱা প্ৰত্যেক পদক্ষেপ আপোনাক সুনিশ্চিতভাৱে সফলতাৰ দিশত লৈ যাব।

যি ব্যক্তিয়ে ইতিবাচকতাৰ এই প্ৰভাৱক বুজিব নোৱাৰে, তেওঁ জীৱনত সদায় ব্যৰ্থ হয়। ইয়াৰ ঠিক বিপৰীতে, ইতিবাচক চিন্তাধাৰাৰ সফল ব্যক্তিয়ে দিনক দিনে সফলতাৰ দিশত আগবাঢ়ে।

যি সকল ব্যক্তি আজি হেচা পৰা আৰু শোষিত জীৱন কটাইছে, তেওঁলোকে এই কথাক নিজৰ ভাগ্যৰ খেল বুলি মানে। কিছুমান লোক এনেদৰেও হয়, যি নিজৰ বৰ্তমান দুৰৱস্হাকে পূৰ্বজন্মত কৰাত পাপৰ ফল হিচাপে মানে। তেওঁলোকে এনেদৰে ভাৱে যে, যেতিয়ালৈকে তেওঁলোকৰ পূৰ্বজন্মৰ পাপৰ অভিশাপ তেওঁলোকৰ বৰ্তমান জীৱনৰ লগত থাকিব, তেতিয়ালৈকে তেওঁলোকৰ দুৰৱস্হা দূৰ নহ'ব, জীৱনত সফলতা নাপাব। তেওঁলোকক কোনো ব্যক্তিৰ জীৱনৰ সফলতাক কোনো যাদু বা কোন চমৎকাৰ বুলি ভাৱে। তেওঁলোকেৰ এই কথাক বুজিব নোৱাৰে যে এই সমস্ত খেল হৈছে ইতিবাচকতাৰ। তেওঁলোকে এনেদৰে ভাৱে যে সফল লোক ভাল ভাগ্যৰ অধিকাৰী হয় আৰু ঈশ্বৰো তেওঁলোকৰ ওপৰত বেছি দয়ালু হয়, কিন্তু এনেদৰে একো নহয়। ঈশ্বৰ প্ৰত্যেক মুহূৰ্তত সকলোৰে ওপৰত সমান ৰূপেৰে দয়ালু হৈ থাকে। এইখন সংসাৰত অভাগ্যৱান কোনো নাই, পাৰ্থক্য ইমানেই যে তেওঁলোকৰ চিন্তাধাৰা, বিচাৰধাৰা, কাম কৰাৰ পদ্ধতি হয়। ভাগ্যক গঢ়ি তোলা বা তাক নষ্ট কৰা স্বয়ং ব্যক্তিৰ হাতক থাকে। ইয়াত ভাগ্যৰ কোনো ভূমিকা নাথাকে। এইটো কেৱল বুদ্ধি সততাৰ বিষয় হয়, কামৰ পদ্ধতিৰ বিষয় হয়।

সদায় এটা কথা মনত ৰাখক, বিভিন্ন কাম কৰাৰ সময়ত নিজৰ বুদ্ধিৰ ইতিবাচক বা নেতিবাচক প্ৰয়োগ, ভাল-বেয়া ভাৱনা

আৰু মানৱিক বা অমানৱিক ভাবনা অনুসাৰে ব্যক্তিয়ে নিজৰ ভাগ্য নিজৰ হাতেৰে লিখে।

নিজৰ অভ্যাস সলনি কৰি, সফল হৈ উঠক

আৰম্ভণিত আমি আমাৰ নিজৰ অভ্যাসক প্ৰস্তুত কৰো, তাৰ পিছত সেই অভ্যাসক গঢ়ি বা নষ্ট কৰো। সেইকাৰণে এনেদৰে কোৱা যায় যে, নিজৰ ভিতৰত ভাল অভ্যাস গঢ়ি তুলিলে তাৰ ভাল পৰিণামো পোৱা যায়। আমি যি কাম কৰো, সেইটো ভাল হওক বা বেয়া, সেই কাম আমি বাৰে বাৰে কৰো। সেই কাম আমি ৰুচিৰে কৰো বা বাধ্যত, এনে এটা দিন আহে যে সেই কাম আমাৰ অভ্যাসলৈ পৰিণত হৈ যায়। তাৰ পিছত এটাই প্ৰক্ৰিয়া হয় আৰু সেইটো হৈছে সেই সকলো কাম আমাৰ ইচ্ছা বা অনিচ্ছা সত্ত্বেও নিজে নিজে হ'ব ধৰে। এইটো ৰুটীন হৈ পৰে আৰু এনেদৰে আমি অভ্যাসৰ গোলাম হৈ পৰো। অভ্যাস যদি ভাল হয়, তেনেহ'লে তাৰ পৰা আমি লাভ প্ৰাপ্ত কৰো আৰু অভ্যাস বেয়া হয় তেনেহ'লে আমাৰ ক্ষতি হয়। এটা ফালে য'ত বেয়া অভ্যাস আমাৰ সফলতাৰ পথত বাধা হয়, অন্য ফালে ভাল অভ্যাস আমাৰ সফলতাৰ লক্ষ্যলৈ লৈ যায়।

মনুষ্যৰ স্বভাৱ হৈছে, আমি প্ৰত্যেককে অভ্যাসৰ গোলাম হ'ব লগীয়া হয়, লাগিলে সেয়া ভাল অভ্যাস হওক বা বেয়। বেয়া অভ্যাস কাৰ্য ক্ষমতা কম কৰে, ব্যক্তিক নিৰাশাবাদী আৰু নিৰুৎসাহী কৰি তোলে। সেয়া ব্যক্তিক ভাল কাম কৰাৰ পৰা বাধা দিয়ে। চিন্তাধাৰা আৰু বিচাৰধাৰাক প্ৰভাৱিত কৰি ব্যক্তিক লক্ষ্যৰ দিশত অগ্ৰসৰ হোৱাত বাধা দিয়ে। এনে বেয়া অভ্যাস পৰিৱৰ্তন কৰাতো অত্যন্ত জৰুৰী হয়। ভাল অভ্যাসে ব্যক্তিক কেতিয়াও নিৰাশ হ'ব নিদিয়ে। ই ব্যক্তিক তেওঁৰ লক্ষ্যৰ দিশত লৈ গৈ সফলতা দিয়াত সহায় কৰে। ভাল অভ্যাসে ব্যক্তিক আশাবাদী আৰু কৰ্মশীল কৰি তোলে।

এইখন গ্ৰন্থ মই যেতিয়া মনক জয় কৰাৰ কথা আলোচনা কৰিছো, তেন্তে ইয়াত স্পষ্ট কৰি দিয়াটো অত্যন্ত জৰুৰী যে, আপোনাৰ মাজত যদি ভাল অভ্যাস থাকে, তেতিয়াহে আপুনি নিজৰ মনৰ ওপৰত বিজয় প্ৰাপ্ত কৰিব পাৰিব। একমাত্ৰ সেই ব্যক্তিয়ে জগত জয় কৰিব পাৰে, যি নিজৰ মনক মনক জয় কৰিছে বা যি ব্যক্তিৰ মাজত নিজৰ মনত নিয়ন্ত্ৰণ কৰি ৰখাৰ শক্তি আছে, ক্ষমতা আছে।

আপোনাৰ যদি বেয়া অভ্যাস থাকে, তেন্তে তাক সলনি কৰি দিয়ক। যদিও এইটো কাম কৰাত সহজ নহয় আৰু কোনো অভ্যাসক হঠাৎ সলনি কৰাত সম্ভৱ নহয়। বিশেষ কৰে কোন খাৰাপ অভ্যাসকে। অভ্যাস বদলাতে সময় লাগে। আপুনি যদি জীৱনত সফলতাৰ উচ্চতা স্পৰ্শ কৰিব বিচাৰে, তেনেহ'লে বেয়া আৰু ক্ষতিকাৰক অভ্যাসৰ পৰা মুক্তি পাবৰ বাবে আপুনি কিছুমান কাম কৰিব লাগিব। আহক এই বিষয়ে জানো, এনে এমন কি-কি কাম কৰা উচিত, যাতে আপোনাৰ অৱচেতন মনৰ পৰা বেয়া অভ্যাস দূৰ হ'ব পাৰে ঃ-

01. সকলোতকৈ প্ৰথমে কোনো এটা, কেৱল এটা লক্ষ্য নিৰ্দ্ধাৰিত কৰক।

02. সেই লক্ষ্য প্ৰাপ্ত কৰাৰ এটা সময়-সীমা নিৰ্দিষ্ট কৰক।

03. চেলেঞ্জৰ মোকাবিলা কৰিবৰ বাবে নিজকে প্ৰত্যেক মুহূৰ্তে প্ৰস্তুত কৰি ৰাখক, ঠিক কোনো সজাগ প্ৰহৰীৰ দৰে।

04. মনত সৰ্বদা ইতিবাচক চিন্তাধাৰাকেই স্থান দিয়ক। নেতিবাচক আৰু হতোৎসাহিত কৰা চিন্তাধাৰাক সেইদৰে মনৰ পৰা উলিয়াই দিয়ক, যেনেদৰে বেয়া বস্তু আহিলে তৎক্ষনাত হাতৰ পৰা এৰি দিয়া হয়।

05. নিজৰ দৃষ্টিভঙ্গী সদায় আশাবাদী কৰি ৰাখক। নিৰাশাৰ ভাৱ, চিন্তাধাৰা বা ভাৱনা ভুলতো কেতিয়াও নিজৰ মনত প্ৰৱেশ কৰিব নিদিব।

06. বুদ্ধি সততা আৰু নতুন-নতুন তথ্য একত্ৰিত কৰি নতুন-নতুন প্ৰযুক্তিৰ প্ৰয়োগ কৰক।

07. গ্ৰন্থ, ভিডিঅ, ৰেডিঅ, বাতৰি কাকত, আলোচনী, ইন্টাৰনেট আৰু টি.ভি.-ৰ দৰে সঞ্চাৰ মাধ্যমৰ দ্বাৰা নিজৰ শিক্ষা আৰু জ্ঞানৰ স্তৰ সদায় বৃদ্ধি কৰি থাকক। জ্ঞানীয়ে কৈছে যদি কোনো তুচ্ছ ব্যক্তিৰ পৰাও জ্ঞান প্ৰাপ্তিৰ সম্ভাৱনা থাকে, তেনেহ'লে সেয়া গ্ৰহণ কৰাতো উচিত হয় আৰু তাত নিজকে সৰু অনুভৱ কৰিব নালাগে। অজ্ঞানীৰ ওচৰত জ্ঞানৰ কোনো গুৰুত্ব নাথাকিলেও সেই জ্ঞান আপোনাৰ জীৱনৰ প্ৰতিটো পদক্ষেপ অত্যন্ত গুৰুত্বপূৰ্ণ প্ৰমাণিত হ'ব পাৰে।

08. অজুহাত দেখুৱাই বা কাম এৰি চলাৰ দৰে অভ্যাস ব্যক্তিৰ ঘোৰ শত্ৰু হয়। এইবিলাক আপুনি সদায় পিছলৈ থেলি

দিয়ক। মনত ৰাখিব, সেই কাম শেষ হয়, যিটো আৰম্ভ কৰা হৈছে। কাম শেষ হোৱাৰ পিছতেই কিবা নহয় কিবা ৰূপত সফলতাৰ পথ দেখা পোৱা আৰম্ভ হয়। সফলতাৰ পথত আগবাঢ়িবৰ বাবে অজুহাত দেখুওৱা আৰু কাম এৰি চলাৰ অভ্যাস আপুনি ত্যাগ কৰিব লাগিব।

09. এই অধ্যায়ৰ এই সূত্ৰ সৰ্বাধিক গুৰুত্বপূৰ্ণ। ইয়াৰ ওপৰত বিশেষ দৃষ্টি দিয়ক – কেতিয়াও আনৰ পৰা সহায় প্ৰাপ্ত কৰিবৰ বাবে অপেক্ষা কৰি নাথাকিব। যি কোনো কাম নিজৰ ভৰসাত আৰম্ভ কৰক আৰু শেষ কৰক।

10. যি কোনো কৰ্মযুদ্ধ নিজৰ বলত যুজক। মনত ৰাখিব যে, যদি আপুনি এজন সৈনিক হয় আৰু আপুনি যুদ্ধত অকলে যুজিব লাগিব।

প্ৰিয় বন্ধু! আপুনি যদি ওপৰত লিখা কথা বিলাক নিজৰ জীৱনত গ্ৰহণ কৰে, মোৰ কোৱাৰ অৰ্থ হৈছে, আপুনি যদি উপৰোক্ত কথাবিলাক নিজৰ অভ্যাসৰ ৰূপত গ্ৰহণ কৰে, তেন্তে সংসাৰৰ কোনো শক্তিয়ে আপোনাক সফলতা প্ৰাপ্ত কৰাৰ পৰা ৰখাব নোৱাৰে। আপুনি প্ৰতিটো পদক্ষেপত এটা-এটা কাম কৰি সফলতাৰ শিখৰলৈ গৈ পাব পাৰে। আচলতে, বেছি ভাগ লোক জীৱনত কেবল সেইকাৰণে ব্যৰ্থ হয়, কাৰণ তেওঁলোকে ভাল আৰু বেয়া অভ্যাসৰ মাজত পাৰ্থক্য নিৰূপণ কৰিব নোৱাৰে। তেওঁলোকে বেয়া অভ্যাসক ফেচন আৰু ৰুচি হিচাপে মানি ভুল কাম কৰে। এই কাৰণে তেওঁলোকে নিজৰ বেয়া অভ্যাসৰ পৰা মুক্তি পাব নোৱাৰে, আৰু ভাল অভ্যাসক গ্ৰহণ কৰিব নোৱাৰে। সেইকাৰণে তেওঁলোকে কেতিয়াও নিজৰ জীৱন-স্তৰক উচ্চতালৈ লৈ যাব নোৱাৰে। তেওঁলোকে জীৱনৰ সাধাৰণ স্তৰ পৰ্যন্ত সীমিত হৈ থাকে। অভাৱ আৰু দাৰিদ্ৰতাৰ মাজত জীৱন জীয়াই থাকে আৰু নিজৰ ভাগ্যক দোষাৰোপ কৰি থকাই তেওঁলোকৰ নিয়তি হৈ যায়।

■■■

বুদ্ধি সততাৰে কাম কৰক

এইখন সংসাৰম কৰ্ম কোনে নকৰেনো? কৰ্ম সকলোৱে কৰে। জীৱ-জন্তু, কীট-পতঙ্গ, পশু-পক্ষী আৰু ৰজাৰ পৰা ভিক্ষাৰী পৰ্যন্ত প্ৰত্যেকেই কৰ্ম কৰে। জীৱ-জন্তু, পশু-পক্ষী আৰু কীট-পতঙ্গৰ কৰ্মৰ এক সীমা থাকে। সিঁহতৰ ভোগ যোনি ৰ পৰা আহে আৰু নিজৰ জীৱন ভোগ কৰি গুচি যায়। সিঁহতৰ মুখ্য কৰ্ম হৈ হছে পোৱালি জন্ম দিয়া আৰু যি কোনো প্ৰকাৰেৰে পেট ভৰোৱা। কিন্তু মনুষ্যৰ লগত এনে নহয়। মনুষ্যৰ গাত ঈশ্বৰ অপাৰ সম্ভাৱনা ভৰি থাকে আৰু মনুষ্যই এনে আশীৰ্বাদ প্ৰাপ্ত কৰিছে যে, বুদ্ধি সততাৰে পৰিশ্ৰম অৰ্থাৎ কৰ্ম কৰিলে তেওঁলোকে মহানতা আৰু সফলতাৰ উচ্চ শিখৰ স্পৰ্শ কৰিব পাৰে। নিজৰ শ্ৰেষ্ঠ কৰ্মৰ দ্বাৰা সন্ত, মহাত্মা আৰু দেৱতাৰ পদবী পৰ্যন্ত তেওঁলোকে প্ৰাপ্ত কৰিব পাৰে।

প্ৰায়ে অনেক ঠাইত আমি এটা বাক্য লিখা দেখা পাওঁ- 'কৰ্মই পূজা!' মই অনেক লোকক পূজা কৰা দেখা নাপাওঁ, কিন্তু নিজৰ কৰ্ম তেওঁলোকে অত্যন্ত নিষ্ঠাৰে কৰা দেখা পাওঁ। তেওঁলোকে যি কাম কৰে, তাত

> **যি কোনো কাম কৰাৰ গতিবিধিক 'কৰ্ম' বুলি কোৱা হয়। ক'তো, কোনো গ্ৰন্হত বা কোনো বাৰ্তাত এনেদৰে লিখা নাই যে ব্যক্তিয়ে ভাগ্যৰ ওপৰত ভৰসা কৰি থকা উচিত, ভাগ্য তোমাক সকলো দিব। মনত ৰাখিব, ভাল কৰ্ম কৰিলেহে ভাল ভাগ্য তৈয়াৰ হয়!**
> **– সূৰ্য সিন্হা**

তেওঁলোকৰ সম্পূৰ্ণ নিষ্ঠা, ক্ষমতা আৰু সততাৰে কৰে। তেওঁলোকৰ একমাত্ৰ উদ্দেশ্য হৈছে কাম যিমান সম্ভৱ ভালদৰে কৰিব লাগে। তেওঁৰ ওচৰত কৰ্মই পূজা-পাঠ হয়। তেওঁৰ ধৰ্ম, তেওঁৰ সততা সকলো তেওঁৰ কৰ্মই হয়।

এইটো সত্যও হয় যে, কৰ্ম কৰাই মনুষ্যৰ প্ৰথম ধৰ্ম হয়।

শ্ৰীমদ্‌ভাগৱত গীতাতো এনেদৰে লিখা আছে– "কৰ্মই শ্ৰেষ্ঠ। কৰ্ম কৰিব লাগে, ফলৰ আশা কৰিব নালাগে" সন্ত কবীৰো তেওঁৰ বাণীত 'কৰ্মযোগ'-ৰ ওপৰতেই জোৰ দিছে। এইখন সংসাৰৰ প্ৰত্যেক ধৰ্মগুৰু, পীৰ-পৈগম্বৰ, ফকিৰ, আলা-ঔলিয়া – সকলোৱে মনুষ্যক এই বাতহি প্ৰদান কৰিছে – "হে মনুষ্য! তুমি কৰ্ম কৰা, ভালা কৰ্ম কৰা, তাৰ প্ৰতিফল ঈশ্বৰে তোমাকে দিব।"

মইও আপোনালোকক এইটো কব বিচাৰো যে, আপুনি বুদ্ধি সততাৰে কৰ্ম কৰক। বুদ্ধি সততাৰে কৰা কৰ্মৰ ফলেই 'ভাগ্য' হয়। 'ভাগ্য' অৰ্থাৎ 'লাক'। ইংৰাজী ভাষাৰ শব্দ 'লাক'-তে চাৰিটা অক্ষৰ থাকে – LUCK!

ইয়াৰ প্ৰত্যে অক্ষৰৰ মাজত এটা এটা বাৰ্তা আছে –

L-ৰ অৰ্থ হৈছে – লেবাৰ (Labour) অৰ্থাৎ পৰিশ্ৰম বা কৰ্ম

U-ৰ অৰ্থ হৈছে – আণ্ডাৰ (Under) অৰ্থাৎ লগত বা সংৰক্ষণ

C-ৰ অৰ্থ হৈছে – কাৰেক্ট (Correct) অৰ্থাৎ একেবাৰে সঠিক

K-ৰ অৰ্থ হৈছে – নলেজ (Knowledge) অৰ্থাৎ তথ্য, জ্ঞান, শিক্ষা, বুদ্ধি সততা।

তাৎপৰ্য হৈছে যে, **সম্পূৰ্ণ তথ্য, সম্পূৰ্ণ বুদ্ধি সততা, জ্ঞান বা শিক্ষাৰ লগত কৰা কৰ্মই 'লাক' বা 'ভাগ্য' হয়।**

গতিকে কৰ্মই প্ৰধান হয়। আজিৰ যুগক 'কলিযুগ'-ৰ লগতে 'কৰ্মযুগ'-ও বুলি কোৱা যায় তেনেহ'লে আচৰিত নহ'ব।

আপুনি কৰবালৈ যাবলৈ ঘৰৰ পৰা ওলাই। আপুনি চলাৰ কাম কৰিছে। ধৰি লওক, আপুনি অন্য কোনো চহৰলৈ যাব লাগে। আপুনি ৰেলৰে ষ্টেচনৰ ফালে ৰওনা হৈছে। আপুনি খোঁজ কাঢ়ি ষ্টেচন পাই গৈছে। যি ব্যক্তি ষ্টেচনলৈকে গৈ পাইছে, তেওঁ নিজৰ গন্তব্য স্থান

পাবলৈ ট্ৰেনও পায়। আৰু যি ব্যক্তিয়ে আগবাঢ়িব নোৱাৰে তেওঁ ট্ৰেন কেনেদৰে পাব ? তেওঁক তিনি সাধন-সংসাধন কেনেদৰে প্ৰাপ্ত কৰিব ? এইটো হৈছে বিজ্ঞানৰ যুগ। যি কোনো কাম কৰাৰ গতিবিধিকে 'কৰ্ম' বুলি কোৱা হয়। য'তে-ততে, কোনো গ্ৰন্থ, এনে কোনো বাৰ্তা লিখা নাথাকে যে ব্যক্তিয়ে ভাগ্যৰ বলত জীয়াই থকা উচিত যে ভাগ্যই তেওঁক সকলো প্ৰদান কৰিব। এইটো সদায় মনত ৰাখিব ভাল কৰ্ম কৰিল ভাল ভাগ্য তৈয়াৰ হয়! যি ব্যক্তি কমবীৰ, কৰ্মশীল, তেওঁ কৰ্ম কৰি আনন্দ পায়। কিন্তু কৰ্ম কৰাৰো এটা পদ্ধতি আছে। কোনো কৰ্ম কৰাৰ আগতে তাৰ বিষয়ে জ্ঞান থাকাটো অত্যন্ত জৰুৰী হয়। তাৰ পিছত সেই জ্ঞানক বুদ্ধি সততাৰে প্ৰয়োগ কৰাটোও জৰুৰী হয়। বুদ্ধি সততাৰে ভালা কাম কৰিলেই ব্যক্তিৰ ভাগ্য গঢ়ি উঠে।

জ্ঞান আৰু অজ্ঞানতাৰ মাজত পাৰ্থক্য

এজন শ্ৰমিক গোটেই দিন কঠোৰ পৰিশ্ৰম কৰে, কিন্তু তেওঁ জীৱনত উন্নতি কৰিব নোৱাৰে আৰু ধনো কম উপাৰ্জন কৰে। অন্য ফালে এজন ইঞ্জিনিয়াৰ নিজৰ জ্ঞানৰ বলত নিত্য-নতুন উন্নতিৰ পথ দৃঢ় কৰি থাকে আৰু প্ৰচুৰ পৰিমাণে ধন উপাৰ্জন কৰে। এনেদৰে সেইকাৰণে হয়, কাৰণ কাৰণ ইঞ্জিনিয়াৰ প্ৰথমে জ্ঞান প্ৰাপ্ত কৰে, তাৰ পিছত কৰ্ম কৰে। জ্ঞান আৰু কৰ্ম একলগে মিলি তাক গুৰুত্বপূৰ্ণ কৰি দিছে, ডাঙৰ কৰি দিছে।

যেনেদৰে গাখীৰ বা দৈইৰ মন্থন কৰিলে মাখন ওলাই, জলক মন্থন কৰিলে কোনো লাভ নহয়, ঠিক সেইদৰে কেৱলমাত্ৰ কৰ্ম কৰিলে ভাগ্য গঢ়ি নুঠে। ভাগ্য সঠিক জ্ঞান প্ৰাপ্ত কৰাৰ পিছত সঠিক পদ্ধতিৰে কৰা কৰ্মৰ পৰাই গঢ়ি উঠে।

আমি যদি জীৱনত সফলতা প্ৰাপ্ত কৰিব বিচাৰো, তেনেহ'লে সঠিক জ্ঞান প্ৰাপ্ত কৰি তাৰ সঠিক উপযোগ কৰিব লাগিব। জ্ঞান অৰ্জন কৰাৰ পিছত কৰা কৰ্ম কৰিলে বেছি বেশী সফলতা প্ৰাপ্ত হয়। অনেক ব্যক্তিয়ে কৰ্ম কৰে, কিন্তু সম্পূৰ্ণ জ্ঞান বা বুদ্ধি সততাৰে কৰ্ম নকৰাৰ কাৰণে কেতিয়াবা তেওঁৰ সেই কৰ্ম দিশাহীন হয় আৰু তেওঁক বাঞ্ছিত প্ৰতিফল প্ৰাপ্ত নহয়। অজ্ঞানতাৰ কাৰণে তেওঁ সেই স্থানতে থাকিব লগিয়া হয়, যৰ পৰা আৰম্ভ কৰিছিল।

মনক জয় কৰক

দৃঢ় অধ্যৱসায় আৰু সঠিক তথ্যৰে কৰা কাম বেশী কাৰ্যকৰী হয়। অনেক লোকে এনেদৰে অভিযোগ কৰতে যে, তেওঁ কৰ্ম কৰে, কিন্তু সফলতা প্ৰাপ্ত নকৰে। মই ভাৱো যে তেওঁক সঠিক কৰ্ম কৰা আৰু কৰ্ম কৰাৰ পদ্ধতিক ভালদৰে নাজানে। কৰবাত হ'লেও তেওঁ কিছু নিশ্চয় ভুল কৰিছে। ভাল গুৰু পোৱাতো সহজ নহয়। গুৰু এইখন সংসাৰত অনেক আছে। কিছুমান ধৰ্মগুৰু হ'লে কিছুমান কৰ্মগুৰুও আছে। কিন্তু আমি ভাল গুৰুৰ সন্ধান কৰা উচিত। যেনেদৰে শিষ্যই ভাল গুৰু বিচাৰে, তেনেদৰেই গুৰুও ভাল শিষ্য বিচাৰে। এনে শিষ্য, যি কেৱল নিজৰেই নহয় বৰং নিজৰ গুৰু, সমাজ, ৰাজ্য আৰু দেশৰ নামও উজ্জ্বল কৰে। বুদ্ধি সততাৰে কাম কৰিবৰ বাবে আৰু নিজৰ জীৱনক সফল কৰি তুলিবৰ বাবে আমি ভাল গুৰুৰ সন্ধান কৰিব লাগে, ভাল সাহিত্যও সন্ধান কৰিব লাগে। ভাল সাহিত্য পঢ়িলে জ্ঞান আৰু সঠিক দিশ প্ৰাপ্ত হয়।

আজিকালী মানৱ প্ৰশিক্ষক এবং প্ৰেৰকৰ ভাল গুৰুৰ ভূমিকা পালন কৰিছে। তেওঁলোকৰ উদ্দেশ্যই হৈছে মানৱ বিকাশ আৰু এই লক্ষ্যক পুৰা কৰিবৰ বাবে নিজৰ গোটেই শিকি থকাত লগাই দিয়ে। জ্ঞানৰ অগ্নিৰ তপ কৰি প্ৰথমে তেওঁলোকে নিজে কুন্দন হৈ যায় আৰু তাৰ পিছত নিজৰ জ্ঞান আৰু অভিজ্ঞতাৰ দ্বাৰা আনক প্ৰশিক্ষিত কৰি তোলে। সাধাৰণ লোকৰ, বিশেষকৈ যুৱ চামক আজিৰ প্ৰয়োজনৰ অনুসাৰে প্ৰশিক্ষিত কৰে। বুদ্ধি সততাৰ দ্বাৰা, ভাৱি-চিন্তি কৰ্ম কৰাৰ প্ৰেৰণা প্ৰদান কৰে।

আপোনাৰো যদি মন জয় কৰাৰ ইচছা আছে, নিজৰ জীৱন সঠিক দিশ প্ৰাপ্ত কৰি কিছু নতুন, কিছু ভাল আৰু কিছু অনুকৰণীয় কাম কৰি চাব বিচাৰে, তেনেহ'লে মোৰ পৰামৰ্শ হৈছে যে, আপুনি আত্মবিকাশৰ বাবে কোনো ভাল মানৱ প্ৰশিক্ষক আৰু প্ৰেৰকক নিজৰ গুৰু হিচাপে আকোৱালি লওক।

কৰ্মৰ পৰিভাষাক জানক

কৰ্ম এক সৰু শব্দ হয়। গোটেই সংসাৰ ইয়াৰ ওপৰত জোৰ দিয়ে। কিন্তু কৰ্ম কি হয়? আপুনি যদি ইয়াৰ বিশেষত্বক একেবাৰে

জানি লয়, তেনেহ'লে জীৱনৰ চক্রভিউৰ ৰহস্যক জানিব।

ভগৱান শ্রীকৃষ্ণও কৰ্মৰ ওপৰতেই বিশেষ জোৰ দিছে। তেওঁ লৈছিল- "কৰ্ম নকৰাকে কোনোও এটা ক্ষণো থাকিব নোৱাৰে।" কিন্তু সাৰ্থক কৰ্ম সকলোতকৈ ভাল হয়। যি কৰ্মৰ দ্বাৰা সমাজ, দেশ আৰু গোটেই সংসাৰৰ কল্যাণ হ'ব, সেয়া হৈছে সাৰ্থক কৰ্ম। কৰ্ম বৃক্ষৰ দৰে হয়। কৰ্মৰ ফল সময় আহিলে পায়, কিন্তু কিছুমান লোকে কৰ্ম কৰা মাত্ৰকেই ফল পোৱাৰ আশা কৰিব ধৰে। উদাহৰণস্বৰূপে এই কথাতো এনেদৰে বুজিব পাৰি যে- কোনো ব্যক্তিয়ে গছ লগালে, কিন্তু ফল প্ৰাপ্ত কৰিবৰ বাবে তেওঁ ধৈৰ্য্য ধৰিব নোৱাৰে। তেওঁ যদি এনেদৰে চিন্তা কৰিব ধৰে যে, তেওঁ এই গাছ লগায়েই শীঘ্ৰে ফল প্ৰদান কৰিব, তেনেহ'লে তেওঁৰ এনে চিন্তা কৰা সম্পূৰ্ণ ৰূপে ভুল আৰু অজ্ঞানতা হয়। গছ লগোৱাৰ পিছত মাটিৰ ভিতৰত তাৰ শিপা গজিব, তাত নতুন ডাল-পাত লাগিব, আৰু ক্ৰমাগত ওখ হৈ গৈ থাকিব, লাহে লাহে বাঢ়িব আৰু তাৰ পিছতেই এদিন মিঠা ফল দিব, কিন্তু গছ লাগোৱা মাত্ৰকে ফল নিদিয়ে। সকলো সময় মতে হ'ব।

ব্যতিক্ৰমৰ ৰূপত এনেদৰে হ'ব পাৰে যে আপুনি গছ লগালে আৰু কোনো কাৰণত সেই গছে ফল নিদিয়ে, এনে পৰিস্হিতিৰ বাবেও সাঁজু হৈ থাকিব লাগে। মোৰ কোৱাৰ অৰ্থ হৈছে, কৰ্ম কৰা পিছতেই ফল পোৱাৰ আশা কৰাতো মূৰ্খতা হয়।

কৰ্মৰ বৃক্ষ লগাওক... ফলৰ আশা নকৰিব

এই কথা শ্ৰীমদ্‌ভাগৱত গীতাত শ্ৰীকৃষ্ণই কৈছে- "ব্যক্তিৰ একমাত্ৰ ধৰ্ম হৈছে কৰ্ম কৰাৰ অধিকাৰ। ফলৰ আশা কৰা ব্যৰ্থ হয়, কাৰণ কৰ্ম কৰাটো ব্যক্তিৰ অধিকাৰ ক্ষেত্ৰত পৰে কিন্তু ফল দিয়া বা নিদিয়া নিয়তিৰ হাতত আছে। কি কৰ্মৰ কেনেকুৱা ফল প্ৰাপ্ত হ'ব, ফল পাবনে নাই, সেয়া প্ৰকৃতি, যাক আমি চুপাৰ পাৱাৰ বুলি কওঁ, তাৰ হাতত আছে। নিঃস্বাৰ্থ ভাৱেৰে আপুনি কৰ্মৰ বৃক্ষ লগাই থাকক, কিবা নহয় কিবা বৃক্ষই নিশ্চয় ফল দিব। আৰু বৃক্ষই যেতিয়া ফল দিয়া আৰম্ভ কৰি দিব তেতিয়া ইমান দিব যে আপুনি আৰু আপোনাৰ পৰিয়ালে খাই শেষ কৰিব নোৱাৰিব, ওচৰ-চুবুৰীয়া আৰু আপোনাৰ পৰিচিত ব্যক্তিও সেই ফল খাই শেষ কৰিব নোৱাৰিব।

শীতকালৰ পিছতেই আহে বসন্ত

প্ৰকৃতিৰ নিয়ম হৈছে শীতকালৰ পিছত বসন্ত কাল আহে। বসন্ত কাল আহিবৰ বাবে শীতকাল সমাপ্ত হোৱাৰ অপেক্ষা কৰি থাকে। যদি কোনো ব্যক্তিয়ে গছ লগোৱাৰ পিছতেই এনেদৰে ভাৱে যে – “এই গাছটো ফল দিয়া নাই। মই ইয়াক সাৰ-পানী কিয় দিম? বা ইয়াক আতৰাই অন্য গছ লগাই দিওঁ।” – তেনেহ’লে তেওঁ গোটেই জীৱন এনেদৰেই কৰি থাকিব লাগিব। গছ লগাব, উঘালি দিব। ফলৰ সোৱাদ লোৱাৰ সৌভাগ্য তেওঁৰ জীৱনত কেতিয়াও নাহে। তেওঁ গোটেই জীৱন গছ লগোৱা আৰু উঘালি দিয়াৰ প্ৰচেষ্টা ব্যৰ্থ হৈ যাব। আপুনি কল্পনা কৰিব কৰিব পাৰে যে, এনে ব্যক্তি নিজৰ জীৱনত কি প্ৰাপ্ত কৰিব পাৰিব? উত্তৰ হৈছে – কোনো চমৎকাৰ হ’লে বেলেগ কথা, অন্যথা একো নাপায়!

সফলতাৰ ৰহস্য কৰ্ম, সেৱা আৰু ধৈৰ্য্যৰ ভিতৰত লুকাই থাকে। যি ব্যক্তিৰ গাত এই তিনিটা গুণ – কৰ্ম, সেৱা আৰ ধৈৰ্য্য থাকে, তেওঁক সফলতা প্ৰাপ্ত কৰাৰ পৰা কোনেও বাধা দিব নোৱাৰে। স্বয়ং ঈশ্বৰও এনে ব্যক্তিক সহায় কৰিবৰ বাবে উত্তাৱল হৈ থাকে।

ঈশ্বৰৰ সহায়তা প্ৰাপ্ত কৰিবৰ বাবে প্ৰথমে আমি নিজৰ সহায় স্বয়ং কৰিব লাগিব। এনেদৰে কোৱা হয় যে- – ঈশ্বৰ সেই ব্যক্তিৰেই সহায় কৰে, যি নিজৰ সহায় নিজে কৰে। আপুনি নিঃস্বাৰ্থ ভাৱেৰে মানুহৰ সেৱা কৰি গৈ থাকক, সৎকৰ্ম কৰক। ফলৰ আশা নাকৰি ধৈৰ্য্যৰে কেৱল কৰ্ম কৰি গৈ থাকক। তাৰ পিছত আপুনি এইটো দেখা পাব যে, আপুনি এইখন সংসাৰত এক উদাহৰণ হৈ পৰিব। মানুহে আপোনাৰ পৰা প্ৰেৰণা লব আৰু আপোনাৰ উদাহৰণ দিব। এই প্ৰসংগত এক প্ৰবাদবাক্য আছে – “ধৈৰ্য্যৰ ফল মিঠা হয়।” ধৈৰ্য্য ধৰক, আপুনি কৰ্মৰ যি ফল পাব, সেয়া মিঠা হ’ব।

প্ৰত্যেক ব্যক্তি জীৱনত পথভ্ৰষ্ট হয় আৰু সেই পথভ্ৰষ্টতা হৈছে চিন্তাধাৰাৰ। মনুষ্য ঈশ্বৰৰ সত্য পুত্ৰ। তেওঁক এইখন পৃথিৱীতে আনৰ দৰে জীৱন কটাবলৈ আৰু কৰ্ম কৰিবলৈ পঠিয়াইছে। ইয়াৰ বাদে তেওঁৰ ওচৰত এইখন সংসাৰত কোনো কাম নাই। জীৱনত সফলতা প্ৰাপ্তিৰ সঠিক অৰ্থ হৈছে আনক সঠিক পথ প্ৰদৰ্শন কৰা আৰু পৰোপকাৰ কৰি জীৱন কটোৱা। এইটো হৈছে সফলতাৰ মূল মন্ত্ৰ।

মনক জয় কৰক

সফলতা প্ৰাপ্ত কৰাৰ ইচ্ছা ৰখা প্ৰত্যেক ব্যক্তিৰ এটাই উদ্দেশ্য থাকে – আনৰ বাবে কিছু কৰা, আনক সুখ প্ৰদান কৰা। তেওঁ নিজকে সুখ প্ৰদান কৰে, তেওঁ নিজে সুখ ভোগ কৰে, তেওঁৰ পৰিয়ালৰ লোকে সুখ ভোগ কৰে আৰু অন্যান্য অসংখ্য লোক, যি তেওঁৰ ব্যৱহাৰ বা পেচাৰ লগত যুক্ত হৈ থাকে, সেই সকলো সুখো ভোগ কৰে। যদি সেই ব্যক্তিয়ে এনে কোনো কাম কৰে, যিটো সম্পূৰ্ণ মানৱতাৰ কল্যাণ কৰে, তেনেহ'লে গোটেই সংসাৰ তেওঁৰ সেই কাম বা আৱিস্কাৰৰ দ্বাৰা সুখ ভোগ কৰে। এই প্ৰসঙ্গত মই বিল গেট্চৰ উদাহৰণ দিব পাৰো, থমাচ এডিচনৰ উদাহৰণ দিব পৰো, ধীৰুভাই অম্বানী, অজীম প্ৰেমজী, লক্ষ্মী মিত্তল আৰু তেওঁলোকৰ দৰে অনেক সফল ব্যক্তিৰ উদাহৰণ দিব পাৰো, যাৰ সফলতা অন্যান্য লক্ষ-কোটি লোকক সুখৰ অনুভূতি প্ৰদান কৰিছে। এনে ব্যক্তি জুইশলাৰ সেই কাঠিৰ দৰে হয়, যিটো নিজে জ্বলি আনক প্ৰদীপেৰে প্ৰজ্জ্বলিত কৰে।

কৰ্মৰ ভিতৰত ভৱিষ্যতৰ বীজ লুকাই থাকে। কৰ্মৰ কাৰণেই কোনোবাই বৈভ সম্পন্ন হয়, কোনোবাই দৰিদ্ৰ। কৰ্ম মনুষ্যৰ বিৰাট ডাঙৰ পুঁজি হয়। ইয়াৰ কাৰণেই জীৱনত সুখ-দুঃখৰ সমাবেশ হয়। এইখন জগত কৰ্মৰ কৃষিভূমি হয়, ইয়াত মনুষ্যই যেনে বীজ ৰোপণ কৰে, তেনে ফল প্ৰাপ্ত কৰে।

কিছুমান লোক গোটেই জীৱন ধৰি বাবুলৰ গাছ লগাই আৰু এনেদৰে আশা কৰি থাকে যে, তেওঁ কোনো সোৱাদদায়ক ফল খাব পাব। এনেদৰে কেনেকৈ সম্ভৱ ? আপুনি যদি বাবুলৰ গছ লগাই তাৰ পৰা সোৱাদদায়ক ফল পাব পাব বিচাৰে, তেনেহ'লে সেইটো কোনোদিনে পাব নোৱাৰে। সোৱাদদায়ক ফল প্ৰাপ্ত কৰিবৰ বাবে আপুনি কোনো সোৱাদদায়ক ফলৰ গছ লগাব লাগিব। আপুনি বাবুল গাছ লগালে আপুনি কেৱল কাঁইট প্ৰাপ্ত হ'ব।

পাপ কাম কৰি কল্যাণৰ আশা কৰা বৃথা। পাপী ব্যক্তিয়ে কোনো দিনে মুক্তি প্ৰাপ্ত নকৰে। সংসাৰৰ প্ৰত্যেক ধৰ্ম গ্ৰন্থত এই বিষয়ে পৰিস্কাৰ শব্দত লিখা আছে। প্ৰকৃতিয়ে কেতিয়াও নিজৰ নিয়ম সলনি নকৰে। যেনেদৰে দিনৰ পিছত ৰাতি আহে আৰু ৰাতিৰ পিছত দিন, দিনত সূৰ্যৰ উদয় আৰু ৰাতি চন্দ্ৰ-তৰাৰ। প্ৰকৃতিৰ প্ৰত্যেক নিয়ম সেইটো হয়, যিটো আজিৰ পৰা যুগ-যুগ আগত আছিল। আপুনি যদি ভুল কাম কৰে, পাপ কৰ্ম কৰে, তেনেহ'লে আপুনি চিৰদিনৰ বাবে

দুঃখী হৈ থাকিব। আপুনি যেনে কাম কৰে, তাৰ বীজ ৰূপী সংস্কাৰ আপোনাৰ মস্তিস্কৰ ভূমি গজে, যিটো বৃক্ষ হৈ উঠি আপোনাৰ মস্তিস্কত সেই পদ্ধতিৰে কাম কৰে।

গতিকে আলস্য এৰি কৰ্মশীল হৈ উঠক। সম্পূৰ্ণ শক্তি, সম্পূৰ্ণ জ্ঞান আৰু সম্পূৰ্ণ মন লগাই বুদ্ধি সততাৰে কাম কৰা আৰম্ভ কৰক আৰু এনেদৰে আজিৰ পৰা আৰম্ভ কৰি দিয়ক। আপুনি আগতেই বহুত পলম কৰি দিলে, এতিয়াৰ পৰা অলপ সময়ো ব্যৰ্থ যাব দিয়াতো অত্যন্ত ক্ষতিকাৰক হ'ব পাৰে। এতিয়া সতৰ্ক হওক, জাগক, কিছু ভাল আৰু অনুকৰণীয় কাম কৰিবৰ বাবে ককাল বান্ধি লওক। আপুনি নিজৰ শক্তি, জ্ঞান আৰু বুদ্ধি সততাৰে যিমান বেছি ব্যৱহাৰ কৰিব, আপুনি এইখন জগতত সিমানেই বেছি মূল্যৱান হৈ যাব।

সাহস আৰু ধৈৰ্য্য বজায় ৰাখি সৎকাম কৰি চলক, ভাল কাম কৰি চলক, ফল সময় আহিলে ঠিকেই প্ৰাপ্ত হ'ব। আপুনি যদি জীৱনত সফল হ'ব বিচাৰে, তেনেহ'লে আপুনি অপেক্ষা কৰিব লাগিব আৰু কৰ্মও কৰি গৈ থাকিব লাগিব। যি ব্যক্তিয়ে হাৰ মানি মনে মনে বহি থাকে, যি নিজৰ কাম এৰি দিয়ে, তেওঁ গোটেই জীৱন সাধাৰণ হৈ থাকে। কোনো সাধাৰণ আৰু মধ্যমীয়া স্তৰৰ ব্যক্তিৰ লোক মানুহে অতীতেৰ দৰে শীঘ্ৰে পাহৰি যায়। আপোনাৰ যদি এনে ইচ্ছা আছে যে মানুহে সদায় আপোনাক মনত ৰাখক, তেনেহ'লে আপুনি বুদ্ধি সততাৰে সৎকৰ্ম কৰিব লাগিব, অন্যথা ভৱিষ্যতে আপোনাৰ কাহিনীও পাহৰি যাব।

ইয়াত মই আপোনাক এটা কথা মনত পেলাই দিব বিচাৰো যে এই সকলো কাম অৰ্থাৎ সৎকৰ্ম, কিছু বেলেগ কৰাৰ ইচ্ছা, বুদ্ধি সততাৰে কৰা কাম, সংযম বজায় ৰখা, ধৈৰ্য্যৱান হোৱা- এই সকলো সেই ব্যক্তিয়ে সহজে কৰিব পাৰে, যি নিজৰ মনত জয় কৰিছে। প্ৰথমে নিজৰ মনক জয় কৰক, তাৰ পিছত আপোনাক এনে লাগিব যে আপুনি বিশ্বক জয় কৰিব পাৰিব।

■■■

যোগ্য হওক... সকলো ইচ্ছা পূৰণ হ'ব

প্ৰত্যেক ব্যক্তিয়ে জীৱন বহুতো পাব বিচাৰে। এনে কামনা ৰখা ব্যক্তি সেই সকল হয়, যি জীৱন সুখ-বিলাসিতা, ধন-বৈভৱ, সমৃদ্ধি, যশ-কীৰ্তি, সৌন্দৰ্য প্ৰাপ্ত কৰিব বিচাৰে আৰু এনে সকলো পাব বিচাৰে, যি বিলাক তেওঁক আৰাম প্ৰদান কৰিব পাৰে, শান্তি প্ৰদান কৰিব পাৰে, সমাজ গৌৰৱ কৰাৰ সুযোগ প্ৰদান কৰিব পাৰে। কোনো ব্যক্তিৰ কোনো ইচ্ছাৰ ওপৰত কোনেও নিষেধাজ্ঞা কৰিব নোৱাৰে। সকলোৱে যি কোনো বিচাৰিব পাৰে, কিন্তু অলপ ৰখক আৰু চিন্তা কৰক যে, যি ব্যক্তি, বস্তু বা বৈভৱ প্ৰাপ্ত কৰাৰ কামনা কৰিছে, আপুনি তাৰ বাবে যোগ্য হয়নে? বেছিভাগ লোকক নিজৰ ক্ষমতা আৰু সামৰ্থ্যৰ বিষয়ে সঠিক জ্ঞান থাকে। তেওঁ কি কৰিব পাৰে আৰু কি কৰিব নোৱাৰে তেওঁ গম পায়। নিস্থাৰে ভাৱক। যদি আপুনি যোগ্য নহয়, তেনেহ'লে নিজকে যোগ্য কৰি তুলক, আপোনাৰ মনোকামনা পূৰণ হ'ব।

প্ৰিয় বন্ধু! যেনেদৰে ওপৰত লিখা গৈছে যে সকলো ব্যক্তিয়ে সকলো বিচাৰে,

> **ভালৰ লগত দিয়া ব্যক্তিৰ সম্বন্ধ ঈশ্বৰৰ লগত থাকে আৰু যাৰ লগত ঈশ্বৰ থাকে, তেওঁ সদায় সফলতাৰ শিখৰ স্পৰ্শ কৰ আৰু তেওঁৰ সকলো মনো কামনাই পূৰ্ণ হয়। ঈশ্বৰে তেওঁক ইমান যোগ্য কৰি তোলে যে, তেওঁ যি বিচাৰে তাকেই প্ৰাপ্ত কৰিব পাৰে।**
>
> **– সূৰ্য সিন্‌হা**

কিন্তু একমাত্ৰ সেই সকল লোকৰ কামনা পূৰণ হয়, যি যোগ্য হয়। আপোনাৰ কামনাও পূৰণ হ'ব পাৰে, যদি আপুনি আনক ভাল পাই আৰু আপুনি আনক তেতিয়াহে ভাল পাব পাৰিব, যেতিয়া আপুনি নিজৰ প্ৰতি সত্য প্ৰেম কৰে। এনেদৰে নহ'লে আপোনাৰ বিবেকে আপোনাক সঠিক কাম কৰিব নিদিব। যেতিয়ালৈকে আপুনি সঠিক কাম নকৰিব, তেতিয়ালৈকে আপুনি সফল হ'ব নোৱাৰিব আৰু কোনো কামনা পূৰণ নহ'ব।

বেয়া কাম কৰি থকা আৰু অযোগ্য লোকক কেতিয়াও সফলতা প্ৰাপ্ত নহয়। যদি কেতিয়াবা কাৰোবাক চতুৰতাৰে অলপ সফলতা প্ৰাপ্ত হৈও যায়, তেতিয়াহ'লে সেই সফলতা স্থায়ী নহয়। চতুৰতা দেখুওৱা লোক পুনৰ সেই স্থানলৈ ঘূৰি আহে অৰ্থাৎ তেওঁ পুনৰ 'জীৰো' হৈ যায়। সম্ভৱতঃ সেইকাৰণে কোৱা হয়- "কাগজৰ নাও পানীৰ ওপৰত বেছি দেৰিলৈক ভাঁহি থাকিব নোৱাৰে।"

বেয়াৰ সম্বন্ধ চয়তানৰ লগত থাকে

এইটো কোনো আজিৰ বা এই মুহূৰ্তত প্ৰস্তুত কৰা প্ৰবাদবাক্য নহয়! আজিৰ পৰা বহু যুগ আগতে এইটো প্ৰমাণিত হৈছে যে বেয়াৰ লগত চয়তানৰ সম্বন্ধ থাকে আৰু চয়তানৰ লগত সম্বন্ধ ৰখা ব্যক্তিক কেৱল জীয়াই থাকোতেই নহয়, মৃত্যুৰ পিছতো নৰক যন্ত্ৰণা ভোগ কৰিব লগীয়া হয়। ইয়াৰ বিপৰীতে ভালৰ লগত থকা ব্যক্তিৰ সম্বন্ধ ঈশ্বৰৰ লগত থাকে আৰু যাৰ লগত ঈশ্বৰ থাকে, তেওঁ সদায় সফলতাৰ শিখৰ স্পৰ্শ কৰে আৰু তেওঁৰ প্ৰতিটো কামনাই পূৰ্ণ হয়। ঈশ্বৰে তেওঁক ইমান যোগ্য কৰি দিছে যে তেওঁ যি বিচাৰে তাকেই প্ৰাপ্ত কৰিব পাৰে।

কামনা, ইচ্ছা বা উচ্চাকাংখা মনুষ্যৰ জীৱনৰ এক অত্যন্ত গুৰুত্বপূৰ্ণ অংশ হয়। মনুষ্যৰ কামনাৰ বিনে তেওঁৰ জীৱনত কোনো পৰিৱৰ্তন নাহে। কামনা আৰু ইচ্ছাই ব্যক্তিক ভাল-বেয়া কাম কৰাত বাধ্য কৰাই। পৰিণাম দু প্ৰকাৰৰ কামৰ ওলাই। ভাল কাম পৰিণাম ভাল আৰু বেয়া কামৰ পৰিণাম বেয়া হয়।

যি ব্যক্তিৰ গাম কিছু পোৱাৰ ইচ্ছা নাথাকে, অলপ চিন্তা কৰি চাওক, জীৱনত তেওঁ কি প্ৰাপ্ত কৰিব পাৰে ? উত্তৰ হৈছে – বোধহয় একো নহয়। সদায় সেই ব্যক্তিয়ে ব্যৰ্থতাৰ বোজা মাথাত লৈ থাকে।

কাৰোবাৰ ইচ্ছা সাধাৰণ হয় আৰু কাৰোবাৰ অত্যন্ত ডাঙৰ। ইচ্ছা দ্বাৰা কৰ্ম শক্তি জাগ্ৰত হয়, কৰ্মৰ দ্বাৰা বিশ্বাস উৎপন্ন হয় আৰু বিশ্বাস দ্বাৰা সফলতা প্ৰাপ্ত হয়।

যি ব্যক্তিৰ যিমান ডাঙৰ ইচ্ছা থাকে... তেওঁৰ উন্নতিও বেছি হয়। ইচ্ছাৰ ওপৰতেই গোটেই জীৱন নিৰ্ভৰ কৰে।

আপোনাৰ গাতো যদি কিছু পোৱাৰ ইচ্ছা থাকে, তেনেহ'লে আপোনাৰ অন্তৰ্মনত এক ইচ্ছা জন্ম হয় আৰু সেই ইচ্ছাৰ দ্বাৰা আপুনি নতুন দিশ প্ৰাপ্ত কৰে। দিশ প্ৰাপ্ত কৰাৰ পিছত আপোনাৰ দশা সলনি হয় আৰু দশা তেতিয়া সলনি হয়, যেতিয়া আপোনাৰ ইচ্ছা ডাঙৰ আৰু প্ৰবল হ'ব।

য'ত ইচ্ছা তাত উপায়

ইচ্ছাৰ লগত উপায় জড়িত থাকে। ইচ্ছা জাগ্ৰত হ'লে উপায় ওলাই আৰু উপায় ওলালে আপুনি লক্ষ্য প্ৰাপ্ত কৰি লয়।

যি দৰে আপুনি ভোক লাগিলে কোনো দোকানৰ ফালে খোঁজ দিয়ে আৰু ভোজন কৰি ভোক দূৰ কৰে। যি দৰে জীৱনত ইচ্ছা পোষণ কৰা ব্যক্তিয়ে নিজৰ জীৱনক জীয়াই থাকে, সেইদৰে সফলতা প্ৰাপ্ত কৰাৰ ইচ্ছুক ব্যক্তিও নিজৰ জীৱনত সফলতা প্ৰাপ্ত কৰে। কিন্তু ইয়াৰ বাবে বুদ্ধি সততা কাম কৰাৰ আৱশ্যক হয়।

এবাৰ অষ্টাবক্ৰ ৰজা জনকৰ ৰাজসভালৈ যায়। তেওঁৰ হাত-ভৰি বেকা আছিল আৰু পিঠি কুঁজা আছিল। তেওঁক চাই ৰজা জনকৰ সকলো সভাসদ হাঁহিব ধৰিলে। এইটো চাই অষ্টাবক্ৰই ৰজা জনক কয়- "হে ৰাজন! আপুনি নিজৰ সভাত কেৱল চামাৰকেই সম্মিলিত কৰেনিকি। তেওঁলোকৰ সভাসদৰ বাবে যোগ্যই নহয়।" ৰাজা জনকে তৎক্ষনাত উত্তৰ দিলে – "তেওঁলোক চামাৰ নহয়। ইয়াৰে কিছুমান ব্ৰাহ্মণ, কিছুমান ঠাকুৰ, কিছুমান বনিয়া হয়।" এইটো শুনি অষ্টাবক্ৰই কয় – "তেওঁলোকে মোৰ শৰীৰ দেখি হাঁহিছে, তেওঁলোকেক কেৱল মোৰ শৰীৰৰ চামড়া দেখিছে আৰু চামড়া চোৱা ব্যক্তি চামাৰেই হয়।"

এটা পাহাৰৰ ওপৰত তিনিটা তিনটি বৃক্ষ আছিল। সিঁহতে নিজৰ সুখ-দুঃখ আৰু নিজৰ সপোনৰ বিষয়ে পৰস্পৰৰ মাজত আলাপ-আলোচনা কৰিছিল। এদিন প্ৰথম বৃক্ষই- "মই এনে এটা বাকচ তৈয়াৰ কৰিব লাগে, য'ত আ-অলংকাৰ আৰু মূল্যবান নিধি ভৰি যায়, মোক ভালদৰে সজোৱা যায়, যাতে গোটেই সংসাৰ মোৰ সৌন্দৰ্য দেখিব পাৰে।" দ্বিতীয় বৃক্ষই কয়- "মই এক জলযান তৈয়াৰ কৰিব লাগে। ৰাজা আৰু ৰানী মোৰ ওপৰত বহি দূৰ দেশকৈ যাত্ৰা কৰিব পাৰে। মই সমুদ্ৰৰ ঢৌৰ ওপৰত নাচিব পাৰো। মোৰ ওপৰত বহি সকলোৱে সুৰক্ষিত অনুভৱ কৰিব পাৰে।" তৃতীয় বৃক্ষই কয়- "মই এইখন জংঘলৰ সকলোতকৈ ওখ বৃক্ষ হ'ব বিচাৰো। মোৰ ডাল স্বৰ্গলৈ গৈ পাওক আৰু মানুহে মোক চাই ঈশ্বৰৰ স্মৰণ কৰিব পাৰে, মই সংসাৰৰ সৰ্বশ্ৰেষ্ঠ বৃক্ষ হ'ব বিচাৰো।"

এদিন সেই জংঘলত কিছুমান খৰিকতিয়া আহে আৰু গছক কাটিল লৈ যায়।

প্ৰথম বৃক্ষক এক পশুপালকে কিনে আৰু তাক পশুৰ দানা খোৱা পাত্ৰ তৈৰ কৰে। সেই পাত্ৰ পশুগৃহত থয় আৰু তাৰ ভিতৰত তুঁহ ভৰা দিয়ে। বেচেৰা বৃক্ষই এনেদৰে কল্পনাও কৰা নাছিল। দ্বিতীয় বৃক্ষক মাছ ধৰা এক সৰু নাও তৈয়াৰ কৰে। সুন্দৰ জলযান হৈ ৰাজা-ৰানীকে তাৰ ভিতৰত লৈ যোৱাৰ সপোন চুৰমাৰ হ'ল। তৃতীয় বৃক্ষক কাঠৰ ডাঙৰ টুকুৰা কৰি অন্ধকাৰ পেলাই থয়। এক দিন সেই পশুশালায়ত এজন ব্যক্তিয়ে পত্নীৰ লগত আহে। তেওঁৰ পত্নী তাত এটা শিশু জন্ম দিয়ে। তেওঁ শিশুক পশুৰ দানা দিয়া পাত্ৰত শুৱাব ধৰিলে। পশুৰ দানাৰ পাত্ৰা এতিয়া দোলাৰ কামত আহে। প্ৰথম বৃক্ষই নিজেকে ধন্য মানি লয়। এতিয়া তেওঁ সংসাৰৰ সকলোতকৈ মূল্যবান নিধি অৰ্থাৎ এক শিশুক আশ্ৰয় দিছিল।

সময় পাৰ হৈ গ'ল বহু বছৰ পিছত কিছুমান নবযুৱক দ্বিতীয় বৃক্ষৰ দ্বাৰা তৈয়াৰ কৰা নাওত মাছ ধৰিবৰ বাবে লৈ যায়। সেই সময়ত প্ৰচণ্ড ধুমুহা আহে আৰু নাওত বহি থকা যুৱক সকলে এনেদৰে ভাবে যে তেওঁলোক আৰু নাবাচিব। এজন যুৱক নিশ্চিন্ত মনে শুই আছিল। তেওঁৰ লগৰীয়া সকলে তেওঁ জগাই আৰু ধুমুহাৰ বিষয়ে জানিব দিয়ে। সেই যুৱকে উঠি সমুদ্ৰ আৰু ধুমুহাৰ ফালে চাই কয়- "শান্ত হৈ যোৱা।" তেওঁ এনেদৰে কোৱাত ধুমুহা শান্ত হৈ যায়। এইটো দেখি দ্বিতীয় বৃক্ষক এনে লাগিল যে সি সংসাৰৰ পৰম ঐশ্চৰ্যশালী সম্ৰাটক সমুদ্ৰ পাৰ কৰাইছে।

তৃতীয় বৃক্ষৰ টুকৰা বিলাকৰ ওচৰত এদিন কিছুমান মানুহ আহে। তেওঁ দুটা টুকুৰা এজন আঘাত প্ৰাপ্ত ব্যক্তিৰ ওপৰত দি দিয়ে। সেই আঘাত প্ৰাপ্ত ব্যক্তিক কষ্টত ৰাস্তা পৰা কৰা দেখি কিছুমান লোকে অপমানিত কৰি থাকে। কিছু সময়ত পিছত সৈনিকে সেই কাঠৰ টুকৰাৰে তৈয়াৰ কৰা ক্ৰুচ সেই ব্যক্তিৰ হাত-ভৰিত গজাল মাৰি পাহাৰৰ উচ্চতা থিয় কৰালে। দুই দিন পিছত তৃতীয় বৃক্ষৰ এনে অনুভৱ হ'ল যে সেই পহাৰৰ ওপৰত স্বৰ্গ আৰু ঈশ্বৰৰ সকলোতকৈ সমীপত হৈ পাইছিল, কাৰণ যীশুখ্ৰীষ্টৰ বাবে এই শূল তৈয়াৰ কৰা গৈছিল।

উচ্চ আৰু ডাঙৰ কল্পনা কৰা

কল্পনাৰ শক্তি অত্যন্ত অদ্ভুত হয়। মনে কল্পনা কৰে, তাৰ গতি অত্যন্ত তীব্ৰ হয়। সেইকাৰণে এইখন গ্ৰন্থত মই মনক জয় কৰা বুলি কৈছো। মনে অসংখ্য কল্পনা কৰে। ভাল কল্পনা কৰে, বেয়া কল্পনাও কৰে, কিন্তু যি ব্যক্তি মনক জয় কৰি লয়, তেওঁ কেৱল ভাল কল্পনাই কৰে। ভাল এবং সুস্থ কল্পনাই যি কোনো ক্ষেত্ৰত সফলতা প্ৰাপ্তিৰ আধাৰ হয়। গতিকে আমি মনত সদায় সফলতাৰেই কল্পনা কৰা উচিত।

> কল্পনা কৰক, উচ্চ কল্পনা কৰক, ডাঙৰ সপোন চাওক আৰু মনৰ ওপৰত বিজয় প্ৰাপ্ত কৰক, মনক জয় কৰি সেই সকলো কল্পনাত ৰামধেনুৰ ৰং ভৰাই দিয়ক। সপোনক বাস্তৱত পৰিণত কৰক। এনে দৃঢ় সংকল্প কৰক যে আপুনি এই কাম শেষ কৰিহে শান্তি পাব।
>
> – সূৰ্য সিন্‌হা

মনত ৰাখিব, সফলতাৰ লগত সম্বন্ধিত বিচাৰধাৰাৰ বীজ বাল্যকালৰ পৰাই আমাৰ মনত প্ৰৱেশ কৰে। যি কোনো শিশুৱে এনেদৰে নকয় যে ডাঙৰ হৈ মজদূৰ বা চাকৰ হ'ব অথবা কোনো সৰু-সৰু কাম কৰিব। প্ৰত্যেক শিশুৱে সদায় ডাঙৰ চাকৰি, গাড়ী, বাংলা আৰু ডাঙৰ ডাঙৰ সফলতাৰেই কল্পনা কৰে। তেনেহ'লে বিশ্বাস কৰক, এনে এটা দিন আহিব যেতিয়া আপুনি আপোনাৰ কল্পনাক পূৰ্ণ কৰাত সফল হ'ব।

এনেদৰে দেখা পোৱা গৈছে যে, কিছুমান

পৰিয়াল, য'ত নেতিবাচক চিন্তাধাৰাৰ লোকৰ সংখ্যা বেছি, তেওঁলোকে আমাৰ সমাজৰ কল্পনাশীল শিশু সকলৰ উৎসাহ বৃদ্ধি কৰাৰ পৰিছৰ্তে প্ৰত্যক্ষ বা পৰোক্ষ ৰূপেৰে নেতিবাচক কথা কৈ তেওঁলোকৰ উৎসাহৰ ওপৰত ঠাণ্ডা পানী পেলাই দিয়ে। তেওঁলোকৰ উৎসাহ আৰু আত্মবিশ্বাসৰ হত্যা কৰি দিয়ে।

উদাহৰণস্বৰূপে জংঘলত নতুনকৈ ধৰা হাতী পোৱালিৰ জীৱনৰ অধ্যয়ন কৰক। যেতিয়া তাৰ ধৰা হয় তেতিয়া অনেক উৎসাহ থাকে। মাউতে তাক শিকলিৰে এক শক্তিশালী বৃক্ষত বান্ধি দিয়ে। হাতীৰ পোৱালি স্বাধীন হ'বৰ বাবে নিজৰ সকলো শক্তি প্ৰয়োগ কৰে, কিন্তু বাৰে-বাৰে চেষ্টা কৰাৰ পিছতো সেই লোহাৰ শিকলি ছিঙাত ব্যৰ্থ হয়, তেতিয়া তাৰ ভিতৰত নেতিবাচক ভাৱনা জন্ম লয়। সি ইমান নিৰাশ হৈ যায় যে জীৱনত কোনো দিনে সেই বন্ধনৰ পৰা মুক্তি নাপায়। তাৰ এনে বিশ্বাস হয় যে এই এই বন্ধনৰ পৰা মুক্তি পোৱাতো অসম্ভৱ। ইয়াৰ কেইবা বছৰ পিছত যেতিয়া হাতীৰ পোৱালি এক যুৱক আৰু শক্তিশালী হাতী হৈ যায়, তেতিয়া তাৰ সেই বিশ্বাসই তেতিয়াও থাকে যে, সি বন্ধনৰ মাজত আছে আৰু এতিয়া এইটোৱেই তাৰ জীৱন। এনে নেতিবাচক ভাৱনা তাৰ মনৰ গভীৰতালৈ প্ৰৱেশ কৰে- "মই এই বন্ধনৰ পৰা মুক্তি পোৱা অসমৰ্থ। এই বন্ধনৰ পৰা মুক্তি পোৱাৰ মোৰ শক্তি নাই।" এনে ভাৱনাৰ দুষ্পৰিণাম এইটো হয় যে, সি সেই বন্ধনৰ পৰা মুক্তি পোৱাৰ চেষ্টা নকৰি এনেদৰে বিশ্বাস হয় যে- "এই বন্ধনক মই ইমান দিনে ছিঙিব নোৱাৰে, তেনেহ'লে আজি কেনেকৈ সম্ভৱ হয়?" এনে এক নেতিবাচক বিশ্বাসৰ কাৰণে সেই শক্তিশালী হাতী মাউতৰ গোলাম হ'ব লগীয়া হয়। শাৰীৰিক ৰূপেৰে সি আগতেই বান্ধ খাই আছিল, এতিয়া মনৰ পৰা বান্ধ খাই আছে। এই গোলামীক স্বীকাৰ কৰি লৈছে, বৰ্তমান পৰিস্থিতিকে স্বীকাৰ কৰিছে। এনে অৱস্থা সেই হাতীৰ হয়, যাক জন্তুৰ ভিতৰত সকলোতকৈ শক্তিশালী, সকলোতকৈ বুদ্ধিমান মানা যায়। যৌৱনৰ উন্মাদনা যে হাতীয়ে ডাঙৰ ডাঙৰ আৰু মজবুত বৃক্ষকো নিজৰ শুৰেৰে, মাথাৰে পেলাই দিব পাৰে, যি হাতীয়ে

ডাঙৰ ডাঙৰ শিল আৰু পাহাৰৰ শিলা পেলাব পাৰে, সি একমাত্ৰ নেতিবাচক চিন্তাধাৰাৰ কাৰণে এক সৰু লোহাৰ শিকলিক ছিঙিব নোৱাৰে। মাত্ৰ এক নেতিবাচক চিন্তাধাৰা – “মই এইটো কৰিব নোৱাৰো।” ইয়াৰ পৰিণাম এইটো হয় যে, শক্তিশালী আৰু সামৰ্থ্যৱান হোৱা সত্ত্বেও সেই হাতী গোটেই জীৱন মাউতৰ গোলাম হ'ব লগীয়া হয়।

এনেদৰে এটা শিশুৱে উচ্চ উচ্চ কল্পনা কৰে। সেই সময়ত হতোৎসাহিত কৰি তুলি নেতিবাচক চিন্তাধাৰাৰ এনে বীজ তাৰ মস্তিস্কৰ ভিতৰত ৰোপণ কৰা হয় যে তাৰ মন-মস্তিস্ক কুণ্ঠিত হৈ উঠে। মাতা-পিতাকৰ দ্বাৰা দিয়া ইতিকিং – “বাদ দিয়া, এইটো তোৰ কাম নহয়।”... “তই এতিয়া সৰু।” “এই কাম ডাঙৰ লোকৰ হয়।” ইত্যাদি শিশুৰ মস্তিস্কৰ ভিতৰত বেয়া প্ৰভাৱ পৰে। এই সকলো ইতিকিংৰ প্ৰভাৱ, শিশুৰ মনত এনে বিশ্বাস জাগি যায় যে তেওঁ কোনো ডাঙৰ কাম কৰাৰ যোগ্য নহয়। তাৰ পিছত তেওঁ উচ্চ কল্পনা কৰাৰ সাহস গোটাব নোৱাৰে। তাৰ মনত অসংখ্য নেতিবাচক চিন্তাধাৰাই সেই হাতীৰ দৰে আগবঢ়াত বাধা প্ৰদান কৰে, যি বাল্যকালত নিজকে লোহাৰ শিকলিৰ পৰা মুক্তি কৰিব নোৱাৰে। যেনেদৰে ডাঙৰ হোৱাৰ সত্ত্বেও হাতীয়ে নিজৰ শক্তিৰ উপযোগ কৰিব নোৱাৰে, সেইদৰে সেই শিশুও ডাঙৰ হোৱাত নিজৰ ক্ষমতাৰ ব্যৱহাৰ কৰিব নোৱাৰে। ফলস্বৰূপে হাতী ডাঙৰ হৈ মাউতৰ গোলাম আৰু শিশু ডাঙৰ হৈ অসফলতাৰ দাস হৈ যায়।

এইটো শতকৰা একশ শতাংশ সত্য যে, যি ব্যস্তুৰ বিষয়ে আপুনি নাজানে, আপুনি তাৰ ব্যৱহাৰ কেনেদৰে কৰিব? ধৰি লওক, আপোনৰ ঘৰত প্ৰচুৰ পৰিমাণে আৱৰ্জন আছে, ঘৰত ঝাডুও আছে, কিন্তু যেতিয়া আপুনি ঝাডুৰ বিষয়ে নাজানে আৰু ইয়াৰ দ্বাৰা চাফা কৰিব পাৰি বুলি তেনেহ'লে আপুনি গোটেই সেই ঝাডুৰ ব্যৱহাৰ গোটেই জীৱন নকৰিব আৰু গোটেই জীৱন লেতেৰা হৈ থাকিব। এনে অৱস্থাত বহুতো লোকে ব্যৰ্থতা, দাৰিদ্ৰতা, ভয় আৰু নিৰাশাৰ পৰিপূৰ্ণ জীৱন কটাই এটা সময়ত এই পৃথিৱীৰ পৰা আতৰি গুচি যায়।

এনে যুৱক, যি উপৰোক্ত পৰিস্থিতিৰ ভিতৰত জীৱন গটাই, তেওঁলোকে নিজৰ শক্তি আৰু যোগ্যতাৰ ব্যৱহাৰ কৰা বন্ধ কৰি দিয়ে। তেওঁলোকৰ ওপৰত নিৰাশাৰ এনে প্ৰভাৱ পৰে যে তেওঁলোকে আগবঢ়াৰ কল্পনা কৰাতো ভয় লাগে আৰু সেই ভয় তেওঁলোকক সদায় ব্যৰ্থ কৰি তোলে।

কল্পনাৰেই জয় হয়

প্ৰিয় বন্ধু! আজি পৰ্যন্ত জগত যিমান ডাঙৰ ডাঙৰ কাম হৈছে, সেই সকলো কাম সাধাৰণৰ পৰা অসাধাৰণ হোৱা মনুষ্যই কৰিছে। সেই ডাঙৰ আৰু গুৰুত্বপূৰ্ণ কামৰ পিছত কল্পনাৰেই সকলোতকৈ গুৰুত্বপূৰ্ণ অৱদান আছে।

কল্পনাৰ কাৰণেই সফল লোকৰ জীৱন সফলতাৰ ভৱন গঢ়ি উঠিছে। আপুনিও যদি নিজৰ সফলতাৰ ভৱন গঢ়িব বিচাৰে, তেনেহ'লে কল্পনা কৰক, উচ্চ-উচ্চ কল্পনা কৰক, ডাঙৰ ডাঙৰ সপোনা চাওক আৰু মনৰ ওপৰত বিজয় প্ৰাপ্ত কৰক, মনক জয় কৰি সেই সকলো কল্পনাৰ ৰামধেনুৰ ৰং ভৰক। স্বপ্নকো বাস্তৱত পৰিণত কৰক। এনে দৃঢ় সংকল্প কৰি লওক যে আপুনি এই কামটো কৰিহে বিশ্ৰাম কৰিব। নিজৰ কল্পনাক ৰচনাত্মক বিচাৰধাৰাত পৰিৱৰ্তিত কৰাৰ চেষ্টা কৰক। আপুনি কল্পনা কৰক আৰু সেই সব কল্পনাক সাৰ্থক কৰি তোলাৰ চেষ্টা কৰক। ঈশ্বৰৰ ফালৰ পৰা আপোনাৰ দ্বাৰা কৰা প্ৰচেষ্টাকে সফলতা প্ৰদান কৰাৰ শতকৰা এশ শতাংশ গেৰাণ্টি আছে।

এটা কথা সদায় মনত ৰাখক, আপোনাৰ বিচাৰধাৰা ৰচনাত্মক ৰূপ গ্ৰহণ কৰামাত্ৰকে সেইবিলাক পৰিকল্পনা পৰিৱৰ্তিত হোৱা আৰম্ভ হৈ যায় আৰু পৰিকল্পনাৰ ওপৰত কাম কৰি থাকিলে সফলতাৰ সূত্ৰপাত হয়।

কল্পনা কৰি আপুনি এনে ভাৱক যে আপুনি জীৱনত কি-কি প্ৰাপ্ত কৰিব লাগে? এনেদৰে কল্পনা কৰক যে, আপোনাৰ ওচৰত সকলো প্ৰকাৰৰ ভৌতিক সুখ-সাধন, ধন-সম্পত্তি আৰু উপযোগৰ অন্যান্য বস্তু আছেনে? আপুনি ৰাজসিক, বিশেষ, সৰু বা তুচ্ছ

নহয়। যেতিয়া আপুনি সদায় এনে ধৰণৰ কল্পনা কৰিব, তেতিয়া আপোনাৰ মস্তিস্ক আপোনাৰ কল্পনাবিলাক বিচাৰধাৰাত পৰিৱৰ্তিত কৰা আৰম্ভ কৰি দিব। মস্তিস্কত এনে বিচাৰধাৰা সৃষ্টি হ'ব লাগিব যে, আপোনাৰ সেই কাল্পনিক ধন-সম্পত্তি আৰু বস্তুবিলাক প্ৰত্যক্ষ ৰূপেৰে আপোনাৰ লগত আছে, আপোনাৰ জীৱনত আহিবলৈ আৰম্ভ হৈ যাব।

এই ৰহস্যকে খুব কম লোকেই বুজিব পাৰিছে যে ব্যক্তি প্ৰথমে মানসিক ৰূপেৰে ডাঙৰ হয়, মানসিক ৰূপেৰে ধনী বা সফল হয়। মানসিক ৰূপেৰে ডাঙৰ, ধনী, সফল, ৰাজসিক আৰু গুৰুত্বপূৰ্ণ ব্যক্তিত্ব তিনিটা হৈ যাব পাৰে, যি আগতে আপোনাৰ মনক নিয়ন্ত্ৰণ কৰিছে, নিজৰ মনক জয় কৰি লৈছে।

বীজৰ পৰাই বৃক্ষ হয়

যেনেদৰে এটা সৰু বীজৰ ভিতৰত এক বিশাল বৃক্ষ লুকাই থাকে, ঠিক সেইদৰে মনুষ্যৰ মস্তিস্কতো বৃক্ষ ৰূপী বিৰাট পৰিকল্পনা লুকাই থাকে। যেনেদৰে মাটিতে বীজ ৰোপণ কৰা হয়, ঠিক সেই প্ৰকাৰে মনতো কল্পনা ৰূপী বীজ ৰোপণ কৰা হয়। যেতিয়া সেই বীজ অংকুৰিত হৈ গছ সৃষ্টি হয়, তেতিয়া সেই গছৰ পৰা পৰিকল্পনা ৰূপী শাখা আৰু পাত ওলোৱা আৰম্ভ হৈ যায়। সেই গছত তীব্ৰ ইচ্ছা, নিষ্ঠা আৰু কৰ্ম ৰূপী সাৰ দি থাকিলে এদিন সেই গছ বিৰাট ডাঙৰ বৃক্ষ হৈ উঠি আমাক সফলতা ৰূপী ফল প্ৰদান কৰি থাকে আৰু সেই সকলো সফলতাৰ দ্বাৰা আমি ধন-সম্পত্তি, বৈভৱ, সমৃদ্ধিৰে ভৰি পৰো। তেতিয়া এটা-এটা কৰি আমাৰ সপোন ৰং ভৰা আৰম্ভ হৈ যায়। সপোন বাস্তৱত পৰিণত হোৱাৰ ফালে আগবাঢ়ে আৰু এদিন পূৰ্ণতা প্ৰাপ্ত কৰি লয়।

প্ৰিয় বন্ধু! কল্পনাৰ ভিতৰত বিৰাট ডাঙৰ শক্তি থাকে। আজি পৰ্যন্ত এইখন সংসাৰত যিমান ডাঙৰ ডাঙৰ কাম হৈছে, সেই সকলো কল্পনাৰ বলত হৈছে। বৈজ্ঞানিক সকলে তেওঁলোকৰ আৱিস্কাৰ কৰাৰ আগতে সেই সকলো আৱিস্কাৰৰ কল্পনা কৰিছিল। আজি পৰ্যন্ত

এইখন সংসাৰত যিমান পৰিৱৰ্তন আহিছে, সেই সকলো কল্পনাৰেই দান!

কল্পনাৰ সম্বন্ধ আমাৰ ভৱিষ্যতৰ লগত আছে, সেইকাৰণে ভৱিষ্যতক কেন্দ্ৰ কৰি আমি সকলোৰে কিবা নহয় কিবা কল্পনা কৰি থাকো। কল্পনাৰ কাৰণেই আমাৰ মস্তিস্কত নতুন-নতুন বিচাৰধাৰা সৃষ্টি হয়। সেই সকলো বিচাৰধাৰাৰ পৰা পৰিকল্পনা তৈয়াৰ হয় আৰু সেই সকলো পৰিকল্পনা বিলাক আমি কৰ্মৰ ৰূপত প্ৰাপ্ত কৰো। যেতিয়া আমি কৰ্ম কৰো, তেতিয়া সেয়া সফল হয়, বা ব্যৰ্থ হয়। আমি যদি ব্যৰ্থতাৰ ওপৰত দৃষ্টি নিদি অৰ্থাৎ হতাশ নহৈ, সাহস নেৰি, আত্মবিশ্বাস নেহেৰুৱাই সেই কাম নিৰন্তৰে কৰি চলো, তেতিয়াহ'লে সেই অসম্ভৱ কামো সম্ভৱ হৈ যাব।

কল্পনাৰ প্ৰসঙ্গত মই আপোনাক এক সুন্দৰ কাহিনী শুনাওঁঃ-

যেতিয়া অসংখ্য আবিস্কাৰ হৈছিল আৰু মানুহ যথেষ্ট চমৎকৃত হয়ে উঠিছিল, সেই সময়ত সংসাৰৰ কোটি-কোটি লোকে এনেদৰে মানিছিল যে এতিয়াৰ পৰা এইখন সংসাৰত এনে কোনো আৰু আৱিস্কাৰ নহ'ব, যিটো জগতক চমক কৰি দিব পাৰে। ঠিক সেই সময়ত ৰাইট ভাইৰ নামত বিখ্যাত দুটা সৰু ল'ৰাই আকাশত উৰিব পৰা মেছিন তৈয়াৰ কৰাৰ কল্পনা কৰে। তেওঁলোকে কেৱল কল্পনাই কৰা নাছিল, বৰং তাৰ ওপৰত প্ৰচেস্টা কৰাও আৰম্ভ কৰে। তিনি বাৰ কৃত্ৰিম পাংখা লগাই ঘৰৰ মুধচৰ পৈৰত উৰোৱা চেষ্টা কৰে। তেওঁলোকৰ সেই প্ৰয়োগ ব্যৰ্থ হৈছিল, পৰিণামস্বৰূপে তেওঁলোকে নিজৰ নাকৰ হাঁড়ো ভাঙি দিছে। তেতিয়া অন্য লোকেই নহয় মাক-পিতাকেও তেওঁলোকক পাগল বুলি ভাবিব ধৰে। দুয়ো ল'ৰাৰ মস্তিস্কত অন্য কিছু চলি আছিল। তেওঁলোকৰ কল্পনা অত্যন্ত উচ্চ আছিল আৰু তেওঁলোকে নিৰন্তৰে কল্পনাক পূৰ্ণ কৰি তোলাৰ চেষ্টা কৰি থাকে। শেষ পৰ্যন্ত এনে এটা দিন যেতিয়া ৰাই ভাতৃয়ে তেওঁলোকৰ কল্পনাক পূৰ্ণ কৰি দিছে। জগত আকৌ এবাৰ বিস্ময়ৰ মহাসমুদ্ৰত ডুবি যায়! এইটো কেনেকুৱা চমৎকাৰ! আকাশত উৰাৰ কাম কেৱল

দেৱদূতৰ পক্ষেহে সম্ভৱ আছিল, আজি সেইটো মনুষ্যই কৰি দেখুৱাইছে ! আশ্চৰ্য ! মহাআশ্চৰ্য ! !

প্ৰথমে কেৱল ৰাইট ভাতৃয়ে আকাশত উৰা মাৰে। ভৱিষ্যত সময়ত ৰাইট ভাতৃৰ চিন্তা-ভাবনা আৰু তেওঁলোকৰ প্ৰযুক্তি উন্নতি হ'ব ধৰে আৰু সেই বিষয়ৰ পৰিণাম হৈছে, আজি গোটেই জগত এক বিৰাট জনসংখ্যা 'লোহাৰ সেই মেছিন'-ত শূণ্যত উৰা মাৰিব পাৰিছে। এই যাত্ৰাত খৰচ বেছি হ'লেও কিন্তু অত্যন্ত সুবিধাজনক !

সংসাৰৰ দূৰত্ব সমাপ্ত হৈছে। কেইবা বছৰ আৰু কেইবা মাহৰ যাত্ৰা দিন আৰু ঘণ্টাত সম্পূৰ্ণ হ'ব ধৰে।

বিশ্বাস ৰাখক, আমি যেতিয়া কোনো অসম্ভৱ কাম কৰাৰ চেষ্টা কৰো, তেতিয়া প্ৰকৃতিও আমাৰ সেই কামটো পূৰ্ণ কৰাৰ ৰাস্তা দেখুৱাই। এইখন জগত উৰা জাহাজৰ ৰূপত সেই সুন্দৰ উপহাৰ সেই দুই ল'ৰাৰ কাৰণে প্ৰাপ্ত কৰিছো, যাক এইখন সংসাৰৰ অন্য লোকৰ লগতে মাক-পিতাকো 'পাগল' বুলি ঘোষিত কৰিছিল।

আজি পৰিস্থিতি এনে হৈছে যে উৰা জাহাজৰ বিনা সকলো দীঘলীয়া দূৰত্বৰ যাত্ৰা কৰাৰ কল্পনাও কৰাতো সম্ভৱ নহয়।

প্ৰিয় বন্ধু ! আপুনি কল্পনা কৰক। যেনেদৰে আপোনাৰ মনে বিচাৰে, তেনেদৰে কল্পনা কৰক। কিন্তু এইটো সদায় মনত ৰাখিব যে, আপুনি শুভ আৰু জনকল্যাণকাৰী কল্পনা কৰিব লাগিব। ঈশ্বৰে শুভ কল্পনা কৰা লোককে সহায় কৰে। মনৰ গোলাম লোকে বেয়া কল্পনা কৰে। ঈশ্বৰে তেওঁলোকৰ ফালে নাচায় আৰু গোটেই জীৱন ব্যৰ্থতাৰ দংশন সহ্য কৰি থাকিব লগীয়া হয়।

কল্পনা কৰক, ভাল কল্পনা কৰক আৰু নিজৰ জীৱনক ঐশ্চৰ্যপূৰ্ণ কৰি তুলি সুখৰ আনন্দ উপভোগ কৰক !

■■■

কলম্বাচ এক সাধাৰণ নাবিক আছিল। ভাৰত আৱিস্কাৰ কৰাৰ দৃঢ় ইচ্ছাশক্তি তেওঁৰ গাত এক অদ্ভুত আত্মবিশ্বাস জাগ্রত কৰি তুলিছিল। এই দৃঢ় ইচ্ছাশক্তিৰ বলত তেওঁ ভাৰত আৱিস্কাৰ কৰিবৰ বাবে ওলাইছিল। তেওঁ যেতিয়া ভাৰত আৱিস্কাৰ কৰিবা বাবে ৰওনা হৈছিল, তেতিয়া কোনো নাবিক তেওঁৰ লগত যাবলৈ সাঁজু হোৱা নাছিল, কোনেও অজ্ঞান স্হানলৈ যাত্ৰাৰ বাবে যাব বিচৰা নাছিল, য'ত মৃত্যুৰ ভয় আৰু সফলতা প্ৰাপ্তিৰ আশা অত্যন্ত কম আছিল – এনে পৰিস্হিতি কোনে তেওঁৰ সং দিব।

ৰজা আৰু ৰানীৰ চাপ অনেক কঠিনতাৰে কিছুমান লোকে ৰাজী হয় আৰু তেওঁৰ লগত যাবলৈ সমুদ্ৰপথত ৰওনা হয়। কেইবা মাহ লাগি গ'ল, ক'তো মাটি দেখা পোৱা নাছিল। তেওঁৰ লগৰীয়া নাবিক তেওঁৰ পাগলামীৰ বাবে ৰুষ্ট হৈছিল, খংত জাহাজ চালোৱা বন্ধ কৰি দিয়ে আৰু কলম্বাচক মাৰি পেলোৱাৰ ধমকী পৰ্যন্ত দিয়ে। তেওঁ কলম্বাচক কয়- "তুমি যদি বেছি কথা কোৱা, তেনেহ'লে হাতত হেণ্ডকাপ লগাই জাহাজেৰ কুঠুৰীত পেলাই দিম।"

এনে অবস্হাত কলম্বাচ দ্বাৰা অনেক কৰে বুজোৱাৰ পিছতো নাবিকে কেইবা দিন দিন জাহাজ আগত লৈ যোৱাত ৰাজী হয়। সেই মহাসাগৰত য'ত চাৰিওফালে অনন্ত জলৰাশি আৰু খঙাল লগৰীয়াৰ আছিল, কলম্বাচৰ বিশ্বাস আছিল যে একমাত্ৰ তেওঁ দৃঢ় ইচ্ছাশক্তি আৰু দৃঢ় আত্মবিশ্বাসৰ ওপৰত।

কিছু দূৰ জাহাজ চলাৰ পিছত কেনৰাজ দ্বীপৰ **200** মাইল পশ্চিমত কম্পাচ বেয়া হৈ যায়, কিন্তু কলম্বাচে এই কঠিনতাৰ কাৰণে নিজৰ লক্ষ্যৰ পৰা আতৰি যোৱা নাছিল, তেওঁ নিৰন্তৰে আগবাঢ়ি যায় আৰু কিছু দূৰ গৈ তেওঁ দেখা পাই যে কিছু খৰি সমুদ্ৰৰ জল ভাঁহি আহিছে। কলম্বাচ অলপ আশাৰ কিৰণ দেখ পালে। তেওঁ নিজৰ লগৰীয়া নাবিকক সেই কাঠবিলাক দেখুৱাই তেওঁলোকক বিশ্বাস জগাব বিচাৰিলে। যেতিয়া তেওঁলোকে আৰু কেইবা মাইল আগবাঢ়ে তেতিয়া ঝোপুৰা দেখা পায়। কলম্বাচ আৰু তেওঁলোকৰ লগৰীয়াৰ বিশ্বাসপূৰ্ণ হাঁহি আহিব ধৰে। কিছু কিছু দূৰ গৈ তেওঁলোকে যি ঝোপুৰা দেখা পাইছিল এতিয়া গছৰ ৰূপত দেখা পাব পাৰে আৰু আকাশত কিছু পক্ষী উৰা দেখা পায়। এনেতে কলম্বাচ আৰু তেওঁৰ লগৰীয়াৰ মুখৰ বিশ্বাসপূৰ্ণ হাঁহি এবাৰ সুখত পৰিছত হৈ পৰিছিল। কলম্বাচৰ সপোন পুৰা হৈ উঠিছিল।

এইটো কলম্বাচৰ দৃঢ় ইচ্ছাশক্তিৰেই পৰিণাম আছিল যে, **12** অক্টোবৰ, **1492** চনত তেওঁ বিশ্বৰ এক নতুন ভূমিত পতাকা পুতাত সফল হৈছিল আৰু এনেদৰে ভাৰতৰ আৱিস্কাৰ কৰা কলম্বা 'আমেৰিকা'-ক বিশ্বৰ মানচিত্ৰত অন্তৰ্ভুক্ত কৰি দিছিল।

আপোনাৰ ইচছাশক্তি দৃঢ় হোৱা উচিত

আপুনি যদি এনেদৰে কয় – "মইও কিছু কৰিম....।" – তেনেহ'লে আপুনি জীৱনত কিছু কৰিব পাৰিবনে নাই, সেই বিষয়ে সন্দেহ। আপোনাৰ এনে বক্তব্যৰ পৰা দৃঢ় ইচছাশক্তিৰ অভাৱ স্পষ্ট ভাৱে দেখা পোৱা যায়। ইয়াৰ বিপৰীতে আপুনি যদি এনেদৰে কয়- "যি হ'লে, সংসাৰ ইফাল সিফালে হ'লে মই জীৱন কিছু কৰি দেখুৱাম। মই সেই সকলো মূল্যক প্ৰাপ্ত কৰিম, যি বিলাক ঈশ্বৰে মনুষ্যক সুখ-সমৃদ্ধি, আৰাম-বিলাসিতাৰ বাবে প্ৰদান কৰিছে।" – তেতিয়া আপোনাৰ এনে সংকল্পত দৃঢ় ইচছাশক্তি প্ৰকাশ পায়। দৃঢ় ইচছাশক্তি কোনো ব্যক্তিৰ সফলতাৰ মূল মন্ত্ৰ আৰু আধাৰ হয়। এনে দৃঢ়তা, এনে দৃঢ় ইচছাশক্তি কেৱল সেই লোকৰ গাত দেখা পোৱ যায়, যি নিজৰ মনক জয় কৰিছে।

দৃঢ় ইচছাশক্তিৰ বিনো কোনো ব্যক্তিয়ে সফলতাৰ শিখৰ স্পৰ্শ কৰিব নোৱাৰে। প্ৰত্যেক ব্যক্তিৰ জীৱন সফলতা তেওঁৰ ইচছাশক্তিৰ অনুৰূপেই প্ৰাপ্ত হয়। ইয়াত এইটো বিশেষ ৰূপেৰে উল্লেখনীয় যে, যেনেদৰে অলপ বাষ্পৰ সৃষ্টি কৰি কেইবা টন ওজনৰ ৰেল ইঞ্জিন চলাব নোৱাৰে, সেইদৰে দুৰ্বল

> আমি নিজৰ জীৱনৰ চিত্ৰ নিজেই তৈয়াৰ কৰিব লাগে। তাৰ বাবে আমি কেৱল পেন্চিল আৰু খালি কাগজ প্ৰাপ্ত হয়, ৰবৰ প্ৰাপ্ত নহয়। সেইকাৰণে আপুনি সেই খালি কাগজৰ ওপৰত নিৰ্ণয় ৰূপী যি ৰেখাই টানিব, তাক অত্যন্ত সাৱধানে আৰু ভাবি-চিন্তি টানক। আপুনি ৰেখা টনাৰ অধিকাৰী, মুচাৰ নহয়। আপুনি যিমান ৰেখা টানিব, আপোনাৰ জীৱনো তেনেদৰে হৈ গৈ থাকিব।

মনক জয় কৰক

ইচ্ছাশক্তিৰ বলত কোনো ডাঙৰ সফলতাও প্ৰাপ্ত কৰিব নোৱাৰে। বেছি বাষ্প সৃষ্টি কৰিবৰ বাবে যেনেদৰে বেছি জুই আৰু বেছি পানীৰ দৰকাৰ, ঠিক সেইদৰে জীৱনত ডাঙৰ সফলতা প্ৰাপ্ত কৰিবৰ বাবে তীব্ৰ ইচ্ছাশক্তি আৰু দৃঢ় সংকল্প থকাটোও অনিবাৰ্য ৰূপেৰে আৱশ্যক হয়।

আপুনি যদি গড় স্তৰৰ জীৱনৰ পৰা মুক্তি পাব বিচাৰে, তেনেহ'লে আপোনাৰ ইচ্ছাশক্তিক বঢ়াব লাগি আৰু তাক শক্তিশালী কৰি তুলিব লাগিব। আপোনাৰ ইচ্ছাশক্তি বঢ়াওক, অসম্ভৱ যেন লগা লক্ষ্যক বাচিন কৰি লওক। তাৰ পিছত দৃঢ় পদক্ষেপত সফলতাৰ দিশত আগবাঢ়ক। এটা কথা মনত ৰাখিব, মাজ বাটত ৰখিব গ'লে নবলিব। আগবাঢ়োতে অনেক বাধা আহিলেও, আপুনি নিৰন্তৰে লক্ষ্যৰ দিশত আগবাঢ়িব লাগিব। আপুনি যদি দৃঢ় সংকল্প আৰু শক্তিশালী ইচ্ছাশক্তিৰে লক্ষ্যৰ দিশত আগবাঢ়ি গৈ থাকে, তেনেহ'লে ইয়াত কোনো সন্দেহ নাই যে এদিন নহয় এদিন আপুনি নিজৰ লক্ষ্যত উপণিত হ'ব। প্ৰত্যেক আপুনি কেৱল এই কথা মনত ৰাখিব লাগে আৰু এই বিষয়ে মনত পুনৰাবৃত্তি কৰি গৈ থাকিব লাগে যে আপোনাৰ গাত অসীমিত শক্তি আছে, আপুনি যি কোনো প্ৰাপ্ত কৰিব পাৰে, আপুনি চন্দ্ৰলৈ গৈ পাব পাৰে। চন্দ্ৰ আৰু অন্তৰীক্ষ যোৱা ব্যক্তিও এইখন জগতৰ বাসীন্দা। তেওঁলোকে কোনো বাহিৰৰ জগতৰ পৰা অহা নাই। আপুনিও এইখন জগতৰ বাসীন্দা আৰু তেওঁলোকতকৈ ডাঙৰ কাম কৰিব পাৰে। ইয়াৰ বাবে চৰ্ত এইটো যে আপুনি আপোনাৰ ভিতৰত সেই অদৃশ্য শক্তি আছে, যাক দৃঢ় ইচ্ছাশক্তি আৰু দৃঢ় সংকল্প বুলি কোৱা হয়।

ইয়াত মনত ৰখাৰ কথা এইটোও হয় যে ডাঙৰ ত্যাগ, ডাঙৰ ডাঙৰ সমস্যা, কঠিনতা আৰু অসংখ্য ব্যৰ্থতাৰ মোকাবিলা কৰি নিৰাশ নোহোৱা ব্যক্তিয়ে সাধাৰণৰ পৰা অসাধাৰণ হৈ যায়।

মই এই তথ্যও স্পষ্ট কৰি দিব বিচাৰো যে কেৱলমাত্ৰ ইচ্ছা কৰিলেই ভৰা কাম পূৰণ নহয়, কেৱলমাত্ৰ ইচ্ছা কৰিলেই ডাঙৰ ডাঙৰ লক্ষ্য প্ৰাপ্ত কৰিব নোৱাৰি। কোনোবাই কিছু পোৱাৰ ইচ্ছা আৰু তাক বিশ্বাস কৰাতো বেলেগ বেলেগ কথা হয়। ইচ্ছা বিশ্বাস নহয়। ইচ্ছাৰ জন্ম চেতন মনত হয়। আপোনাৰ ইচ্ছা যেতিয়া প্ৰবল ৰূপেৰে পৰিৱৰ্তিত হয়, তেতিয়া আপোনাৰ কল্পনা জন্ম হোৱা আৰম্ভ

কৰি দিয়ে। কল্পনা আপোনাৰ ভিতৰত বিচাৰধাৰাৰ সৃষ্টি কৰে আৰু তাৰপৰ বিচাৰধাৰাৰ এক দীঘলীয়া চিৰিজ প্ৰস্তুত হৈ যায়, যিটো মূৰ্ত ৰূপেৰে পৰিকল্পনাৰ ৰূপ ধাৰণ কৰে। সেই পৰিকল্পনাৰ ওপৰত কাম কৰি আৰু মনৰ ভিতৰত সফল হোৱাৰ বিশ্বাস স্হাপন কৰি আপুনি সফলতা প্ৰাপ্ত কৰিব পাৰে।

এইটো নাপাহৰিব যে দৃঢ় ইচ্ছাশক্তিৰ ব্যক্তিক সফলতাৰ দিশত লৈ যায়। এইখন জগতত সকলোৰে ডাঙৰ ডাঙৰ সফলতা প্ৰাপ্ত কৰাৰ ইচ্ছা আছে। কিন্তু সকলো লোকে ডাঙৰ ডাঙৰ সফলতা প্ৰাপ্ত কৰিব নোৱাৰে। মোৰ এই প্ৰশ্নৰ ওপৰত ভাহনা-চিন্তা কৰাৰ আবশ্যকতা আছে। আচলতে, আমি সদায় আনৰ দোষ-ত্ৰুটিৰ বিষয়ে কথা কৈ ব্যস্ত থাকে। আমি নিজৰ বিষয়ে চিন্তা নকৰো যে আমাৰ ভিতৰত কিমান দোষ-ত্ৰুটি আছে। আমাৰ এই দুৰ্গুণেই আমাৰ ব্যৰ্থতাৰ কাৰণ হয়। দ্বিতীয় কথা হৈছে, আমি নিজৰ ওপৰত এনে বিশ্বাস নাথাকে যে আমি অমুক কামটো কৰিব পাৰো। যি বস্তুক প্ৰাপ্ত কৰাৰ আমাৰ ইচ্ছা আছে, যি লক্ষ্য প্ৰাপ্ত কৰাৰ আমাৰ ইচ্ছা ৰয়েছে, আমি সেই ইচ্ছাত ঠিকেই সফল হম। আমি যেতিয়া আমাতকৈ কম যোগ্যতাৰ কোনো ব্যক্তিক সেই কাম কৰা দেখো, যে কাম কৰাত আমি অসম্ভৱ বুলি কৈছিলো, তেনেহ'লে কওক, দোষ-ত্ৰুটি আমাৰ গাত আছেনে নাই অন্য ব্যক্তিৰ গাত? অসম্ভৱ কাম সম্পন্ন কৰি কোনোবাই হ'লেও সফল হৈছে, সেইকাৰণে এনেদৰে কোৱাতো ঠিক হ'ব যে যি কোনো কৰিব পৰা যায় অৰ্থাৎ এইখন জগতত সকলো কাম সম্ভৱ। কেৱল নিজৰ ওপৰত ইচ্ছা, সংকল্প দৃঢ়তা থকা উচিত।

■■■

পাঠশালাত এটা শিশু শব্দৰূপ মুখস্হ কৰিব নোৱাৰিলে। এদিন যেতিয়া আচাৰ্য তাক দণ্ডিত কৰিছিল, তেতিয়া দৃষ্টি সেই শিশুৰ হাতৰ তলুৱাত পৰি যায়। তেওঁ কয়- "তোমাক শাস্তি দিয়াতো ব্যৰ্থ হয়, কাৰণ তোমাৰ হাতে বিদ্যাৰ ৰেখা নাই।" শিশুটোৱে আচাৰ্যক বিদ্যাৰ ৰেখাৰ স্হানৰ বিষয়ে প্ৰশ্ন কৰে আৰু শ্বাচৰ পৰা বাহিৰত গুচি যায়, যেতিয়া ঘূৰি আহিছিল তেতিয়া তেওঁৰ হাতৰ পৰা তেজ ওলাইছিল। আচাৰ্যই ইয়াৰ কাৰণ জানিব বিচাৰিলে তেতিয়া শিশুটোৱে হাত দেখুৱাই কয়- – "গুৰুদেৱ! যিটো বস্তু বিধাতাই সৃষ্টি কৰিছে, তাক মই ছুৰীৰে সৃষ্টি কৰিছো।" আচাৰ্যই শিশুটিৰ দৃঢ় ইচ্ছাশক্তি দেখি প্ৰসন্ন হয়। পিছত সেই শিশুটো ব্যাকৰণাচাৰ্য পাণিনীৰ নামেৰে পৰিচিত হয়।

এবাৰ গান্ধীজীক এটা পত্ৰ পায়, য'ত লিখা আছি লয়ে চহৰত গান্ধী মন্দিৰৰ স্হাপন কৰা গৈছে, য'ত সদায় তেওঁৰ মূৰ্তিৰ পূজা-অৰ্চনা কৰা যায়। এইটো জানি গান্ধীজী চিন্তিত হৈ যায়। তেওঁ মানুহক মাতে আৰু মূৰ্তিৰ পূজা কৰিবৰ বাবে নিন্দা কৰে। ইয়াৰ ওপৰত তেওঁৰ এজন সমৰ্থকে কয়, 'বাপুজী, যদি কোনো ব্যক্তিয়ে ভাল কাম কৰে তেনেহ'লে তেওঁৰ মপূজা কৰাত কি বেয়া।' সেই ব্যক্তিৰ কথা শুনি গান্ধীজীয়ে কয়, 'ভাই, তুমি কেনেকুৱা কথা কৈছা? জীৱিত ব্যক্তিৰ মূৰ্তি সাজি পূজা কৰাতো অত্যন্ত বেয়া কথা।' এনেতে উপস্হিতি এজন লোক কয়, 'বাপুজী আমি আপোনাৰ কামত বহুত প্ৰভাৱিত হৈছো, সেইকাৰণে যদি আপুনি এনে সন্মান দিয়া যায় তেতিয়াহ'লে কি ভুল আছে?'

গান্ধীজীয়ে সুধে, 'আপুনি মোৰ কি কামত প্ৰভাৱিত হৈছে?' এইটো শুনি সন্মুখত থিয় হোৱা এজন যুৱকে কয়, 'বাপু আপুনি সকলো কাম প্ৰথমে নিজে কৰে, সকলো দায়িত্বক আপুনি লয় আৰু অহিংস নীতিৰে শত্ৰুকো প্ৰভাৱিত কৰি দিয়ে। আপোনাৰ এই সদগুণেৰে আমি প্ৰভৱিত হৈছো।'

গান্ধীজীয়ে কয়, 'যদি আপোনালোকে মোৰ কাম আৰু সদগুণেৰে প্ৰভাৱিত হৈছে তেন্তে সেই সদগুণক আপোনাৰ জীৱনত গ্ৰহণ কৰক। ভাতৌৰ দৰে গীতা-ৰামায়ণৰ পাঠ কৰাৰ পৰিৰ্ৱতে তাত বৰ্ণিত শিক্ষাৰ অনুকৰণেই সত্য পূজা-উপাসনা হয়।' ইয়াৰ পিছত তেওঁ মন্দিৰৰ স্হান কৰা লোকক এটা বাৰ্তা দিয়ে যে 'আপোনালোকে মোৰ মন্দিৰ নিৰ্মাণ কৰি ধনৰ অসৎ প্ৰয়োগ কৰিছে। এই ধনৰ কোনো গুৰুত্বপূৰ্ণ কাম কৰিব পাৰিলেহেঁতেন।' এনেদৰে তেওঁ নিজৰ পূজা ৰখাই আৰু ভাল চিন্তাধাৰাক জীৱনত অন্তৰ্ভুক্ত কৰাৰ বাৰ্তা দিয়ে।

●●●

'মই কোনো পথ দেখা নাই। মই সকলো সময়ত সেই বস্তুৰ বিষয়ে ভাৱো, যাৰ নিষেধ কৰা গৈছে। মোৰ মনত সেই বস্তুক প্ৰাপ্ত কৰাৰ ইচছা আছে, যি বৰ্জিত হয়। মই সেই কামক কৰাৰ পৰিকল্পনা প্ৰস্তুত কৰিছো, যিটো কৰাত মোৰ পক্ষে লাভদায়ক নহ'ব। মই কি কৰো?' শিষ্যই তেওঁৰ গুৰুক উদ্বিগ্নতাৰে সুধে।

গুৰুৱে শিষ্যক ওচৰৰ টাবত লাগি থকা এটা পুলিক চাবলৈ কয় আৰু সুধে যে 'সেইটো কি হয়?' শিষ্যৰ ওপৰত ইয়াৰ নাছিল, তেওঁ সেই পুলিক চিনি পোৱা নাই।

'এইটো বেলাডোনাৰ বিষাক্ত পুলি হয়। যদি তুমি ইয়াৰ পাতক খোৱা তেন্তে তোমাৰ মৃত্যু হৈ যাব, কিন্তু ইয়াক চালে তোমাৰ কোনো ক্ষতি নহ'ব। ঠিক এনেদৰে, অধোগতিৰ ফালে লৈ যোৱা চিন্তাধাৰা তোমাক তেতিয়ালৈকে লোকচান কৰিব পাৰে, যেতিয়ালৈকে তুমি তাত বাস্তৱিক ৰূপেৰে প্ৰবৃত্ত হৈ নোযোৱা।' এনেদৰে শিষ্যক এই জ্ঞান পাই গৈছে যে তেওঁ নিজৰ মনত ভাল চিন্তাধাৰা আনিব লাগিব, বেয়া চিন্তাধাৰাই তেওঁ লোকচান কৰিব পাৰে।

বিচাৰধাৰাৰ যাদু

ইতিবাচক বিচাৰধাৰা

এই বিষয়ৰ ওপৰত অৱশ্যে মই এখন গ্ৰন্থ লিখিছো, কিন্তু এই বিষয় ইমান ব্যাপক যে ইয়াৰ ওপৰত যিমান লিখা যায়, যিমান কোৱা যায়, কম হয়। মই এই বিষয়ৰ ওপৰত কিছুমান অজ্ঞান পক্ষৰ ওপৰত প্ৰকাশ পেলাইছো- উদ্দেশ্য সেয়াই, সুধী পাঠকৰ ইতিবাচক বিচাৰধাৰাৰ শক্তি আৰু তাৰ যাদুৰ লগত পৰিচিত কৰোৱা। যেনেদৰে এইখন গ্ৰন্থ আপোনাৰ হাতত আছে, যাৰ নাম- মনক জয় কৰক।

প্ৰিয় বন্ধু, যদি আপুনি পৰাজয় স্বীকাৰ কৰে তেন্তে পৰাজয় হয়। যদি ভাবি কয় যে আপুনি জয় কৰিব লাগে, সফল হ'ব লাগে, নিজৰ সপোনক বাস্তৱত পৰিণত কৰিব লাগে তেন্তে নিশ্চয় সফল হৈ যায়। আপোনাৰ সপোনো পুৰা হৈ যায়। সকলো খেল মন, চিন্তাধাৰা আৰু বিচাৰধাৰাৰ।

এই প্ৰসংগত এক অত্যন্ত ভাল আৰু ৰুচিদায়ক ঘটনাৰ উদাহৰণ দিওঁ-

এখন স্কুলৰ মেনেজমেন্ট কমিতিৰ স্কলাৰ্শ্বিপ দিবৰ বাবে উপযুক্ত ছাত্ৰ-ছাত্ৰীৰ বাচনি কৰিছিল। তেওঁলোকক এখন টেবুলত

> **যি ব্যক্তি সদায় যি কোনো কাম উজ্জ্বল দিশৰ ফালে চাই, তেওঁ কেতিয়াও অসফল নহয়। উজ্জ্বল দিশ অৰ্থাৎ শুভ আৰু ভাল আশা। যি কোনো কামৰ উজ্জ্বল দিশক তেওঁ দেখা পাব পাৰে, যাৰ ভৈচৰত ইতিবাচক চিন্তাধাৰা থাকে।**
>
> **সূৰ্য সিন্‌হা**

আধা গিলাচ পানী ভৰাই থৈ দিয়ে আৰু এজন এজন কৰি ছাত্ৰ মাতে। তেওঁলোকক টেবুলত গিলাচ দেখুৱাই সুধে যে গিলাচ কি পৰিস্থিতিত আছে। কিছুমান ছাত্ৰই গিলাচক আধা ভৰি থকা বুলি কয় আৰু কিছুমানে আধা খালি বুলি কয়। সেই ছাত্ৰ স্কলাৰশ্বিপ পোৱাৰ যোগ্য বুলি ভৰা নহ'ল, যি সকলে গিলাচক আধা খালি বুলি কলে। যি ছাত্ৰই গিলাক আধা ভৰা বুলি কয়, তেওঁলোকক স্কুলৰ ফালৰ পৰা স্কলাৰশ্বিপ দিবৰ বাবে বাচনি কৰা গ'ল। সাৰাংশ হৈছে গিলাচৰ আধা খালি বুলি কোৱাতো নেতিবাচক চিন্তাধাৰা আছিল।

সেই ব্যক্তি জীৱনত সফল হয়, যি যি কোনো কামৰ উজ্বল দিশ অৰ্থাৎ ইতিবাচকতাৰ ফালে চাই। বহুতো লোকে নিজৰ জীৱনত সেইকাৰণেও সফল নহয় যে তেওঁলোকে যি কোনো কামৰ আৰম্ভণি কৰিব নোৱাৰে আৰু তাত হোৱা লোকচান আৰু লাভৰ বিষয়ে ভাৱি থাকে। মনত ৰাখিব, লাভ হওক বা লোকচান সেই কামত থাকে, যাক আৰম্ভ কৰি সমাপ্ত কৰা গৈছে। যি কাম কৰাই নাই, তাত লাভাৰ কোনো সম্ভাৱনা নাথাকে।

জীৱনত সেই ব্যক্তিয়ে সফলতা পাই, যি কামৰ শীঘ্ৰে আৰম্ভণি কৰে, যি সময়ৰ মূল্যক বুজি পাই আৰু ব্যৰ্থৰ শংকাত সময় নষ্ট নকৰে। এই প্ৰসংগত এক ৰুচিদায়ক কাহিনী আপোনালোকক কব বিচাৰো-

জংঘলত এটা গছত কিছুমান মতা-মাইকী বান্দৰ বহি আছিল। তেতিয়া আকাশবাণী হয়- 'কিছু সময় পিছত আকাশত বিজুলী মাৰিব। এই গছৰ তলত যি পুখুৰী আছে, অলপো সময়ত নষ্ট নকৰি, যি বান্দৰ বা বান্দৰীয়ে জাঁপ মাৰিব, সেই মূহুৰ্ততে বান্দৰ সুন্দৰ পুৰুষৰ ৰূপ ধাৰণ কৰিব আৰু বান্দৰী ৰূপৱতী স্ত্ৰী।'

আকাশবাণীৰ অনুৰূপে কিছু সময়ত পিছত আকাশত বিজুলী মাৰিলে। সেই মূহুৰ্তত অলপ সময়ো নষ্ট কৰি কেৱল এটা বান্দৰী পুখুৰীত জাঁপ মাৰে আৰু এপলকতে যেতিয়া সি পুখুৰীৰ পৰা বাহিৰলৈ আহে তেতিয়া এক অদ্বিতীয় সুন্দৰ স্ত্ৰীৰ ৰূপ ধাৰণ কৰিছিল।

এই চমৎকাৰক চাই পিছত এটাৰ পিছত আন এটা কৰি সকলো বান্দৰে পুখুৰীত জাঁপ মাৰে, কিন্তু দুঃখৰ কথা হ'ল তাৰ ভিতৰত কোনেও সুন্দৰ পুৰুষ আৰু সুন্দৰ স্ত্ৰী নাছিল। সকলোৱে যি ৰূপত জাঁপ মাৰিছিল, সেই ৰূপতেই বাহিৰলৈ ওলাই আহে।

এনেদৰে কিয় হ'ল ?

কাৰণ সকলো মতা-মাইকী বান্দৰে সেই মূল্যৱান সময়ত হেৰুৱাইছিল, যিটো কেৱল এক মূহুৰ্তৰ বাবে আহিছিল। সিঁহত শংকা আৰু আত্মবিশ্বাসৰ চিকাৰ হৈ যায় আৰু নিৰ্ণয় লোৱাত এক মূহুৰ্ত পলম কৰি দিয়ে, এনেদৰে সিঁহতে সোণৰ সুযোগ হাতৰ পৰা হেৰুৱাই দিয়ে, যিটো তেওঁলোকৰ ভাগ্য সলনি কৰিব পাৰিছিল।

এই সকলো কাৰ্য ওচৰৰ অন্য এক বৃক্ষৰ তলত বহি থকা সেই ৰাজ্যৰ ৰাজকুমাৰে চাই আছিল। এই চমৎকাৰ দেখি তেওঁ হতভম্ব হয়। উৎসুকতাৰে উঠি সেই নিৰাশ হোৱা বান্দৰ বিলাকৰ ওচৰলৈ আহে, যি সকলে এই সোণৰ সুযোগ হেৰুৱাইছিল। ৰাজকুমাৰে তেওঁলোকক সুধে, 'আকাশবাণী সকলোৰে বাবে হৈছিল তেন্তে আপোনালাকে এইখন পুখুৰীত সঠিক সময়ত কি জাঁপ নামাৰিলে ?''

নিৰাশ হোৱাৰা বান্দৰ সকলে সমবেত স্বৰত উত্তৰ দিয়ে, 'আমি গম পাইছিলো যে কোনোবা এটা বান্দৰে পুখুৰীত জাঁপ মাৰিব। আমি চাব বিচাৰিছিলো যে যদি জাঁপ কৰা বান্দৰক বাস্তৱত মনুষ্যৰ যোনি প্ৰাপ্ত হৈছে তেন্তে আমিও পুখুৰীত জাঁপ মাৰি মনুষ্য হৈ যাম। আমি জনা নাছিলো যে সেই সোণৰ সুযোগ কেৱল এক মূহুৰ্তৰ বাবে আহিব।'

ৰাজকুমাৰে সেই বান্দৰীক সুধে, যি পুখুৰীত জাঁপ মাৰি সুন্দৰ স্ত্ৰীৰ ৰূপ প্ৰাপ্ত কৰিছিল, 'তুমি সকলোতকৈ প্ৰথমে আৰু সঠিক সময়ত কিয় জাঁপ মাৰিলা, তুমি অন্য বান্দৰৰ জাঁপ মৰাৰ অপেক্ষা কিয় নকৰিলা ?'

স্ত্ৰী হোৱা বান্দৰীয়ে শীঘ্ৰে উত্তৰ দিয়ে, 'মই কাৰোবাৰ অপেক্ষা কি কৰিম ? আকাশবাণী হৈছিল যে এক মূহুৰ্তও নষ্ট নকৰি পুখুৰীত

জাঁপ মাৰিব লাগে। আকাশবাণীত স্পষ্ট ৰূপে কোৱা গৈছিল যে বান্দৰ বা বান্দৰী সুন্দৰ স্ত্ৰী বা পুৰুষ হ'ব, কুকুৰ-মেকুৰী নহয়। এইটোও কোৱা নাছিল যে জাঁপ মাৰিলে প্ৰাণ গুচি যাব। সেইকাৰণে মই ভাবিলো যে বাস্তৱত চমৎকাৰ হয় তেতিয়া মই মনুষ্য যোনিত আহি যাম, অন্যথা বান্দৰী হৈ থাকিব লাগে। কেৱল, মই জাঁপ মাৰি দিলো। সুখৰ পৰিণাম আপোনাৰ আগত আছে।"

তাৰ শীঘ্ৰে নিৰ্ণয় লোৱাৰ ক্ষমতা আৰু বুদ্ধিক দেখি ৰাজকুমাৰ ইমান প্ৰভাৱিত হয় যে তেওঁ অলপ সময় নষ্ট নকৰি সেই বুদ্ধিমান স্ত্ৰীক বিবাহ কৰিবলৈ নিৰ্ণয় লয়। এনেদৰে পিছত সেই বান্দৰী সেই ৰাজ্য মহাৰানী হৈ যায়।

ইয়াক কোৱা হয়- সুযোগৰ লাভ লোৱাৰ কলা। যি কোনো চিত্ৰৰ উজ্বল দিশক চাওক। ইয়াক কোৱা হয়-ইতিবাচক বিচাৰধাৰাৰ যাদু।

প্ৰত্যেক ব্যক্তিৰ জীৱনত কিবা নহয় কিবা চমৎকাৰী সুযোগ নিশ্চয় আছে। যি সেই সুযোগক চিনি লয়, এক মূহুৰ্ত সময়ো নষ্ট নকৰি শীঘ্ৰে নিৰ্ণয় লৈ লাভ উঠাই, তেওঁ সফলতাৰ উচ্চতাক স্পৰ্শ কৰি লয়।

মই এইটো কথা কোৱাত অলপ সংকোচ নকৰে যে ইতিবাচক চিন্তাধাৰাৰ লোকে সুযোগক চিতি লয়, ইয়াৰ কাৰণে তেওঁ যি কোনো কামত সম্ভাৱনাক সন্ধান কৰি থাকে, কিন্তু নেতিবাচক চিন্তাধাৰাৰ লোকে ভাগ্যক পৰিৱৰ্তন কৰাৰ সুযোগক হেৰুৱাই দিয়ে, কাৰণ তেওঁলোকে সঠিক সময়ত সঠিক নিৰ্ণয় লব নোৱাৰে। তেওঁলোকে প্ৰত্যেক কামক সন্দেহৰ দৃষ্টিৰে চাই, তেওঁলোকে এইখন সংসাৰৰ সকলো কামত দোষ-ত্ৰুটি দেখা পায়।

সুযোগ কেতিয়াও কাৰোৰে বাবে অপেক্ষা কৰি নাথাকে। সুযোগ সদায় বতাহৰ দৰে আছে। যি ব্যক্তিয়ে সেই সুযোগক গ্ৰহণ কৰে, তেওঁলোক মালামাল আৰু সফল হৈ যায়, যি সুযোগক হেৰুৱাই দিয়ে, তেওঁলোকে উন্নতি কৰিব নোৱাৰে। এইটোও মনত ৰাখিব লাগে যে সুযোগ অহাৰ প্ৰতিধ্বনি অত্যন্ত ধীৰ হয়। ই মনে মনে আহে আৰু মনে

মনে গুচি যায়। অত্যন্ত সতৰ্ক আৰু সজাগ হৈ যি ব্যক্তিয়ে মানসিক ৰূপেৰে এই ধ্বনি শুনি লয়, তেওঁ লাভ উঠায়। যিয়ে এই ধ্বনিৰ ওপৰত ধ্যান নিদিয়ে, তেওঁ গোটেই জীৱন দৰিদ্ৰতাৰে কটায়। সজাগ ব্যক্তিয়ে চমৎকাৰী সুযোগ অহাৰ প্ৰতিধ্বনি শুনে।

নিৰাশাৰ পৰা দূৰত থাকক

নিৰাশা বেয়া বস্তু হয়, ইয়াৰ পৰা সদায় বাচি থাকিব লাগে। ইয়াৰ প্ৰকোপ ইমান বেয়া যে ব্যক্তি মৃতপ্ৰায় হৈ যায়। নিৰাশাক কেতিয়াও প্ৰভাৱ পৰিব দিব নালাগে যে আশাক চোৱাৰ দৃষ্টি ধোঁৱা-খোৱা হৈ যায়। আশাৰ জ্যোতিক যি কোনো মূল্যতেই নুমাই যাব দিব নালাগে আৰু নিৰাশাক কেতিয়াও ওচৰলৈ আহিব দিব নালাগে। যেতিয়া আমি অসফলতাৰ পৰা শিক্ষা লৈ সম্পূৰ্ণ আশাৰে নিজৰ কামত লাগি থাকে তেন্তে এদিন নহয় এদিন সফলতা নিশ্চয় হ্ম। এদিন নহয় এদিন নিশ্চয় জয়ৰ মুকুট পিন্ধিম। আমি কেতিয়াও এইটো পাহৰিব নালাগে যে জীৱনত জয়-পৰাজয় থাকে, যি জয়ৰ উৎসৱৰ লগতে পৰাজয়ৰো উৎসৱ পালন কৰে, তেওঁ জীৱনত সত্য আনন্দ উপভোগ কৰে আৰু সফলতাৰ উচ্চতা স্পৰ্শ কৰে।

মোৰ মতে মোক, আপোনাক আৰু সকলোকে জীৱনত কেতিয়াও নিৰাশা হ'ব নালাগে। নিজৰ মনত সদায় আশাৰ প্ৰদীপ প্ৰজ্বলিত কৰি ৰাখিব লাগে, কাৰণ আশা এক এনে শলিতা হয়, যাৰ প্ৰকাশত আমি যি কোনো গন্তব্য স্থানত উপণিত হ'ব পাৰো।

প্ৰদীপ কেতিয়াও এইটো কথাৰ চিন্তা নকৰে-'মই বহুত সৰু হয়, মোৰ ভিতৰত অলপহে তেল আছে, মই কেতিয়ালৈকে আৰু কিমান সময়লৈকে এই ভয়ানকৰ অন্ধকাৰৰ বিৰুদ্ধে যুজিব পাৰিম।' প্ৰদীপ কেতয়াও নিৰাশ নহয়। প্ৰদীপৰ ধৰ্ম হৈছে- আলোকিত কৰা। প্ৰজ্বলিত হোৱাৰ পিছতেই ই চাৰিওফালে আলোকিত কৰা আৰম্ভ কৰে আৰু অন্ধকাৰ দূৰ হৈ যায়। তেনেদৰে আপুনিও এই কথাৰ চিন্তা নকৰিব যে 'মই এই কাম অকলে কেনেদৰে কৰিব পাৰিম,' আপুনি কেৱল কামক

কৰা আৰম্ভ কৰি দিয়, তাৰ পিছত চাওক সেই কাম কেনেদৰে সমাপ্ত হৈ যায়। কোনো কাম সমাপ্ত তেতিয়া হ'ব, যেতিয়া তাক আৰম্ভ কৰিব। যি কাম আৰম্ভই হোৱা নাই, তাৰ সমাপ্ত কৰ পৰা হ'ব।

মহাশক্তিমান সূৰ্যৰ পৰা প্ৰেৰণা লওক- সূৰ্যকো ক'লা মেঘে আৱৰি ধৰে, তাৰ ৰশ্মী কমি যায়, কিন্তু সূৰ্য কেতিয়াও সেই মেঘক ভয় কৰি নিজৰ ৰাস্তা সলিন কৰা নাই। সাধাৰণতে সূৰ্যই গম পাই যে ক'লা মেঘ কিছু সময়ৰ পিছত আতৰি যাব আৰু বাস্তৱত তেনেদৰেই হয়, মেঘ আতৰি যোৱাৰ পিছত পুনৰ সূৰ্য প্ৰখৰতাৰে জিলিকি যায়। আপুনিও নিজকে মহাশক্তিমান সূৰ্যৰ দৰে ভাৱক। হ'ব পাৰে যে আপোনাৰ জীৱনতো ক'লা মেঘৰ দৰে কিছুমান সমস্যা আহিছে। সেই ক'লা মেঘৰ দৰে কিছু সময় পিছত সেই সমস্যাও আপোনাৰ জীৱনৰ পৰা গুচি যাব, তাৰ পিছত আপোনাৰ জীৱনত প্ৰকাশেই প্ৰকাশ ভৰি পৰিব।

তিনি ধৰণৰ লোক

মানৱ প্ৰশিক্ষক আৰু প্ৰেৰকৰ ৰূপত বেলেগ বেলেগ ভাৱে কৰা গৱেষণাৰ পৰিণামত মোৰ মত হৈছে যে এইখন জগতত তিনি প্ৰকাৰৰ লোক থাকে। নম্বৰ এক, যি এশ শতাংশ ইতিবাচক হয়। এনে লোকৰ সংখ্যা প্ৰায় 5 শতাংশ হয়। ইতিবাচক দৃষ্টিভংগীৰ কাৰণে তেওঁলোকৰ জীৱনত নিৰন্তৰে কিবা নহয় কিবা উপলব্ধি জড়িত হৈ গৈ থাকে, যৰ পৰা তেওঁলোকৰ সফলতাৰ গ্ৰাফ ওপৰলৈ গৈ থাকে। তেওঁলোকে এটাৰ পিছত আন এটা যি শুভ, বৈভৱশালী আৰু সমৃদ্ধিদায়ক আছে, সেই সকলো প্ৰাপ্ত কৰে। এনে লোকৰ অন্য লোকে উদাহৰণ দিয়ে।

নম্বৰ দুই, এনে ধৰণৰ লোক ইতিবাচক আৰু নেতিবাচক দুয়ো চিন্তাধাৰাৰ থাকে। এনে লোকৰ উপলব্ধি যিমান বাঢ়ে, সিমান কমেও। এইটো কাৰণ হয় যে সেই লোক মধ্যমীয়া জীৱন জীয়াই থাকে। এনে লোকৰ সংখ্যা প্ৰায় 80 শতাংশ।

নম্বৰ তিনি, এই শ্ৰেণীৰ লোক এশ শতাংশ নেতিবাচক চিন্তাধাৰাৰ হয়। তেওঁলোকৰ কৰ্ম কৰাৰ ক্ষমতা অত্যন্ত দুৰ্বল হয়। 15 শতাংশ সংখ্যাৰ এই লোকে এইখন জগতত বোজা বুলি ভাৱে। তেওঁলোকে নিজৰ বাবে একো কৰিব নোৱাৰে আৰু আনৰ বাবেও একো কৰিব নোৱাৰে। কোনো ব্যক্তিয়ে যদি কোনো ইতিবাচক কাম কৰিব বিচাৰে তেতিয়া ইতিকিং মাৰে।

যদি আমি আমাৰ জীৱনত সফলতা প্ৰাপ্ত কৰিব বিচাৰো তেন্তে নেতিবাচক চিন্তাধাৰাক মনৰ পৰা উলিয়াই দিব লাগিব। আমি শুদ্ধ আৰু ইতিবাচব চিন্তাধাৰাক গ্ৰহণ কৰিব লাগিব, তেতিয়া আমি জীৱনক সম্পন্ন আৰু অসাধাৰণ কৰি তুলিব পাৰিম। তেতিয়াহে আমি এনে কাম কৰিব পাৰিম, যাৰ উদাহৰণ ভৱিষ্যতে অন্য লোকে দিব পাৰিব।

বহু দিনৰ আগৰ কথা, হিমাচল প্ৰদেশৰ এক পাহাৰীয়া গাওঁত এজন বুঢ়া লোক আছিল, যি মহামূৰ্খ নামেৰি চৰ্চিত আছিল। তেওঁৰ ঘৰৰ সন্মুখত দুটা ডাঙৰ পাহাৰ আছিল, যৰ পৰা গাওঁৰ লোকক যাতায়তৰ বাবে অসুবিধা হৈছিল। পাহাৰৰ অন্য ঠাইলৈ গৈ পোৱাত কেইবা দিন লাগিছিল।

এদিন বৃদ্ধই তেওঁৰ দুয়ো পুতেকক মাতি আনে আৰু তেওঁলোকৰ হাতত বেলচা দি দুয়ো পাহাৰক কাটি মাজত ৰাস্তা নিৰ্মাণ কৰা আৰম্ভ কৰি দিছে। এইটো কাৰ্য দেখি গাওঁৰ লোকে হাঁহিব ধৰে যে তোমালোক সঁচাকৈ মহামূৰ্খ হয়। ইমান ডাঙৰ পাহাৰক কাটি ৰাস্তা নিৰ্মাণ কৰাতো তুমি বাপেক পুতেকৰ ক্ষমতাৰ বাহিৰত। বুঢ়াই উত্তৰ দিয়ে, 'মোৰ মৃত্যুৰ পিছতো মোৰ দুয়ো পুত্ৰই এই কাম কৰি থাকিব। পুতেকৰ পিছত নাতি আৰু নাতিৰ পিছত পুতি। এনেদৰে এটা প্ৰজন্মৰ পৰা আনটো প্ৰজন্ম পাহাৰ কটাৰ কাম চলাই থাকিব। অৱশ্যে, পাহাৰ ডাঙৰ হয়, কিন্তু আমাৰ মনোবল আৰু সাহসতকৈ ডাঙৰ হ'ব নোৱাৰে। আমি নিৰন্তৰে খান্দি এদিন নহয় এদিন ৰাস্তা নিৰ্মাণ কৰিম। ভৱিষ্যতক প্ৰজন্ম আৰামত সেই ৰাস্তায়েদি পাহাৰৰ পৰা চহৰলৈ যাব পাৰিব।

সেই বৃদ্ধৰ কথা শুনি মানুহবোৰ বিস্ময়েৰে হতভম্ব হৈ যায় যাক তেওঁলোকে মহামূৰ্খ বুলি ভাৱিছিল, তেওঁৰ মনত ইতিবাচক চিন্তাধাৰা ভৰি পৰি আছে। তেওঁ সফলতাৰ ৰহস্য বুজাই দিছিল। এতিয়া গাওঁবাসীও উৎসাহেৰে পাহাৰ কাটি ৰাস্তা নিৰ্মাণ কৰা কামত লাগি যায়। এইটো কথা কোৱাৰ প্ৰয়োজনীয়তা নপৰে যে কিছু মাহৰ কঠোৰ পৰিশ্ৰমৰ পিছত এক সুন্দৰ পথলৈ পৰিণত হয় আৰু চহৰলৈ সুগমতাৰে যাব পৰা হ'ব। ইয়াৰ বাবে বুদ্ধক ভৱিষ্যতৰ প্ৰজন্মৰ অপেক্ষা কৰিব লগীয়া নহ'ব। এনেদৰে কোৱা যায় যে দৃঢ় সংকল্প, অটুট নিষ্ঠা আৰু কঠোৰ পৰিশ্ৰমৰ লগতে ইতিবাচক চিন্তাধাৰা থাকিলে সফলতা সোনকালে প্ৰাপ্ত হৈ যায়।

এগৰাকী বৃদ্ধা ডাঙৰ টোপোলা মাথাত লৈ গৈ আছিল। খোজ কাঢ়ি গৈ থাকি ভাগৰি পৰিছিল। তেতিয়া তেওঁ দেখে যে এজন মানুহে ঘোঁৰাত উঠি আহি আছিল।

তেওঁক দেখি বুঢ়ীয়ে মাত লগালে, 'আৰে, মোৰ এটা কথা শুনা।'

ঘোঁৰাত উঠা ব্যক্তিজন ৰখি গ'ল। তেওঁ সুধে, 'কি হ'ল আইতা ?'

বুঢ়ীয়ে কয়, 'বোপাই, মই সেই ওচৰলৈ যাব লাগে। বহুত ভাগৰি পৰিছো। তুমিও সেইফালে চোৱা ছাগে। এই টোপোলা ঘোঁৰাৰ ওপৰত থৈ দিলে খোজ কঢ়াত অসুবিধা হ'ব।'

সেই ব্যক্তিয়ে কয়, 'আইতা তুমি খোজ কাঢ়ি আহিছা। মই ঘোঁৰাত। গাওঁ এতিয়াও বহুত দূৰত। গম নাপাওঁ কেতিয়া তুমি তাত গৈ পাবা। মই অলপ সময় পিছতেই গৈ পাম। তাত গৈ পাই তোমাক অপেক্ষা কৰি থাকিমনেকি ?' এনেদৰে লৈ তেওঁ গুচি যায়।

কিছু বাট যোৱাৰ পিছত তেওঁ নিজকে ক'ল, 'মইও কিমান যে মূৰ্খ। সেই বৃদ্ধা গৰাকী ভালদৰে খোজ কাঢ়িবাই নোৱাৰে। তাক ভালদৰে দেখা পাইনে নাই সেইটোও নাজানো। মোক টোপোলা দিছিল। সম্ভৱতঃ সেই টোপোলাত কিবা মূল্যৱান বস্তু থাকিব পাৰে। মই সেইটো লৈ পলাই গ'লোহেঁতেন কোনো সুধিলেহেঁতেন। পুনৰ বুঢ়ীৰ ওচৰলৈ গৈ টোপোলা লৈ যাওঁ।'

তেওঁ ঘূৰি আহে আৰু বুঢ়ীক সুধে, 'আইতা টোপোলা দিয়া, মই লৈ যাম। গাওঁত থাকি তোমাৰ অপেক্ষা কৰি থাকিম।'

বুঢ়ীয়ে কয়, 'বোপাই, এতিয়া তুমি যোৱা, মই টোপোলা নিদো।'

ঘোঁৰাত উঠা ব্যক্তিজনে কয়, 'নহ'লে আগতে তুমি কিয় কৈছিলা লৈ যাবলৈ। এতিয়া মই যাবলৈ সাজু, কিন্তু টোপোলা কিয় নিদিয় ? এনে উলোটা ব্যৱহাৰ তোমাক কোনে শিকালে ?'

বুঢ়ীয়ে হাঁহি হাঁহি কয়, 'তেওঁৱেই শিকাইছে, যি তোমাক বুজাইছে যে আইতাৰ টোপোলা লৈ লোৱা। যি তোমাৰ ভিতৰত বহি আছে, সেইটো মোৰ ভিতৰতো বহি আছে। সি তোমাক কৈ যে টোপোলা লৈ পলাই যোৱ। মোক সি বুজাইছে যে টোপোলা নিদিবা, নহ'লে তেওঁ পলাই যাব। তুমি তোমাৰ অন্তৰাত্মাৰ কথা শুনিছা আৰু মইও মোৰ অন্তৰাত্মাৰ কথা শুনিছো।'

সদায় অন্তৰাত্মাৰ কথা শুনক

যি কামক কৰাৰ আমাৰ অন্তৰাত্মাই হয়ভৰ দিয়ে, সেই কাম সঠিক হয়। অন্তৰাত্মা আমাৰ সত্য পথ প্ৰদৰ্শক হয়। কোৱা হয়, অন্তৰাত্মাৰ কথাত ঈশ্বৰৰ সম্মতি থাকে, ভাগ্যৰ ইছাৰা থাকে, সেইকাৰণে কোৱা যায় যে অন্তৰাত্মাৰ কথা শুনা ব্যক্তিৰ লগত ঈশ্বৰ থাকে আৰু তেওঁ সদায় আমাৰ সহায় কৰিবলৈ সাজু থাকে।

যি কাম কৰাত আপুনি আপোনাৰ আত্মাত বোজা অনুভৱ কৰে, ভয়, সন্দেহ আৰু লজ্জা অনুভৱ কৰে, তাক পাপ বুলি ভাৱি এনে ধৰণৰ কামক কৰিব নালাগে। যি কামক কৰাত আনন্দ, উৎসাহ, প্ৰেম আৰু গৌৰৱত অনুভৱ কৰে, সেই কামক পূণ্য বুলি ভাৱি সোনকালে কৰিব লাগে। এবাৰ নহয় লক্ষ বাৰ প্ৰমাণিত হৈছে যে অন্তৰাত্মাৰ কথা কেতিয়াও ভুল নহয়।

আপুনি নিশ্চয় অনুভৱ কৰিছে যে যেতিয়াই আমি কোনো বেয়া কাম কৰিবলৈ ভাৱো, তেতিয়া অন্তৰাত্মাই সতৰ্ক কৰি দিয়ে- 'এই কামক নকৰিবা', 'ইয়াৰ পৰা লোকচান হ'ব পাৰে', 'এই কাম কৰিলে আপুনি সমস্যাত ফচি যাব, য'ৰ পৰা বাহিৰলৈ ওলাই অহাতো কঠিন হয়' ইত্যাদি। এনে ধ্বনি এবাৰ নহয়

কিছুমান লোক অন্তৰাত্মাৰ কথা শুনিব নোৱাৰে আৰু শুনিও নুশুনা ভাও ধৰে। দেখা গৈছে যে যি লোকে অন্তৰাত্মা কথা নুশুনে বা শুনিও নুশুনা ভাও ধৰে, তেওঁলোকে আনৰ বিচাৰধৰা, পৰামৰ্শৰ বোজা লৈ গোটেই জীৱন কটাই দিয়ে আৰু কেতিয়াও সফল হ'ব নোৱাৰে।
-সূৰ্য সিন্‌হা

বাৰে বাৰে আমাৰ কাণত গুঞ্জি থাকে। যেতিয়া আপুনি এই সতৰ্কবাণীৰ উপেক্ষা কৰি সেই বেয়া কামক কৰে তেতিয়া আপোনাৰ মানসিক শক্তি আৰু ক্ষমতা নষ্ট হ'ব ধৰে। আপুনি এনে চক্ৰবিউত ফচি যায় যে এটা বেয়া কাম কৰাৰ পিছত অনেক বেয়া কাম কৰিব লগীয়া হয়।

ইয়াৰ বিপৰীতে যেতিয়া আপুনি উচিত আৰু ভাল কাম কৰে তেতিয়া আপোনাৰ মনক সন্তুষ্টি পায়। উচিত কাম কৰা সময়ত ঈশ্বৰে আমাৰ লগত থাকে, তেওঁ আমাৰ সহায় কৰে, তেওঁ আমাক সুখী হোৱাতো বিচাৰে, সেইকাৰণে কেতিয়াও অন্তৰাত্মাৰ ধ্বনিক চেপি দিয়া বা উপেক্ষা কৰাতো উচিত নহয়। তাক সম্পূৰ্ণ ৰূপেৰে বাহিৰলৈ আহিব দিব লাগে।

আমি প্ৰতিজ্ঞা কৰিব লাগে-'যি কামৰ বাবে অন্তৰাত্মাই অনুমতি নিদিয়ে, তাক মই কেতিয়াও নকৰো। ইয়াৰ বাবে মোক কোনো ডাঙৰ ত্যাগ, অধিক লোকচান কৰিব লগীয়া হ'লেও নকৰো।'

প্ৰিয় বন্ধু! যেনেদৰে মই আগতে কৈছো যে অন্তৰাত্মাৰ কথাৰ সম্বন্ধ ঈশ্বৰৰ লগত থাকে। যেতিয়া আপুনি অন্তৰাত্মাৰ ভাল কথাক মানে আৰু কোনো ভাল কাম কৰে তেন্তে ভাৱি লওক, আপুনি ঈশ্বৰৰ কথা মানিছে। ঈশ্বৰে আপোনাক পথ দেখুইছে, কিন্তু যদি আপুনি অন্তৰাত্মাৰ কথা চেপি দি বেয়া কাম কৰিব ধৰে, তেন্তে ঈশ্বৰক এৰি আপুনি আপোনাৰ সম্পৰ্ক চয়তানৰ লগত স্হাপন কৰি লয়।

ইয়াৰ পৰিণাত এইটো হয় যে চয়তান আপোনাৰ ওপৰত প্ৰভাৱশালী হয় আৰু সি বাৰে বাৰে আপোনাক বেয়া কাম কৰিবলৈ প্ৰেৰণা দি থাকে। যেতিয়া আপুনি কোনো বেয়া কাম কৰে তেতিয়া তাক লুকাই ৰাখিবৰ বাবে আৰু কেইবাটাও বেয়া কাম কৰিব লগীয়া হয়। এটা মিছা কথা লুকাই ৰাখিবৰ বাবে কেইবাটাও মিছা কথা কব লগীয়া হয়। আপোনাৰ মনৰ শান্তি ভংগ হৈ যায় আৰু ভয় ভাৱত থাকিব লগীয়া হয়।

এষাৰ কথা আছে- 'সত্যৰ পথত ভয় নাই।' য'ত সত্য আছে, তাত ঈশ্বৰ আছে। ভক্ত প্ৰহ্লাদ সত্য আছিল, সেইকাৰণে তেওঁ নিজৰ মনৰ কথা শুনে আৰু পিতাকক ঈশ্বৰৰ বুলি মনাৰ পৰা অস্বীকাৰ কৰে। তেওঁৰ অন্তৰাত্মা পিতাকৰ দৰে সাধাৰণ মনুষ্যক ঈশ্বৰ বুলি মানিবলৈ প্ৰস্তুত নাছিল।

পৰিণামত এইটো আহে যে প্ৰহ্লাদৰ ওপৰত অত্যাচাৰ কৰা হয়, জুইৰ মাজত পেলাই দিয়ে, কিন্তু প্ৰহ্লাদক জুয়ে একো কৰিব নোৱাৰিলে। বোধহয় এই সত্যৰ পিছত এইযাৰ কথা প্ৰকাশ পায়- 'সত্যৰ পথত ভয় নাথাকে।'

সদায় মনত ৰাখিব যে সত্যত ঈশ্বৰ লগত থাকে আৰু যেতিয়া ঈশ্বৰ আপোনাৰ লগত থাকে তেন্তে কিহৰ ভয় ? সত্য হওক বা মিছা, কেতিয়াও লুকাই নাথাকে। সেইটো এদিন নহয় এদিন সন্মুখলৈ আহে, সেইকাৰণে সদায় সত্যৰ লগ দিব লাগে, সদায় ঈশ্বৰৰ সম্পৰ্কত থাকিব লাগে আৰু ইয়াৰ মাধ্যম হৈছে- অন্তৰাত্মাৰ ধ্বনি।

অন্তৰাত্মাৰ ধ্বনি অথবা কথাক শীঘ্ৰে মানি লব লাগে। আত্মাই ভাল কামৰ বাবে বাৰে বাৰে উচতায় যে 'উঠা, এইটো কাম কৰা।' যেতিয়া আপুনি ভুল কাম কৰে তেতিয়া চেতন অৱস্থাত হাত-ভৰি কাম কৰা বন্ধ কৰি দিয়ে আৰু এই অসফলতা আপোনাৰ ছাঁ হৈ যায়।

যেতিয়া আমাৰ আত্মা কোনো কামক কৰাৰ অনুমমি দিয়ে তেতিয়া সেই কাম ভুল হ'ব নোৱাৰে। ই আত্মাৰেই নহয়, পৰমাত্মাৰ ধ্বনি হয় আৰু পৰমাত্মা কেৱল ভাল কাম কৰিবৰ বাবে উচতায়, যাতে তেওঁ যি কামক কৰিবলৈ আপোনাক এইখন সংসাৰলৈ পঠিয়াইছে, সেয়া সাৰ্থক হ'ব পাৰে। সেই পৰিল্পনা সফল হ'ব পাৰে, যাৰ বাবে

এসময়ত এজন ৰজা আছিল। তেওঁৰ মনত তিনিটা প্ৰশ্ন উৎপন্ন হয়- সকলোতকৈ গুৰুত্বপূৰ্ণ কাম কি হয়? পৰামৰ্শৰ বাবে সকলোতকৈ অধিক গুৰুত্বৰ ব্যক্তি কোনে? নিশ্চিত কাম আৰম্ভ কৰাৰ গুৰুত্বপূৰ্ণ সময় কোনটো? ইয়াৰ উত্তৰ জানিবৰ বাবে ৰজাই সভাসদত বৈঠক মাতে, কিন্তু কোনেও সন্তুষ্টিদায়ক উত্তৰ দিব নোৱাৰিলে? ৰাজ্য মন্ত্ৰীৰ পৰামৰ্শ মানি তেওঁ ৰাতিপুৱা জংঘলৰ কুটীৰত থকা সাধুৰ ওচৰত তেওঁৰ কৌতুহল সমাধানৰ বাবে যায়। সাধুৰ কুটীৰ ওচৰলৈ গৈ পোৱাত তেওঁৰ লগত অহা সৈনিকক জংঘলত এৰি সাধুক অকলে লগ কৰাৰ নিশ্চিত কৰে।

সাধুক খেতি সুকোনা লৈ ব্যস্ত থকা দেখি তেওঁ মনে মনে থিয় হৈ চাই থাকে। কিছু সময় পিছত সাধুৱে দেখাই পাই ৰজাক অহাৰ কাৰণ সুধিলে। ৰজাই তিনিটা প্ৰশ্নক তেওঁৰ আগত ৰাখে আৰু উত্তৰৰ অপেক্ষা কৰিব ধৰে। সাধুৱে সংকেত দি ৰজাক ওচৰলৈ মাতি আনিলে আৰু সুকোনা দি দিয়ে। ৰজাই সুকোনা নৈ খেতি কৰা আৰম্ভ কৰি দিয়ে। সন্ধ্যা হোৱা সময় আছিল। এনে অৱস্হাত এজন ব্যক্তিয়ে সাধুৰ কুটীলৈ দৌৰি আহে আৰু মাটিত পৰি যায়। তেওঁৰ কাপোৰ তেজেৰে ৰাঙলি হৈ আছিল। পেটৰ পৰা তেজ বৈ আহিছিল। দুয়োৱে মিলি তেওঁৰ সেৱা কৰিব ধৰে। আঘাতপ্ৰাপ্ত ব্যক্তি শুই যায়।

ৰাতিপুৱা ৰজাই আঘাতপ্ৰাপ্ত ব্যক্তিক ক্ষমা খুজা দেখিবলৈ পায়। এইটো দেখি ৰজাই আচৰিত হয়। তাৰ পিছত তেওঁ নিজৰ পৰিচয় দিয়ে, ‘মই এটা সময়ত আপোনাৰ ঘোৰ শত্ৰু আছিলো। আপুনি মোৰ ভাতৃক ফাচি দিছিল। তেতিয়াৰ পৰা প্ৰতিশোধ লোৱাৰ সুযোগ বিচাৰি আছো। মই জানিছিলো যে সামাধ্য পোচকেৰে আপুনি সাধুৰে ওচৰলৈ আহিছে। আপোনাক মাৰি পেলোৱাৰ ইচ্ছাৰে মই ঘাঁহনিৰ মাজত লুকাই থাকো, কিন্তু ইয়াৰ মাজতে আপোনাৰ সৈনিকে অস্ত্ৰৰে আক্ৰমণ কৰে। শত্ৰু হৈও আপুনি মোৰ প্ৰাণৰ ৰক্ষা কৰে। এতিয়া মোৰ দ্বেষভাৱ সমাপ্ত হৈ গৈছে। মই আপোনাৰ চৰণৰ সেৱক হওঁ। আপুনি যদি বিচাৰে দণ্ড দিব পাৰে অথব ক্ষমা কৰি দিব পাৰে।’

আঘাতপ্ৰাপ্ত ব্যক্তিৰ কথা শুনি ৰজা স্তব্ধ হৈ যায়। অপ্ৰত্যাশিত ঐশ্বৰিক সহযোগ মানি তেওঁ মততে ঈশ্বৰক ধন্যবাদ দিব ধৰে। সাধুৱে হাঁহি কয়, ‘ৰাজন! আপুনি এতিয়াও আপোনাৰ উত্তৰ পোৱা নাইনে?’ ৰাজক মৌন হৈ থকা দেখি তেওঁ কয়, ‘কামৰ দ্বাৰা আপোনাৰ প্ৰশ্নৰ উত্তৰ আগতেই দিছো, সকলোতকৈ গুৰুত্বপূৰ্ণ কাম সেইটো হয়, যিটো সম্মুখত আছে। সকলোতকৈ গুৰুত্বপূৰ্ণ ব্যক্তি তেওঁ হয়, যি আমাৰ ওচৰত আছে আৰু সকলোতকৈ গুৰুত্বপূৰ্ণ সময় বৰ্তমান হয়। যদি আপুনি আহি মোক সহানুভূতি নেদেখুৱাহেঁতেন আৰু শীঘ্ৰে গুচি যোৱাহেঁতেন আজি আপোনাৰ জীৱন-ৰক্ষক সম্ভৱ নহ'লহেঁতেন। গতিকে গুৰুত্বৰ্প ব্যক্তি মই আছিলো, যাক সহায়ৰ আৱশ্যক আছিল। দ্বিতীয় গুৰুত্বপূৰ্ণ কাম আগন্তুকৰ প্ৰাণ ৰক্ষা আছিল। গুৰুত্বপূৰ্ণ সময়ো সেয়া আছিল, যাৰ সৎ ব্যৱহাৰেৰে শত্ৰুও মিত্ৰলৈ পৰিণত হৈ গৈছে।’ ৰজাক তেওঁৰ তিনিটা প্ৰশ্নৰ উত্তৰৰ লগতে নতুন শিক্ষা পাইছিল।

শিকা অত্যন্ত জৰুৰী হয়

প্ৰিয় বন্ধু! যেনেদৰে মই আগতেও কৈছো যে শিকাৰ প্ৰক্ৰিয়া আমাৰ জন্মৰ পৰাই আৰম্ভ হয়। শিশু জন্ম হোৱাৰ পিছতেই কান্দে, মুখ চলাচল কৰি গাখীৰ খাই, তাৰ পিছত মানুহৰ হাও-ভাওক চাই হাঁহে, কথা কয় আদি শিকিব ধৰে। ইয়াত সকলোতকৈ অধিক গুৰুত্বপূৰ্ণ হৈছে খোজ কঢ়াৰ প্ৰক্ৰিয়া। প্ৰথমে তেওঁ পৰি যায়, তাৰ পিছত পেটৰ বল শুই হাত আৰু আঠুৰ সহায়েৰে নিজৰ শৰীৰক ওপৰলৈ উঠায়। যেতিয়া এই ক্ৰিয়াৰে ভৰি শক্তিশালী হৈ যায়, তেতিয়া তেওঁ লাহে লাহে থিয় হয়, তাৰ পিছত কোনোবাই মাতিলে নিজৰ শৰীৰৰ সন্তুলন বজায় ৰখা শিকে, সাহস কৰি এখোজ আগবাঢ়ে, প্ৰথম খোজ দিয়াৰ পিছত আনটো খোজৰ বাবে চেষ্টা কৰে। এই প্ৰয়াসত তেওঁ কেইবাবাৰ পৰি যায়, কিন্তু প্ৰত্যেক বাৰ উঠে আৰু খোজ কাঢ়িবলৈ চেষ্টা কৰি থাকে। অন্তত এনে এদিন আহে যে তেওঁ কুশলতাৰে খোজ কাঢ়ে আৰু দৌৰিও যায়।

এনেদৰে যেতিয়া শিশুৱে কথা কোৱা শিকে, তেতিয়া কিমান যে শব্দ ভুল উচ্চাৰণ কৰি কৰি একেবাৰে শুদ্ধ কোৱা আৰম্ভ কৰি দিয়ে।

> **শিকাতো জীৱনৰ এক জৰুৰী প্ৰক্ৰিয়া হয়। অৱশ্যে আমি সকলোৱে জন্ম লোৱাৰ পিছতেই শিকা আৰম্ভ কৰো। সকলোতকৈ প্ৰথমে মাকৰ গাখীৰ খোৱা শিকো, জন্মৰ পৰা আৰম্ভ হোৱা শিকাৰ এই প্ৰক্ৰিয়া গোটেই জীৱন চলি থাকে। যি ব্যক্তি গোটেই জীৱন শিকিব বিচাৰে, তেওঁ নিজৰ জীৱনত কেতিয়াও পৰাজয় স্বীকাৰ নকৰে, তেওঁ কেতিয়াও মনৰ গোলামো নহয়। এনে ব্যক্তি মনকো জয় কৰে আৰু তেওঁ সফলতাৰ নতুন নতুন কাহিনী লিখ থাকে।**
>
> **-সূৰ্য সিন্‌হা**

এটা কথা আপুনি নিশ্চয় অনুভৱ কৰিব পাৰে যে উক্ত প্ৰক্ৰিয়াৰে পাৰ হোৱা শিশুৱে বাৰে বাৰে অসফলতাৰ ফলতো নিৰাশ নহয়, সাহস নেৰে, তেওঁৰ প্ৰয়াস নিৰন্তৰে চলি থাকে। তেওঁ নিজেই এটাৰ পিছত আন এটা শিকে, কিন্তু প্ৰাপ্তবয়স্ক হোৱাৰ পিছত শিকাৰ এই প্ৰক্ৰিয়াত আচৰিত জনক পৰিৱৰ্তন আহি যায়।

যেতিয়া সেই শিশু প্ৰাপ্তবয়স্ক হৈ যি কোনো কাম কৰে তেতিয়া এবাৰ বা দুবাৰেই অসফলতাৰ পিছত নিৰাশ হৈ যায়। তেওঁ বাল্যকালৰ দৰে, স্বাভাৱিক ৰূপেৰে বাৰে বাৰে শিকাৰ প্ৰক্ৰিয়াক চলাই নাযায়।

এনেদৰে কি হয় ?

তেওঁ এইটো কথাক পাহৰি যায় যে শিকাৰ এই গুণ তেওঁ জন্মৰ পৰা পাইছে। তেওঁ পাহৰি যায় যে তেওঁৰ ভিতৰত শক্তি আছে, তেওঁ পাহৰি যায় যে তেওঁ নিজৰ আত্মিক আৰু বুদ্ধি-বলেৰে সকলো শিকি পাৰে।

মোৰ স্পষ্ট মত হৈছে যে যদি কোনো ব্যক্তিয়ে কেৱল শিকাৰ পৰা প্ৰেৰণা লৈ কোনো কামক কৰাত লাগি যায় তেতিয়া এইখন সংসাধত এনে কোনো কাম নাই, যি তেওঁৰ বাবে অসম্ভৱ হয়।

এই প্ৰসংগত এটা প্ৰেৰণাদায়ক কাহিনী মনত পৰিছে-

এজন ব্যক্তিয়ে সংস্কৃতৰ প্ৰচন্ড পন্ডিত আছিল। তেওঁ নিজৰ পুতেককো সংস্কৃতৰ বিদ্বান কৰিব বিচাৰিছিল। তেওঁ পুতেকক পঢ়াবৰ বাবে এক প্ৰসিদ্ধ গুৰুকুলত পঠিয়াই দিয়ে। পঢ়া আৰম্ভ হয়, কিন্তু ল'ৰাজনেক যি পঢ়ে সেই সকলো পাহৰি যায়। তেওঁৰ স্মৰণ শক্তি দুৰ্বল আছিল। গুৰুজনাই কঠোৰ পৰিশ্ৰমেৰে তেওঁক পঢ়োৱাৰ চেষ্টা কৰে, বহু সময় পাৰ হৈ যায়, কিন্তু সেই ল'ৰাজকে একো শিকিব পৰা নাছিল। এদিন গুৰুৱে তেওঁৰ পৰীক্ষা লয় তেতিয়া দেখা পাই যে তেওঁ শূন্য নম্বৰ পাইছে। গতিকে গুৰুৱে নিৰাশ হৈ তেওঁক গালি দিব ধৰে- 'তুমি জন্তুতকৈ অধম। জন্তুও অভ্যাস কৰি কিবা নহয় কিবা শিকে, কিন্তু তুমি ইমান প্ৰয়াস আৰু মোৰ কঠোৰ পৰিশ্ৰমৰ পিছতো একো শিকিব পৰা নাই। তোমাক শিক্ষিত কৰাৰ প্ৰয়াস মূৰ্খতা হয়।'

সেই ল'ৰাজনক গুৰুকুলৰ পৰা উলিয়াই দিয়ে। গুৰুৰ কঠোৰ শব্দ শুনি সেই ল'ৰা অতি নিৰাশ হৈ যায় আৰু আত্মহত্যাৰ বাবে কুঁৱাত জাঁপ মাৰিবলৈ ওচৰলৈ যায়। তেওঁ কুঁৱাত জাঁপ মাৰিব ধৰিছিল তেনেতে তেওঁ কুঁৱাৰ শিলৰ দেৱালত ৰচিৰ চিহ্ন দেখা পালে। হঠাৎ তেওঁৰ মস্তিস্কত বিদ্যুত চমকি উঠিল। তেওঁ ভাৱিব ধৰে- 'যেতিয়া ৰচিৰ দৰে কোমল বস্তুৰ পৰা নিৰন্তৰে হোৱা ঘৰ্ষণৰ পৰা কঠোৰ শিলত চিহ্ন লাগিব পাৰে তেন্তে মই কিয় সফল হ'ব নোৱাৰিম, মই কিয় শিকিব নোৱাৰিম, মই কিয় সংস্কৃতৰ প্ৰচণ্ড বিদ্বান হ'ব নোৱাৰিম ?'

সেই দিনৰ পৰা সেই ল'ৰাজনে এক নিৰ্জন স্থানলৈ গৈ নিৰন্তৰে অভ্যাস কৰিব ধৰে। ভৱিষ্যতে তেওঁ পিতাকক বাদেও সেই অধ্যাপকতকৈও ডাঙৰ বিদ্বানত পৰিচিত হয়, যি তেওঁক জন্তুতকৈ অধম বুলি কৈ গুৰুকুলৰ পৰা উলিয়াই দিছিল।

কোৱাৰ অৰ্থ এইটো হয় যে যি ব্যক্তিয়ে শিকা বন্ধ কৰি দিয়ে, তেওঁ কিছুমান এনে ধৰণৰ ভুল ধাৰণাৰ চিকাৰ হয়-

- মই সকলো শিকিলো, মই সকলো জানো।
- এতিয়া শিকাৰ বয়স নাই।
- ইমান শিকাৰ পিছতো মই বিশেষ একো কৰিব পৰা নাই, এতিয়া কিছু নতুন শিকিলে কি লাভ হ'ব ?

এই ভুল ধাৰণাৰ চিকাৰ হৈ ব্যক্তিয়ে শিকা বন্ধ কৰি দিয়ে আৰু নিজৰ জীৱন সাধাৰণ অৱস্থাতে জীয়াই থাকি সন্তুষ্ট হৈ থাকে।

যদি কোনো ব্যক্তিয়ে শিকাৰ প্ৰক্ৰিয়াক নিৰন্তৰে নিজৰ জীৱনত প্ৰয়োগ কৰি গৈ থাকে তেন্তে এনেদৰে হ'বই নোৱাৰে যে তেওঁ এক সাধাৰণ জীৱন কটাব। নিজৰ যোগ্যতা আৰু জ্ঞানৰ বলত তেওঁ সফলতাৰ যি কোনো উচ্চতাক স্পৰ্শ কৰিব পাৰে।

প্ৰিয় বন্ধু! ব্যক্তিয়ে জন্মৰ পৰা লৈ মৃত্যুলৈকে কিবা নহয় কিবা শিকি থাকে। এনে কোনো ব্যক্তি এইখন জগতত নাই, যি দাঠি মাৰি কব পাৰে যে তেওঁ সকলো শিকি ললে, যিয়ে এনেদৰে ভাৱে বা যাক এই ভ্ৰম হৈ গৈছে যে মই বহুত কথা জানো, মই সকলো শিকিলো, মই

এতিয়া একো শিকাৰ দৰকাৰ নাই, তেন্তে তেওঁ অশেষ চেষ্টা কৰিলেও সাধাৰণ জীৱনৰ পৰিধিৰ শিকলি ভাঙিব নোৱাৰে। তেওঁ সদায় সাধাৰণ আৰু চাপৰ জীৱন জীয়াই থাকিবলৈ বাধ্যত পৰে।

সংসাৰৰ সকলোতকৈ মূল্যৱান সম্পদ-জ্ঞান

সংসাৰত জ্ঞান, শিক্ষা, আৰু কুশলতা এক এনে বস্তু হয়, যাক ভাগ কৰিলে বাঢ়ে আৰু লুকাই থলে সমাপ্ত হৈ যায়। ডাঙৰ ডাঙৰ জ্ঞানীও যদি নিজৰ জ্ঞান লুকাই ৰাখে তেন্তে এদিন তেওঁ নিজেও পাহৰি যায় আৰু জ্ঞান-শূন্য হৈ যায়।

এই প্ৰসংগত মোৰ এক থিউৰী আছে- এইখন সমাজত আপুনি দুজন বুদ্ধিমান ব্যক্তি বাচি উলিয়াওক। এজনক আপুনি যি কোনো লোকোপযোগী কুশলতা শিকাই দিয়ক আৰু আনজনক কোনো কুশলতা নিশিকাই কেইবা লাখ টকা দি দিয়ক। মই দাঠি মাৰি কব পাৰো যে যাক আপুনি লাখ টকা দিব, কিছু সময় পিছত তেওঁ কংগাল হ'ব আৰু কৰবাৰত শ্ৰম কৰি থাকিব, অপৰাধ কৰি থাকিব বা জীৱন যাপনৰ বাবে ভিক্ষা খুজিব, কিন্তু কুশল জনা ব্যক্তি কোটিত নহ'লেও লাখত নিশ্চয় খেলিব। কুশল, জ্ঞানী, শিক্ষিত ব্যক্তি সংসাৰৰ যি কোনো প্ৰান্তত গ'লেও তেওঁ ভোকত নাথাকিব। লক্ষ্মী নিজে তেওঁৰ ওচৰলৈ আহিব।

সফল বা ধনী লোক শিকিবৰ বাবে কাম কৰে, ধনৰ বাবে নহয়। বহুতো সফল ব্যক্তি ধন দিও শিকিবৰ বাবে কাম কৰে আৰু পিছত নিশ্চিন্ত মনেৰে আনন্দময় জীৱন কটায়।

আপুনি নিশ্চয় দেখা পাইছে যে মেডিকেল, ইঞ্জিনীয়াৰিং আৰু মেনেজমেন্টৰ পঢ়া ক্ষেত্ৰত লাখ লাখ টকা খৰচ কৰাৰ পিছতেই শিকিবলৈ কিছু পাই, তাৰ পিছত শিকা সেই লোক সকলক উচ্চস্তৰীয়া জীৱন কটোৱা দেখা যায়।

যিয়ে যিমান শিকে, তেওঁ সিমানেই সফল হয়। যদি আপুনি জীৱন অধিক সফল হ'ব বিচাৰে, ডাঙৰ মানুহ হ'ব বিচাৰে, কেইবাটাও

উল্লেখযোগ্য বা অনুকৰণীয় কাম নিজৰ নামত জড়িত কৰিব বিচাৰে তেন্তে আপুনি শিকাৰ ইচ্ছা জাগ্ৰত কৰিব লাগিব আৰু তাক বজায় ৰাখিব লাগিব। কিছুমান লোকে পঢ়ি-লিখি বা অলপ-বহুত শিকি ভাৱে যে এতিয়া তেওঁ বহুত কথা জানে, তেতিয়া জানি লব যে তাৰ পৰাই তেওঁৰ উন্নতি পথ বন্ধ হোৱা আৰম্ভ হৈ যায়।

শিক্ষাৰ লগতে ব্যৱসায়িক জ্ঞানো আৱশ্যক

জ্ঞান এক এনেকুৱা বস্তু হয়, য'ত পোৱা যায়, যেনেদৰে পোৱা যায়, তাক আকোৱালি লোৱাত সংকোচ কৰিব নালাগে। দেখা গৈছে যে কেতিয়াবা-কেতিয়াবা অশিক্ষিত লোক শিক্ষিত ব্যক্তিতকৈ বেছি জ্ঞানৰ কথা কয় আৰু বুজাই দিয়ে। ব্যৱহাৰিক জ্ঞানৰ বলত এনে প্ৰতিভা প্ৰাপ্ত কৰিব পৰা যায়।

ঈশ্বৰে সকলোকে মগজু দিছে, সকলোৰে মগজুত চিন্তাধাৰা উৎপন্ন হয়। কেতিয়াবা-কেতিয়াবা কম পঢ়া-লিখা বা অশিক্ষিত লোকৰো মনত এনে চিন্তাধাৰা উৎপন্ন হয় যে তেওঁ বিশ্বভৰত প্ৰসিদ্ধি প্ৰাপ্ত কৰি লৈছে।

এইটো কোৱাতো ভুল হ'ব যে মাত্ৰ পঢ়া-লিখাৰ পৰাই ব্যক্তি সফলতাৰ শিখৰলৈ গৈ পায়। ব্যক্তিৰ বাবে ব্যৱহাৰিক জ্ঞানো আৱশ্যক হয়। কিছুমান ব্যক্তিয়ে কম পঢ়া-লিখা কৰে, কিন্তু নিজৰ জীৱনক সঠিক দিশলৈ আন উচ্চ স্তৰৰ সফলতা প্ৰাপ্ত কৰে। যেনেদৰে- মাইক্ৰচফটৰ মালিক বিল গেটচ, ফোৰ্ড কোম্পানীৰ মালিক হেনৰি ফোৰ্ড, হোণ্ডা কোম্পানীৰ সংস্থাপক চোইচিউৰো হোণ্ডা, এই সকল বহুত দুখীয়া আছিল। তেওঁলোকে জীৱন বহু বাৰ অসফল হৈছে, কিন্তু নিৰাশ হৈ মনে মনে বহি থকাৰ পৰিৱৰ্তে সফল হ'বৰ বাবে নিৰন্তৰে প্ৰয়াস কৰি থাকে। পৰিণাম বিশ্বৰ আগত আছে। ৰিলায়েঞ্চৰ সংস্থাপক ধীৰু ভাই আম্বানীও এক সাধাৰণ পৰিয়ালৰ পৰা আহিছিল, কিন্তু তেওঁ সফলতাৰ এক নতুন ইতিহাস ৰচে।

ব্যৱাহিৰক জ্ঞানৰ ওপৰত এটা কাহিনী মনত পৰিছে-

প্ৰায় 250 বছৰ পুৰনা কথা। অত্যাধিল গৰমত দোপৰীয়া এজন ব্ৰাহ্মণে তেওঁৰ জ্যোতিষ বিদ্যাক পৰীক্ষা কৰা আৰু ধন উপাৰ্জনৰ ইচছাৰে ঘোঁৰাৰে চহৰৰ ফালে ঢাপলি মেলে। প্ৰচন্ড ৰ'দে তেওঁৰ অৱস্হা বেয়া কৰিছিল। মাথাৰ চন্দন ঘামৰ লগত বৈ আহি ঠোথুৰীত পাইছিল। পিয়াস অন্ত কণ্ঠ শুকাই গৈছিল, গৰমৰ পৰা ঘোঁৰাৰো অৱস্হা বেয়া হৈছিল। হঠাৎ এক মহলৰ দৰে ঘৰৰ সম্মুখত পানীৰে ভৰা ডাঙৰ পাত্ৰ দেখি ঘোঁৰা থমকি ৰ'ল। ব্ৰাহ্মণে লেকাম ঢিলা কৰি দি ঘোঁৰাক মুখ ডুবোৱাই পানী খাব দিয়ে। ব্ৰাহ্মণেও তাত এটা গছৰ তলত বহি ছাঁ লব ধৰিলে। তেতিয়া মহলৰ ভিতৰৰ পৰা এটা মধুৰ কণ্ঠস্বৰ শুনা পালে-'আহক ব্ৰাহ্মণ দেৱতা, জলপান কৰি লওক আৰু অলপ বিশ্ৰাম কৰি আপোনাৰ যাত্ৰা পুনৰ আৰম্ভ কৰক।'

ব্ৰাহ্মণে দেখিলে যে মহলৰ দ্বাৰত এক সুন্দৰ স্ত্ৰী থিয় হৈ আছিল। তেওঁৰ অনুৰোধত বিনম্ৰতা আছিল কাৰণে ব্ৰাহ্মণে অস্বীকাৰ কৰিব নোৱাৰিলে। ঘোঁৰাক গছৰ তলত বান্ধি তেওঁ ভিতৰলৈ গ'ল।

গৃহস্বামীয়ে সুসজ্জিত কোঠাত বিনম্ৰতাৰে তেওঁক আসন গ্ৰহণ কৰিবলৈ নিবেদন কৰে। আৰামত বহাৰ পিছত ব্ৰাহ্মণে কোঠা ভালদৰে চায়। এটা কোণত বিছোৱা কাৰপেটত বাদ্যযন্ত্ৰ সজোৱা আছিল। তাক দেখি ব্ৰাহ্মণে কোনো নিৰ্ণয়ত গৈ পোৱাৰ আগতে সুন্দৰীয়ে তেওঁৰ পৰিচয় দিয়ে-'মহাৰাজ, মই নৰ্তকী। নৃত্য আৰু গায়ন-বাদন কৰি মই জীৱিকা চলাওঁ।'

ব্ৰাহ্মণ অলপ চমকি ৰ'ল। মনত ভাৱ আহিল যে 'মই ইমান প্ৰচন্ড পন্ডিত এক বেশ্যাৰ ঘৰত আহিছো। যদি কোনো দেখা পাই তেতিয়া ?'

ঠিক সেই সময়ত মহলৰ বাহিৰত এক শযাত্ৰা যায়। শৱক শ্মশানলৈ লৈ যোৱা সকলে একে স্বৰত কয়-'ৰাম নাম সত্য হয়, সত্য কওক সত্য।'

নৰ্তকীয়ে শীঘ্ৰে তেওঁৰ দাসীক কয়, 'চাই আহাঁ, মৃত ব্যক্তি স্বৰ্গ গৈছেনে নৰক ?'

দাসীয়ে দৌৰি বাহিৰলৈ যায়, তাৰ পিছত ভিতৰলৈ আহি তেওঁ কয়, 'স্বৰ্গলৈ গৈছে।'

ব্ৰাহ্মণৰ আচৰিত হোৱা সীমা নাইকিয়া হ'ল।

সংযোগবশতঃ আৰু এক শযাত্ৰা সেই ৰাস্তায়েদি পাৰ হয়। নৰ্তকীয়ে পুনৰ দাসী চাই আহিবলৈ কয় যে মৃত ব্যক্তি স্বৰ্গলৈ গৈছেনে নৰক। দ্বিতীয়বাৰ ঘূৰি আহি দাসীয়ে উদাস ভাৱে কয়, 'এইজন নৰকলৈ গৈছে।'

ব্ৰাহ্মণ চিন্তাত পৰি গ'ল-'মই ইমান জ্যোতিষ বিদ্যা পঢ়িছো। স্বৰ্গ আৰু নৰকৰ বিষয়ে মইও ইমান স্পষ্টৰে কব নোৱাৰে, যিমান বিশ্বাসেৰে নৰ্তকীৰ এই দাসীয়ে কৈছে।'

নৰ্তকীয়ে ব্ৰাহ্মণৰ চিন্তা দূৰ কৰি হাঁহি হাঁহি কয়- 'পণ্ডিত! এইটো সাধাৰণ আৰু ব্যৱহাৰিক কথা হয়। ইয়াৰ পিছত জ্যোতিষ আৰু গণিত নাথাকে, পাপ-পূণ্যৰ অধ্যয়ন নাথাকে। প্ৰথম ব্যক্তিৰ শযাত্ৰাত পিছত অসংখ্য লোক আছিল। কান্ধ দিয়াৰ সংখ্যা বৃহৎ আছিল। ইয়াৰ অৰ্থ হৈছে তেওঁ নিশ্চয় ভাল কম কৰিছে। সেইকাৰণেতো শযাত্ৰাত ইমান মানুহ আছিল, সেইকাৰণে তেওঁ স্বৰ্গ পোৱাতো নিশ্চিত। ইয়াৰ বিপৰীতে দ্বীত শযাত্ৰাত কেইজনমান লোক আছিল। দাসীৰ অনুসাৰে তেওঁক কিছুমান লোকে কান্ধ দিয়া অমান্তি হৈছিল। শযাত্ৰাত অন্তৰ্ভুক্ত হোৱাৰ পৰিৱৰ্তে পিছত গৈ থকা লোকে মৃতক ব্যক্তিজনৰ নিন্দা কৰিছিল। এনে ব্যক্তিৰ স্বৰ্গৰ সুখ ক'ব পাব, যি নিজৰ জীৱন কিছু ভাল কাম আৰু আনৰ বাবে সৎ কাম কৰাই নাই, গতিকে এইটো নিশ্চিত যে তেওঁ নৰকলৈ যাব।'

নৰ্তকীৰ যুক্তি শুনি ব্ৰাহ্মণৰ চকু মেল খায়। তেওঁ নৰ্তকীক ধন্যকৰহ দিয়ে আৰু তাৰ পৰা বিদায় লয়।

এইটোৱেই আছিল ব্যৱহাৰিক জ্ঞান। মানৱ বুদ্ধিমান হয়। ইয়াকো

শিকিব লগীয়া হয়। কিতাপ পঢ়াৰ এক বেলেগ মহত্ত্ব আছে, কিন্তু জীৱন কেৱল পঢ়িলেই নচলিব। যদি আপুনি ব্যৱহাৰ কৰা, বুদ্ধি সততাৰে নিৰ্ণয় লোৱা আৰু বতাহৰ গতিক চিনি পোৱা নিশিকে তেন্তে আপুনি সকলো শিকাই আধৰুৱা হৈ থাকিব, সেইকাৰণে শিকক। যৰ পৰাই জ্ঞান পাই, তাক আত্মসাৎ কৰক। শিকি আৰু শিকাৰ প্ৰক্ৰিয়াক নিৰন্তৰে আগবঢ়াই আপুনি সফল হ'ব পাৰে।

এখন গাওঁক এজন সাধু আছিল, তেওঁ যেতিয়াই নৃত্য কৰে তেতিয়া বৰষুণ পৰিছিল। গতিকে গাওঁৰ লোকক যেতিয়াই বৰষুণৰ প্ৰয়োজন হৈছিল তেতিয়া তেওঁলোকে সাধুৰ ওচৰলৈ যায় আৰু তেওঁক নাচিবৰ বাবে অনুৰোধ কৰে আৰু সাধুৱে তেওঁলোকাৰ অনুৰোধ ৰক্ষা কৰি তেওঁলোকৰ মনোকামনা পূৰ্ণ কৰিছিল। কিছু দিন পিছত চাৰিজন ল'ৰা চহৰৰ পৰা গাওঁ ফুৰিব আহে, যেতিয়া তেওঁলোকে এইটো কথা জানিলে যে সাধুৰ নৃত্যৰ পৰা বৰষুণ পৰে তেতিয়া তেওঁলোকক বিশ্বাস নহ'ল। চহৰৰ পঢ়া-লিখা কৰা অহংকাৰী ল'ৰা কেইজনে গাওঁবাসীক প্ৰত্যাহ্বান কৰি দিয়ে যে আমিও নৃত্য কৰিলে বৰষুণ পৰিব আৰু যদি আমি নৃত্য কৰিলে বৰষুণ নপৰে তেন্তে সাধুৱে নৃত্য কৰিলেও বৰষুণ নপৰিব। পিছ দিনা ৰাতিপুৱা গাওঁবাসীয়ে সেই ল'ৰাকেইজনক লগত লৈ সাধুৰ কুটীলৈ যায়।

সাধুক সকলো কথা জনোৱা হ'ল, তাৰ পিছত ল'ৰা কেইজনে নাচিব ধৰিলে। আধা ঘণ্টা হোৱাৰ পিছত প্ৰথম ল'ৰা ভাগৰি পৰি বহি যায়, কিন্তু মেঘৰ দেখা নিদিছেল, অলপ পিছত দ্বিতীয় ল'ৰাজনো তেনেদৰে কৰাৰ পিছত বাকী দুজনো ভাগৰি বহি গ'ল, কিন্তু বৰষুণ নপৰিল। এতিয়া সাধুৰ পাল আছিল, তেওঁ নাচিব ধৰিলে। এক ঘণ্টা পাৰ হ'ল, বৰষুণ নপৰিলে, সাধুৱে নাচি থাকিল, দুই ঘণ্টা পাৰ হ'ল বৰষুণ নপৰিলে, কিন্তু সাধুৱে ৰখাৰ নাম লোৱা নাছিল, লাহে লাহে সন্ধ্যা হ'ব ধৰিলে তেতিয়া মেঘৰ গাজনি শুনিব পালে আৰু জোৰেৰে বৰষুণ পৰিব ধৰে। ল'ৰাকেইজন আচৰিত হৈ যায়, তেওঁলোকে শীঘ্ৰে সাধুৰ পৰা ক্ষমা বিচাৰিলে আৰু সুধে, 'বাবা এনেদৰে কি হ'ল যে আমি নাচোতে বৰষুণ নপৰিলে আৰু আপুনি নাচোতে বৰষুণ পৰিল ?'

ইয়াৰ ওপৰত সাধুৱে সেই ল'ৰাকেইজনক উত্তৰ দি এইটো শিক্ষা দিয়ে, 'যেতিয়া মই নাচো তেতিয়া দুটা কথাৰ ধ্যান ৰাখো, প্ৰথম কথা মই ভাবো যে যদি মই নাচিম তেতিয়া বৰষুণ পৰিবই লাগিব আৰু দ্বিতীয়তে মই তেতিয়ালৈকে নাচিম, যেতিয়ালৈকে বৰষুণ নপৰে।'

উচ্চ চিন্তাধাৰাৰ পৰিণাম

কিছুমান লোকে জীৱনত সেইকাৰণে পিছ পৰি যায় আৰু অসফল হয়, কাৰণ তেওঁলোকৰ চিন্তাধাৰা এনেদৰে কব পাৰি যে তেওঁলোকৰ চিন্তাধাৰাৰ স্তৰত অত্যন্ত নিম্ন শ্ৰেণীৰ হয়। এনে লোক হৃদয়ৰ পৰা দুৰ্বল হোৱাৰ লগতে পৰম্পৰাবাদীৰ চিকাৰ হৈ যায়। এইটো মুখ্য কাৰণ হয় যে তেওঁলোকে কেতিয়াও নিজৰ মনক জয় কৰিব নোৱাৰে। তেওঁলোক মনৰ ইচ্ছাৰ গোলাম হৈ যায় আৰু গোটেই জীৱন আত্মিক ৰূপেৰে দুৰ্বল হৈ থাকে। এনে লোকৰ কোনো ডাঙৰ সপোন নাথাকে, ডাঙৰ আৰু উচ্চ চিন্তাধাৰা নাথকাৰ কাৰণে কোনো উচ্চ কল্পনাও কৰিব নোৱাৰে। এনেদৰে সেইকাৰণেও হয়, কাৰণ তেওঁলোকৰ ইচ্ছাশক্তি বহুত দুৰ্বল হয়। ইয়াৰ বিপৰীতে যি ব্যক্তিৰ চিন্তাধাৰা ডাঙৰ হয়, তেওঁলোকৰ জীৱনত কিছু কৰাৰ ইচ্ছা থাকে। ইচ্ছাশক্তিৰ জাগ্ৰত হোৱাৰ পৰাই আমাৰ চিন্তাধাৰা মূৰ্তৰূপ লব পাৰে। ইচ্ছাশক্তিৰ বলতেই আমি আমাৰ সপোনক পুৰা কৰিব পাৰো, ইচ্ছাশক্তিৰ বলতেই আমি ডাঙৰ ডাঙৰ আৰু মহান কল্পনা কৰিব পাৰো।

> যি লোকে ডাঙৰ কথা নাভাৱে, তেওঁ কোনো ডাঙৰ কামো কৰিব নোৱাৰে, কাৰণ ডাঙৰ কামৰ পিছত ডাঙৰ চিন্তাধাৰা থাকে। ডাঙৰ চিন্তাধাৰাৰ পৰা মস্তিস্কৰ ৰসায়ন ক্ৰিয় সলনি হৈ যায়, সেইকাৰণে ডাঙৰ চিন্তাধাৰাৰ ব্যক্তিৰ জীৱনত এনে চমৎকাৰ হ'ব ধৰে, যৰ পৰা তেওঁক এনে লাগে যে জীৱনত সফল হোৱাতো বহুত সহজ।
> সূৰ্য সিন্হা

মনক জয় কৰক

সকলো ব্যক্তিৰ জীৱন তেওঁৰ চিন্তাধাৰাৰ ওপৰতেই নিৰ্ভৰ কৰে। চিন্তাধাৰাৰ কাৰণে সংসাৰ সলনি হৈ যায়। অৱশ্যে, বহুত কম লোকে এই কথাক বুজি পাই যে চিন্তাধাৰাৰ প্ৰক্ৰিয়া তেওঁৰ জীৱনত অনুকূল বা প্ৰতিকূল প্ৰভাৱ পৰে। সকলোতকৈ দুৰ্ভাগ্যপূৰ্ণ কথা হৈছে বহুতো লোকে এই সত্য স্বীকাৰ কৰিব নোৱাৰে যে তেওঁলোকে চিন্তাধাৰাই তেওঁলোকৰ জীৱনক গঢ়ি তুলে বা নষ্ট কৰে।

ভাল বা ডাঙৰ চিন্তাধাৰা ৰাখিলে একো খৰচ নহয়, তথাপিও বহুতো লোকে কিয় জানো গোটেই জীৱন সৰু চিন্তাধাৰা ৰাখে। তেওঁলোকক চাই এনে লাগে যেন সৰু চিন্তাধাৰাৰ বাবে তেওঁলোকক বাধ্য কৰাইছে, কিন্তু এনেদৰে নহয়, এইটো তেওঁলোকৰ ব্যক্তিগত নিৰ্ণয় হয়।

যদি আমি দেশ, সমাজ, পৰিয়াল আৰু নিজৰ ব্যক্তিত্বৰ বিকাশ কৰিব বিচাৰো তেন্তে আমি আমাৰ চিন্তাধাৰাক সলনি কৰিব লাগিব। কেৱল চিন্তাধাৰাক সলনি কৰিলেই নহয়, বৰং চিন্তাধাৰাৰ স্তৰ উচ্চ কৰিব লাগিব, তাক ব্যাপক কৰিব লাগিব।

পুখুৰীত সাঁতুৰাজনে নদীত সেইকাৰণে সাঁতুৰিব নোৱাৰে, কাৰণ তেওঁ ডাঙৰ ঠাই আৰু বৈ থকা পানীত সাঁতুৰিবলৈ সাহস নকৰে। তেওঁ ভয় কৰে-'যদি মই নদীৰ তীব্ৰ ঢৌত বৈ যাওঁ তেতিয়া কি হ'ব?' নদীত সাঁতুৰাৰ পৰা ভয় কৰা লোকৰ বাবে সমুদ্ৰত সাঁতুৰাটো তেওঁৰ ডিক্সনেৰিত অসম্ভৱেই হ'ব, কিন্তু বন্ধ পানীত সাঁতুৰাজনৰ বাবে তুলনা মূলক ভাৱে সৰল আৰু কম পৰিশ্ৰমৰ হয়। মনত ৰাখিব, এইখন সংসাৰত অসম্ভৱ একো নাই, কেৱল অলপ সাহস, অলপ আত্মবিশ্বাস লাগে, আপুনি সকলো কৰিব পাৰিব।

আমাৰ মগজুত সদায় অসংখ্য চিন্তাধাৰা জাগে। চিন্তাধাৰাৰ এটা শৃংখলা গঢ়ি তুলে আৰু নষ্ট হয়। চিন্তাধাৰাৰ এই শৃংখলাক যেতিয়া আমি মূৰ্তৰূপ দিওঁ, তেতিয়া সেই চিন্তাধাৰা কাৰ্যৰূপত পৰিৱৰ্তন হ'ব ধৰে আৰু এনেদৰে সেই চিন্তাধাৰা মহান হৈ যায়।

এই কথা যোল্ল অনা সত্য যে যি ব্যক্তিৰ চিন্তাধাৰা সৰু হয়,

তেওঁৰ চিন্তাধাৰা কেতিয়াও মূৰ্তৰূপ লব নোৱাৰে। তেওঁৰ চিন্তাধাৰা মৃতপ্ৰায় হয় বা জন্ম হোৱাৰ পৰাই মৰি যায়। যি ব্যক্তিৰ চিন্তাধাৰা ডাঙৰ হয়, তাত ইচ্ছা জাগে, ইচ্ছাৰ পৰা ইচ্ছাশক্তি জাগে আৰু ইচ্ছাশক্তিৰ পৰাই আমাৰ চিন্তাধাৰা মূৰ্তৰূপ লব পাৰে। এইটোও সফলতাৰ এটা মূল মন্ত্ৰ হয়।

ডাঙৰ কামৰ পিছত ডাঙৰ চিন্তাধাৰা

যি লোকে ডাঙৰ চিন্তা কৰিব নোৱাৰে, তেওঁলোকে কোনো ডাঙৰ কাম কৰিব নোৱাৰে। কাৰণ ডাঙৰ কামৰ পিছত ডাঙৰ চিন্তাধাৰাই কাম কৰে। ডাঙৰ চিন্তাধাৰাৰ পৰা মস্তিস্কৰ ৰসায়ন ক্ৰিয়া পৰিৱৰ্তন হ'ব ধৰে, সেইকাৰণে ডাঙৰ চিন্তাধাৰাৰ ব্যক্তিৰ জীৱনত এনে চমৎকাৰ হ'ব ধৰে, যৰ পৰা তেওঁক এনে লাগে যে জীৱনত সফলতা হোৱাতো বহুত সহজ হয়। যেতিয়া চিন্তাধাৰা ডাঙৰ হয় তেতিয়া মনে ডাঙৰ কল্পনা কৰে, আগবাঢ়িবলৈ প্ৰেৰণা দিয়ে।

যেতিয়া আমি কিছু ভাৱো তেতিয়া আমাৰ মন চুম্বকীয় শক্তিৰ দৰে কাম কৰিব ধৰে। অৰ্থাৎ যেতিয়া আমি ডাঙৰ কথা ভাৱো তেতিয়া মধ্যাকৰ্ষণৰ নিয়মৰ দৰে আমাৰ মন সফলতাক নিজৰ ফালে টানে। ইয়াৰ বিপৰীতে যেতিয়া আমি সৰু কথা ভাৱো তেতিয়া আমাৰ মন অসফলতা, দুখীয়া আৰু অসহায়ক নিজৰ ফালে টানে। আমি নিৰাশ হৈ যাওঁ আৰু কাম কৰাৰ ক্ষমতা হেৰুৱাই দিওঁ।

নিজৰ বৰ্তমান অৱস্থাৰ ওপৰত চিন্তা কৰক

মোৰ মতে আমি আমাৰ জীৱনত এই কথাৰ ওপৰত চিন্তা কৰিব লাগে যে আমাৰ জীৱন ভালদৰে চলিছেনে নাই? আমৰ জীৱনত কিবা বস্তুৰ অভাৱ আছেনেকি?, আমি আমাৰ পৰিয়াল, সন্তানৰ সকলো প্ৰয়োজনীয়তা পুৰা কৰিব পাৰিছোনে?, আমি আৰ্থিক ৰূপেৰে স্বাধীন হয়নে?

যদি আমি উপৰোক্ত কামবিলাক পুৰা কৰিব পৰা নাই তেনেহ'লে আমি জীৱনত পৰিৱৰ্তনৰ অনাৰ আৱশ্যক, আমি নিজৰ বিষয়ে

গভীৰতা ভৰাৰ আৱশ্যক। যদি আমি আমাৰ জীৱনৰ প্ৰয়োজনীয়াতক পুৰা কৰিব নোৱাৰো তেনেহ'লে আমাৰ মন-মস্তিষ্ক কেতিয়াও শান্ত নহ'ব। আমি ঈশ্বৰক বাৰে বাৰে প্ৰাৰ্থনা কৰিম- 'সুখ সম্পত্তি ঘৰলৈ আহক, কষ্ট দূৰ কৰক।'

উক্ত প্ৰাৰ্থনা কৰি পৰোক্ষ ভাৱে আমি এইটো স্বীকাৰ কৰো যে যেতিয়া আমাৰ ওচৰত সম্পত্তিয়েই নাথাকিব তেন্তে আমি কৰ পৰা সুখ পাম। তনৰ কষ্ট কৰ পৰা দূৰ হ'ব, মনক শান্তি কেনেদৰে পাব। ভোকাতুৰ ব্যক্তি ভোজনৰ বাবে আৰু কি ভাৱিব পাৰে।

অলপ সময়ৰ বাবে মানি লওক যে আপোনাৰ বহুত কষ্ট হৈছে। এইটো কাৰণে আপুনি এটা স্হানতে যান্ত্ৰণা সহ্য কৰাৰ অভ্যাসত পৰিছে। তাৰ সমাধানৰ বিষয়ে আপুনি চিন্তা কৰিব পৰা নাই। বেডত পৰি পৰি যান্ত্ৰণা কৰি থাকে। আপোনাৰ সন্তান কোনো চৰকাৰী স্কুলত পঢ়িছে। আপুনি নিবিচাৰেনে যে তেওঁ কোনো পাবলিক স্কুলত পঢ়ক।

আপোনাৰ পৰিয়ালৰ চিকিৎসা চৰকাৰী হস্পিতেলত হৈ আছে। ধনৰ অভাৱত আপুনি ভাল হস্পিতেলত চিকিৎসা কৰাব পৰা নাই। আপোনাৰ পত্নী আৰু সন্তানে কিছু বস্তু বিচাৰে আৰু আপুনি মানা কৰি দিয়ে, এইটো যান্ত্ৰণা নহয়নে? শৰীৰৰ পৰিৱৰ্তে আত্মাক কষ্ট দিয়া যান্ত্ৰণা। 'সন্তুষ্টি সদায় সুখী' হিচাপে মানি আপুনি নিজকে উন্নতিৰ পৰা কিয় ৰখাইছে? আপুনি যিমান সুখী হৈ থাকিব বিচাৰে, সিমানেই সুখেৰে থাকিব পাৰে বা হৃদয় আৰু আত্মাৰ কষ্ট সহ্য কৰাৰ অভ্যাসত পৰি যায়? উক্ত প্ৰশ্নৰ ইতিবাচক উত্তৰ সকলোৱে বিচাৰে, কিন্তু সকলোতকৈ ডাঙৰ প্ৰশ্ন এইটো হয় যে সুখ-সম্পত্তি আহে কেনেকৈ, যেতিয়া আমাৰ চিন্তাধাৰাই সৰু, সংকীৰ্ণ, দুখ আৰু বিপত্তীক আমন্ত্ৰিত কৰে।

মই এইটো লিখিবলৈ অলপো আচৰিন নহওঁ যে কিছুমান লোকে নিজক আগবঢ়াৰ পৰা ৰখাই লৈছে। 'আঠুৱা যিমান ডাঙৰ, সিমানেই ভৰি মেলিব লাগে', 'ভাগ্যৰ কথা', 'সকলো ভাগ্যৰ খেল।' এই সকলো

নিজকে ভ্ৰামিত কৰা, মনৰ শান্তি দিয়া আৰু উন্নতিৰ পৰা দূৰ কৰা কথা হয়। মই সুধিব বিচাৰো যে আঠুৱাৰ চাইজ কিয় বঢ়াব নোৱাৰি? ভৰি সৰু কৰি শুৱাৰ কিহৰ প্ৰয়োজন? যদি আঠুৱা সৰু হয় তেন্তে ডাঙৰ আঠুৱা লগাওক আৰু কিহৰ ভাগ্য কথা কৈছে। নিজৰ ভাগ্য নিজেই লিখে, নিজৰ ভাগ্য আপুনি নিজে হয়, কিন্তু সংকীৰ্ণ, পৰম্পৰাবাদী, সৰু চিন্তাধাৰাৰ কাৰণে আপুনি একো কৰিব নোৱাৰে আৰু অন্তত ঈশ্বৰক দোষ দিয়ে।

কিছুমান লোকে কয় যে ধনেই সকলো নহয়, টকা-পইচা সকলো বেয়া কামৰ ঘাই শিপা হয়। যদি টকা-পইচা বেয়া কামৰ ঘাই শিপা হয় তেন্তে অলপ পৰিমাণে হ'লেও আপুনি লগত কিয় ৰাখিছে? এই বেয়া কামক বেলেগক দি দিয়ক।

মই মোৰ কেইবাখনো গ্ৰন্থত এই কথাক উল্লেখো কৰিছো-

ধন ভগৱান নহয়, কিন্তু ভগৱানতকৈ কমো নহয়।

এই সত্যক ভালদৰে বুজক-ধন আমাৰ জীৱনত সিমানেই গুৰুত্বপূৰ্ণ আৰু অনিবাৰ্য হয়, যিমান জীৱনৰ বাবে অক্সীজেন। অক্সীজেনৰ বিনে মনুষ্য মৰি যায় আৰু আজিৰ যুগত যাৰ ওচৰত ধন নাই তেওঁও মৃতপ্ৰায় হয়, এক প্ৰকাৰৰ মৃতক, বোজাৰ দৰে হয়, সেইকাৰণে অযথা অজুহাতক দূৰ কৰক। আপোনাৰ অসফলাৰ বাবে দায়ি অভাৱবোৰ দূৰ কৰক আৰু নিজৰ চিন্তাধাৰাত ব্যাপকতা আৰু গভীৰতা আনক।

ভাৱক, আমাৰ জীৱনত কি কি বস্তুৰ অভাৱ আছে, কিয় আছে, এই অভাৱবোৰ কেনেদৰ পূৰণ হ'ব পাৰে? এইখন সংসাৰত সকলো সমস্যাৰ সমাধান আছে। আপুনিও আপোনাৰ সমস্যাৰ সমাধান উলিয়াব পাৰে। এবাৰ ডাঙৰ মন আৰু ডাঙৰ চিন্তাধাৰা মনলৈ আনক। এবাৰ ডাঙৰ ডাঙৰ কথা ভাৱি চাওক। পৰ্বতত বগোৱাৰ কথা ভাৱি চাওক, খোজ নিজে নিজে সেইফালে আগবাঢ়িব। এবাৰ যেতিয়া আপুনি আগবাঢ়িব তেতিয়া পৰ্বতৰ ওচৰলৈ গৈ পাব, তাৰ পিছত সাহস গোটাই তাত বগাওক, কিন্তু এবাৰ এনেদৰে কৰিবলৈ ভাৱি চাওক।

এবাৰ এনে ভাৱ মনলৈ আনক। আপোনাৰ বাবে সকলো সম্ভৱ হৈ যাব।

সকলোতকৈ প্ৰথতে সংগ সলনি কৰা

ব্যক্তিৰ ওপৰত সংগ-লগৰীয়াৰ বহুত গভীৰ প্ৰভাৱ পৰে। কিছুমান লোক অত্যন্ত যোগ, ভাল চিন্তাধাৰা আৰু উচ্চ চিন্তাধাৰাৰ হয়, কিন্তু সৰু ভাৱ ৰখা ব্যক্তিৰ সংগী-লগৰীয়া পুৰনা বিচাৰৰ, ভাগৰুৱা, অসফল, গুণহীন, অশিক্ষিত, ভয়াতুৰ, এলেহুৱা আৰু কামচোৰ হয়, তেওঁলোকে সফলতাৰ পথত সকলোতকৈ বাধা প্ৰদান কৰে।

এনে লোক নিৰুৎসাহিত কৰা কথাৰে বাৰে বাৰে আনৰ মনোবল ভাঙে। যেতিয়াই ডাঙৰ চিন্তা কৰে, উচ্চ কথা কয় বা ডাঙৰ কল্পনা কৰে অথবা কোনো ডাঙৰ সপোনৰ কথা কয় তেতিয়া তেওঁলোকে ঠাট্টা কৰে, তেওঁক ভয় কৰাই, তেওঁক নিৰাশা ভৰা উপমা দিয়ে। অসফল আৰু অকৰ্মা লোকৰ উদাহৰণ প্ৰস্তুত কৰি আনৰ উদ্দেশ্যক দুৰ্বল কৰি দিয়ে।

প্ৰিয় বন্ধু! যেনেদৰে এটা গেলা আলু বহুতো সতেজ আলুৰ লগত মিলাই দিলে সকলো আলু গেলি যায়, তেনেদৰে আমি অসফল, বেয়া চিন্তাধাৰা আৰু বেয়া লোকৰ লগত থাকিলে অসফল আৰু বেয়া হৈ যাওঁ। যদি জীৱনত আগবাঢ়িব বিাৰে, উন্নতি কৰিব বিচাৰে, নিজৰ আঠুৱা ডাঙৰ কৰিব বিচাৰে, নিজৰ হাতেৰে সোণালী ভৱিষ্যত লিখিব বিচাৰে তেন্তে বেয়া বা অসফল লোকৰ সংগ ত্যাগ কৰিব লাগিব।

বেয়া চিন্তাধাৰাৰ লোক দৃষ্টিভংগী সদায় বেয়া আৰু নিৰাশাবাদী হয়, কিন্তু উচ্চ চিন্তাধাৰাৰ ব্যক্তিৰ দৃষ্টিভংগী ভাল আৰু আশাবাদী হয়। আশাবাদী ব্যক্তি যি কোনো কামত সম্ভাৱনাৰ সন্ধান কৰি থাকে। তেওঁলোকে কেৱল এইটো চাই যে কি হ'ব পাৰে? সফল লোকৰ দৃষ্টি বৰ্তমানত নাথাকে, বৰং সদায় ভৱিষ্যতৰ ওপৰত থাকে।

সৰু চিন্তাধাৰাৰ ব্যক্তিয়ে কেৱল বৰ্তমানত জড়িত থাকে। তেওঁলোকে কেৱল বৰ্তমানত জীয়াই থাকে, অনাগত দিনৰ কথা চিন্তা নকৰে। ইয়াৰ

বিপৰীয়ে ডাঙৰ চিন্তাধাৰাৰ ব্যক্তিয়ে সদায় ভৱিষ্যতৰ বিষয়ে কল্পনা কৰি নিজকে মূল্যৱান কৰি তুলে।

নিজকে মূল্যৱান কৰা কথা ভৱাতো ভাল নহয়নে?

যিয়ে উচ্চ চিন্তাধাৰা ৰাখিব পাৰে, তেওঁ সফল হ'ব পাৰে। আপুনি যেনেদৰে ভাৱিব, তেনেদৰে হৈ যাব।

আপুনি ওচৰে-পাঁজৰে চাওক, কোনো ব্যক্তিক নামেৰে মতা হয় আৰু কাৰোবাক 'চাৰ' বুলি কৈ সম্বোধিত কৰা হয়। এনেদৰে কিয় হয়? এনেদৰে সেইকাৰণে কাৰণ যি ব্যক্তি উচ্চ চিন্তাধাৰাৰ হয়, তেওঁ উচ্চ আৰু ডাঙৰ কাম কৰে আৰু নিজকে ইমান গুৰুত্বপূৰ্ণ কৰি তুলে যে মানুহে তেওঁৰ সন্মান কৰে। সন্মানেৰে তেওঁক 'চাৰ', 'মহোদয়' আদিৰে সম্বোধন কৰে।

জীৱনত আমাৰ চিন্তাধাৰাই গুৰুত্বপূৰ্ণ হয়। যি ব্যক্তিয়ে নিজৰ ভিতৰত হীন ভাৱনা ৰাখে, লাগিলে তেওঁ যিমান পঢ়া-লিখা আৰু যোগ হ'লেও, তেওঁ কেতিয়াও সফল হ'ব নোৱাৰে। তেওঁ নিজৰ ভিতৰত হীন-ভাৱনাক যিমানেই লুকুৱাবলৈ চেষ্টা কৰে, সেয়া বেছি সময়লৈকে লুকাই থাকিব নোৱাৰে আৰু এদিন তেওঁ অসফলতাৰ গাতত পৰি যায়। তাৰ পিছত এদিন তেওঁ এইখন সংসাৰ ত্যাগ কৰিব লগীয়া হয়।

যদি আমি সফল হ'ব বিচাৰো তেন্তে প্ৰথমে আমি নিজকে উচ্চাকাংখী কৰিব লাগিব। যি ব্যক্তিয়ে এনেদৰে ভাৱে যে 'মই কৰিব পাৰো', তেওঁ সেই কামক শীঘ্ৰে কৰিও লয়। যিয়ে এনেদৰে ভাৱি বহি থাকে যে 'মই একো কৰিব নোৱাৰো', তেওঁ মাটিৰ সৰু শিলগুটি উঠোৱা কামো কৰিব নোৱাৰে।

আপুনি আপোনাৰ তুলনা কৰ্মহীনেৰে নহয়, কৰ্মবীৰৰ লগত কৰক। নীচ চিন্তাধাৰা নহয়, উচ্চ চিন্তাধাৰাৰ সংগত থাকক, তাৰ পিছত চাওক এদিন আপুনি সুখ-সমৃদ্ধি, সফলতা, যশ, বৈভৱ, এই সকলো আপোনাৰ চৰণ স্পৰ্শ কৰিব।

এজন বৌদ্ধ ভিক্ষুক ভোজন ৰান্ধিবৰ বাবে জংঘলত খৰি বুটলি আছিল তেতিয়া কিছু অদ্ভুত দেখা পাই- 'কি যে আচৰিত এইটো!' তেওঁ ভৰি নথকা শিয়ালক দেখি মনত এনেদৰে ভাবে। 'এনে অৱস্থাত ই কেনেদৰে জীয়াই আছে ?' তেওঁক আচৰি হয়, 'আৰে ই একেবাৰে সুস্হ দেখোন।'

তেওঁ চিন্তাত ডুবি আছিল তেনেতে হঠাও চাৰিওফালে হাই-উৰুমি হ'ব ধৰে। জংঘলৰ ৰজা সিংহ সেই ফালে আহিছিল। ভিক্ষুও তাক চাই এটা ওখ গছত উঠি যায় আৰ, তাৰ পৰা সকলো চাই থাকে। সিংহই এটা হৰিণাৰ চিকাৰ কৰিছিল আৰু চিকাৰ লৈ শিয়ালৰ ফালে আগবাঢ়িছিল, কিন্তু শিয়ালৰ ওপৰত আক্ৰমণ কৰা নাছিল, বৰং তাকো খাবৰ বাবে মাংসৰ টুকুৰা দিয়ে।

'এইটো আচৰিত কথা, সিংহই শিয়ালক মৰাৰ পৰিৱৰ্তে তাক ভোজন দিয়ে।' ভিক্ষুৱে মনে মনে কলে, তেওঁক এই দৃশ্য বিশ্বাস হোৱা নাছিল, সেইকাৰণে পিছত দিনা পুনৰ তেওঁ তালৈ আহে আৰু লুকাই থাকি সিংহৰ অপেক্ষা কৰি থাকে। আজিও তেনেদৰেই হ'ল, সিংহই চিকাৰৰ কিছু অংশ শিয়ালক দিয়ে।

'এইটো ভগৱান থকাৰ প্ৰমাণ হয়।' ভিক্ষুৱে নিজকে কলে, 'তেওঁ যাক জন্ম দিছে, তাৰ বাবে ভাতৰো ব্যৱস্হা কৰি দিয়ে, আজিৰ পৰা এই শিয়ালৰ দৰে মইও ভগৱানৰ দয়াত জীয়াই থাকিম, ঈশ্বৰ মোৰ বাবেও ভোজনৰ ব্যৱস্হা কৰিব।' এনেদৰে ভাবি তেওঁ এটা জংঘলৰ গছৰ তলত বহি থাকিল।

প্ৰথম দিন পাৰ হ'ল, কিন্তু কোনো অহা নাছিল, দ্বিতীয় দিনাও কিছুমান লোক পাৰ হ'ল, কিন্তু ভিক্ষুৰ ফালে কোনেও ধ্যান নিদিলে। ইফালে একো নুখোৱাৰ কাৰণে তেওঁ দুৰ্বল হৈ গৈছিল। এনেদৰে কিছু দিন পাৰ হ'ব, এতিয়া তেওঁৰ সকলো শক্তি শেষ হৈ গৈছিল। তেওঁৰ খোজ কঢ়াৰ যোগ্যতা নাইকিয়া হৈছিল। তেওঁৰ অৱস্হা একেবাৰে মৃত ব্যক্তিৰ দৰে হৈছিল। তেতিয়া এজন মহাত্মা আহে যায় আৰু ভিক্ষুৰ ওচৰত বহে। তেওঁ সকলো কাহিনী মহাত্মাক কৈ দিছে আৰু কয়, 'এতিয়া আপুনিয়েই কওক ভগৱান ইমান নিৰ্দয়ী কেনেদৰে হ'ব পাৰে, কোনো ব্যক্তিক এই অৱস্হালৈ অনাতো পাপ নহয়নে ?'

'নিশ্চয় হয়', মহাত্মাই কয়, 'কিন্তু তুমি ইমান মূৰ্খ কেনেদৰে হ'ব পাৰা ? তুমি এইটো কিয় বুজিব পৰা নাই যে ভগৱানে তোমাক সেই সিংহৰ দৰে হোৱা চাব বিচাৰিছিল, শিয়ালৰ দৰে নহয়।'

নিজে নিজৰ নিৰ্ণয় লওক

কিছুমান লোকে জীৱনত গুৰুত্বপূৰ্ণ নিৰ্ণয়ো আনক সুধি লয়। বিড়ম্বনা এইটোও হয় যে সেই লোকক সুধে, যি নিজৰ জীৱন অসফল হৈছে, যাৰ নিৰ্ণয় কেতিয়াও সঠিক নহয়। কিছুমান লোকে এনে ব্যক্তিৰ পৰা এনে কামৰ বিষয়ে পৰামৰ্শ লয়, যি কাম তেওঁ জীৱনত কেতিয়াও কৰা নাই বা সেই লোক যি সেই কামত অসফল হৈছে। সদায় অনিৰ্ণয়ৰ অৱস্থাত ফচি থাকে আৰু অসফল লোকে আপোনাক কি পৰামৰ্শ দিব পাৰে আৰু তেওঁলোকৰ পৰামৰ্শৰ পৰা আপোনাৰ কি লাভ হ'ব? মন আৰু মগজুক খুলি ৰাখি যদি এইটো প্ৰশ্ন আপুনি নিজকো কৰিব তেতিয়া তাৰ উত্তৰ নাপাব।

শাশ্বত প্ৰশ্ন এইটো হয় যে যি কোনো বিষয়ে নিজে নিৰ্ণয় লোৱাত আপুনি সংকোচ কিয় কৰে? আপুনি নিজৰ ওপৰত বিশ্বাস নকৰেনেকি যে আপুনি বুদ্ধি সততাৰে কোনো নিৰ্ণয় লব পাৰে? নাপাহৰিব, এইটো জীৱন আপোনাৰ হয়, কাৰোবাক গটাই দিয়া আৰু অবিবেকপূৰ্ণ নিৰ্ণয়ৰ ফালে কিয় দৃষ্টি দিয়ে।

তাৎক্ষণিক নিৰ্ণয় লোৱাতো এক আৰ্ট হয়। এই আৰ্টয়ে এইটো জানিব দিয়ে যে আপুনি কিমান স্মাৰ্ট হয়, আপোনাৰ ভিতৰত কিমান আত্মবিশ্বাস আছে জীৱনত কিমান সফল হ'ব পাৰে। এনেদৰে দেখা গৈছে যে, আজি সেই সকলো লোকে সফলতাৰ শিখৰ স্পৰ্শ কৰিছে, যি নিজে নিৰ্ণয় লোৱাৰ ক্ষমতা ৰাখে। প্ৰত্যেক ব্যক্তিক প্ৰয়োজন যে তেওঁ নিজে নিজৰ নিৰ্ণয় লওক, কাৰণ নিজে নিজৰ নিৰ্ণয় লোৱা ব্যক্তি নিজে নিজৰ মালিক হয়।

-সূৰ্য সিন্‌হা

নিজে নিৰ্ণয় লোৱাৰ অভ্যাস কৰক। সাহস দেখুৱাওক আৰু আত্মবিশ্বাসেৰে মানুহক এইটো বিশ্বাস দিয়াওক যে আপুনি জীৱনৰ কোনো ডাঙৰ নিৰ্ণয় লোৱাৰ যোগ্য হয়, আপুনি আনৰ পৰামৰ্শ আৰু নিৰ্ণয়ৰ অপেক্ষা কৰি নাথাকে। আপুনি সুস্হ, পৰিপক্কতাৰে ভাৱক। আনৰ পৰামৰ্শত আত্মবিশ্বাস নাথাকে, যাক নিজৰ বুদ্ধি সততা আৰু মগজুৰ ওপৰত বিশ্বাস নাথাকে। এনে লোক শীঘ্ৰে নিৰ্ণয় নলৈ কামক মাজত ৰাখে আৰু আজিকালীৰ মাজত থাকি জীৱনৰ মূল্যৱান সময় নষ্ট কৰি দিয়ে।

এনেদৰে হোৱাও দেখা যায় যে কোনো কামত নিৰ্ণয় লোৱা তেওঁলোকে ইমান পলন কৰি দিয়ে যে তেওঁলোকৰ সেই নিৰ্ণয়ৰ কোনো অৰ্থ নাথাকে আৰু কোনো গুৰুত্ব নাথাকে। সময় হাতৰ পৰা ওলাই গুচি যায় আৰু পিছত অনুতাপ কৰি থাকে। এই লোক সকলৰ লগত সেই প্ৰবাদবাক্য চৰিতাৰ্থ হয়-'হাতৰ পৰা কাৰ ওলোৱাৰ পিছত অনুতাপ কৰি কি লাভ।'

ফ্ৰীত পৰামৰ্শ নলব আৰু নিদিব

আনৰ পৰামৰ্শৰ অপেক্ষা কৰি নাথাকিব। আমাৰ ওচৰে-পাঁজৰে আৰু সমাজত এনে কিছুমান লোক আছে, যি নিবিচৰাকৈ পৰামৰ্শ দিয়ে, এনে লোকৰ পৰা বাচক। মোৰ এই বাৰ্তা বিশেষকৈ নৱ প্ৰজন্মৰ বাবে হয়। নৱ প্ৰজন্মতো এনে লোকৰ অভাৱ নাই, যি নিজৰ দৰে আনকো পথ ভ্ৰষ্ট কৰে। কিছুমান যুৱকে এনে পৰামৰ্শৰ মাজত ফচি নিজৰ কেৰিয়াৰলৈকে নষ্ট কৰি দিয়ে আৰু চিগৰাটে, মদ, ড্ৰাগচ আদি বেয়া অভ্যাসৰ চিকাৰ হৈ যায়।

জোৰ কৰি পৰামৰ্শ দিয়া সকলৰ পৰা বাচক। ফ্ৰীৰ পৰামৰ্শ নলব, নিদিব। সেইটো কেৱল নিজৰ কৰ্মক্ষেত্ৰৰ লগত জড়িত লোকৰ লগত বা কোনো মাষ্টাৰ মাইণ্ড টীমৰ লগত বহি প্লেন কৰক।

বেছিভাগ লোক নিজে নিৰ্ণয় নোলোৱাৰ কাৰণে অসফল হৈ যায়। তেওঁলোকৰ মনত অসফল হোৱাৰ ভয় সোমাই থাকে আৰু

তেওঁলোকৰ মনত এইটো কথাও থাকে- 'মই সঠিক নিৰ্ণয় লব নোৱাৰো, মোৰ নিৰ্ণয়ে মোক অসফল কৰি দিব।' এনে নেতিবাচক চিন্তাধাৰাৰ ব্যক্তিৰ ভিতৰ আত্মবিশ্বাসৰ অভাৱৰ প্ৰদৰ্শন কৰে।

আজিৰ নিৰ্ণয় অনাগত দিনৰ বুনিয়াদ হয়। যদি আপুনি কোনো কাম বা বিষয়ৰ ওপৰত নিৰ্ণয় লব নোৱাৰিব তেন্তে সেই কামক আপুনি কেতিয়াও কৰিব নোৱাৰিব। সেই বিষয়ৰ ওপৰত কেতিয়াও আগবাঢ়িব নোৱাৰিব। নিৰ্ণয়ৰ ওপৰতেই কোনো কাম বা বিষয়ৰ প্ৰাথমিকতা ৰখা যায়।

নিৰ্ণয়ৰ অৰ্থ হৈছে, কামৰ আৰম্ভণি আৰু আৰম্ভণিৰ অৰ্থ হৈছে আপোনাৰ আধা কাম হৈ গ'ল আৰু আধা বাকী আছে। কাম যি কোনো হ'লেও আৰম্ভণি গুৰুত্বপূৰ্ণ হয়। কেতিয়াবা এনেদৰে হয় যে আমি কোনো কামৰ আৰম্ভণিৰ অপেক্ষা কৰি থাকো আৰু তাত ইমান পলম হৈ যায় যে আমাৰ ভিতৰত সেই কামক কৰাৰ ইচ্ছা শেষ হৈ যায়। বাৰে বাৰে কামৰ আৰম্ভণি কৰিব নোৱাৰাৰ কাৰণে আমি কেইবাটাও গুৰুত্বপূৰ্ণ বিষয়ত পিছ পৰি যাওঁ আৰু তাৰ পিছত অসফল বুলি কোৱা হয়।

কাম এৰি দিয়াতো বেয়া অভ্যাস

কিছুমান লোকে প্ৰতিটো কাম কৰাত এৰি দিয়ে। কোনো কাম নকৰা বা পিছলৈ থৈ দিয়াতো ব্যৰ্থতাৰ ডাঙৰ কাৰণ হয়। আজিৰ কামক কালিলৈৰ বাবে থৈ দিয়াতো এটা ডাঙৰ আৰু ভয়ানক মগজু ৰোগ হয়, অৱশ্যে ইয়াক ৰোগৰ শ্ৰেণীত গণনা কৰা নাযায়, কিন্তু এইটো এটা ৰোগ হয়- কম বুদ্ধি আৰু বুদ্ধিহীনতাৰ ৰোগ। এনে লোকে ভাৱিব নোৱাৰে যে কালিলৈ কেতিয়াও নাহে। প্ৰত্যেক দিন আজি হয়- যাক আপুনি (পাৰ হোৱা দিন অৰ্থাৎ যোৱাকালি) 'কালিলৈ' কৈ থকাটো আপোনাৰ সন্মুখত 'আজি' হৈ যায়। আমাৰ জীৱনত কালিলৈ কেতিয়াও আহিব নোৱাৰে।

যদি আমি কোনো কামক কৰিব বিচাৰো তেন্তে সেই কামক

কৰাৰ নিৰ্ণয় আমি শীঘ্ৰে লব লাগিব। যি কোনো কামক আৰম্ভ কৰাৰ সময় এতিয়া হয়। আমি অপেক্ষা কৰিব নালাগে। অপেক্ষাৰ সময় কেতিয়াও শেষ নহয়। আমি আমাৰ নিৰ্ণয় লোৱাৰ শক্তিক আৰু শক্তিশালী কৰিব লাগে। আমি আমাৰ নিৰ্ণয় নিজে লব লাগিব। সকলো নিৰ্ণয়ৰ দুটা ফলফল আছে- লাভ বা লোকচান। লাভ হ'লে কোনো সমস্যা নাই আৰু যদি লোকচান হয় তেন্তে সেই কামক কৰাৰ অভিজ্ঞতা প্ৰাপ্ত হ'ব। এনে অভিজ্ঞতা যি আপোনাক ভৱিষ্যতে হোৱা লোকচানৰ প্ৰতি সচেতন কৰিব, তাৰ পৰা বচাব।

অন্য শব্দত এই কথাক এনেদৰে কব পাৰি- লাভ, লোকচানৰ অভিজ্ঞতাৰ কাৰণে ব্যক্তি এদিন ইমান পৰিপক্ক হৈ যায় যে মানুহে তেওঁক বিশেষ জ্ঞানী বুলি মানি তেওঁক সন্মান দিয়ে আৰু সফলতা এনে লোকৰ চৰণ স্পৰ্শ কৰে।

স্বামী বিবেকানন্দ আমেৰিকালৈ ভ্ৰমণ কৰিছিল। এটা ঠাইত তেওঁ এটা দলংত থিয় হোৱা কিছুমান ল'ৰাত নদীক ভাঁহি থকা কণীৰ বাকলিত বন্দুক লক্ষ্য কৰা দেখা পালে। কোনো ল'ৰাৰ লক্ষ্য কণীত লগা নাছিল। তেতিয়া তেওঁ এজন ল'ৰাৰ পৰা বন্দুক লয় আৰু নিজে লক্ষ্য কৰিব ধৰিলে। তেওঁ প্ৰথম লক্ষ্য লগাই আৰু একেবাৰে ভালদৰে লগাই দিয়ে তাৰ পিছত এটাৰ পিছত আন এটা কৰি ১২ বাৰ সেই বাকলিত বন্দুকৰ গুলি লগাই দিয়ে। এইটো দেখি ল'ৰা বিলাক আচৰিত হয় আৰু সুধে, 'আপুনি কেনেদৰে কৰিলে ?'

স্বামীয়ে কয়, 'তুমি যি কৰি আছা, তোমাৰ মগজুত তাত সমৰ্পিত কৰা। যদি তুমি লক্ষ্য লগাইছা যেতিয়া তোমাৰ গোটেই ধ্যান লক্ষ্যত থাকিব লাগে, তেতিয়া তুমি নিজক লগাব পাৰিব। যদি তুমি তোমাৰ কিতাপ পঢ়ি আছা তেন্তে কেৱল কিতাপ পঢ়াৰ বিষয়ে ভাবা। মোৰ দেশত শিশু সকলক এনেদৰে কৰিবলৈ শিকোৱা যায়।'

লক্ষ্যৰ প্ৰতি দৃষ্টি ৰাখক

যেতিয়া আপুনি ঘৰৰ পৰা ওলাই যায় তেতিয়া প্ৰথমে নিৰ্ধাৰিত কৰি লয় যে আপুনি কলৈ যাব। গৈ পাওঁতে পলম হ'ব পাৰে, ৰাস্তাত কিছুমান বাধা আহিব পাৰে, ইয়াৰ স্বত্বেও বাধাকো পাৰ কৰি আপুনি সেই স্থানলৈ গৈ পাব পাৰে।

যদি আপুনি বিনা লক্ষ্যত ঘৰৰ পৰা ওলাব তেতিয়াহ'লে ইফালে- সিফালে ঘূৰি পুনৰ ঘৰলৈ আহি যাব। এনেদৰে সেইকাৰণে হয় যে আপুনি কলৈ যাব সেই বিষয়ে নাজানে। গতিকে আপুনি অনাই-বনাই ঘূৰি ফুৰিলে ভাগৰি পৰি ঘৰলৈ অহাই একমাত্ৰ বিকল্প থাকি যায়।

এনেদৰে যদি আপুনি সফল হ'বৰ বাবে ডাঙৰ ডাঙৰ লক্ষ্য নিৰ্ধাৰণ কৰিব, তেতিয়া আপুনি লক্ষ্যক প্ৰাপ্ত কৰিব পাৰিব। লক্ষ্য নিৰ্ধাৰণ কৰা আৰু তাক পুৰা কৰিবৰ বাবে আৰম্ভণি কৰাই সেই লক্ষ্যক প্ৰাপ্ত কৰাত সফলতা দিয়াই।

লক্ষ্য যি কোনো হ'লেও, তাক পুৰা কৰাত সৰু ডাঙৰ বাধা আহে। বাধা আহিব

লক্ষ্য নিৰ্ধাৰণ কৰাৰ পিছত তাৰ পৰা অলপ সময়ৰ বাবেও আতৰি যাব নালাগে, একেবাৰে অৰ্জুনৰ দৰে। তেতিয়াহে আপোনাৰ ধেনুৰ কাৰ লক্ষ্য থাকিব, অৰ্থাৎ আপুনি সফলতাৰে লক্ষ্যলৈ গৈ পাব। সফলতাৰ গুপ্ত সূত্ৰত এইটোও এটা সূত্ৰ হয়, যাৰ দ্বাৰা আপুনি সফলতা এশ শতাংশ প্ৰাপ্ত কৰিব পাৰে।

সূৰ্য সিন্হা

লাগে কাৰণ বিনা বাধাৰ লক্ষ্য প্ৰাপ্তি নীৰস প্ৰমাণিত হয়। বিনা বাধা, বিনা সংঘৰ্ষৰ যদি আপুনি আপোনাৰ লক্ষ্যত উপণিতও হৈ যায় তেতিয়া আপোনাক সেই সুখ প্ৰাপ্ত নহ'ব, তেনেকুৱা সুখৰ অনুভূতি নহ'ব, য'ত গৌৰৱ বা বিজয়ী হোৱা ভাৱ থাকে।

বাধা আৰু কঠিনতা এক প্ৰকাৰে আপোনাৰ পৰীক্ষা লয় যে আপোনাৰ ভিতৰত লক্ষ্য পোৱাৰ ইচ্ছা আছেনে নাই। এনেতো এইটো প্ৰকৃতিৰ নিয়ম হয়। পৰীক্ষা আৰু সংঘৰ্ষ জীৱনৰ অনিবাৰ্য অংগ হয়। ইয়াৰ পৰা ভয় কৰিব নালাগে, ইয়াৰ পৰা চিন্তিত হ'ব নালাগে।

লক্ষ্য বিনা জীৱন আধৰুৱা

লক্ষ্যৰ বিনা জীৱনৰ কোনো আনন্দ উপভোগ কৰিব নোৱাৰে, সেইকাৰণে আপোনাৰ জীৱনত এটা লক্ষ্য নিৰ্ধাৰিত কৰক। যি লোকে নিজৰ লক্ষ্য নিৰ্ধাৰিত নকৰে, তেওঁ আনৰ লক্ষ্যক পুৰা কৰিবৰ বাবে গাধৰ দৰে কাম কৰিব লগীয়া হয় আৰু সেই কাম তেওঁৰ বাবে বোজাৰ দৰে হৈ যায়।

এইটো অন্তৰ হয় সফল ব্যক্তি আৰু সাধাৰণ ব্যক্তিৰ মাজত। সফল ব্যক্তিয়ে নিজৰ লক্ষ্য নিৰ্ধাৰণ কৰি যায় আৰু সাধাৰণ ব্যক্তিয়ে গোটেই জীৱন সেই সফল ব্যক্তিৰ লক্ষ্যক প্ৰত্যক্ষ আৰু পৰোক্ষ ভাৱে পুৰা কৰাত লাগি থাকে।

ইয়াত কোনো সন্দেহ নাই যে সফল ব্যক্তিয়ে নিজৰ লক্ষ্যৰ প্ৰতি পূৰ্ণ ৰূপেৰে সমৰ্পিত হৈ থাকে, তেওঁৰ দৃষ্টি কেৱল লক্ষ্যত থাকে। ঠিক সেইদৰে, যেনেদৰে ধনুধাৰী অৰ্জুনৰ দৃষ্টি চৰাইৰ চকুত আছিল। চৰাইৰ চকুৰ কাহিনী আপোনাৰ মনত আছে নিশ্চয়। যদি পাহৰি গৈছে এবাৰ পঢ়ি লওক-

গুৰু দ্ৰোণচাৰ্যই এদিন তেওঁৰ সকলো শিষ্যক পৰীক্ষা লবৰ বাবে তেওঁ এটা নিৰ্দিষ্ট সময়ত মাতে। এজোপা গছৰ কাপোৰেৰে তৈয়াৰী এটা নকলি চৰাই বান্ধি দিয়ে আৰু সকলো শিষ্যক কৈ দিয়ে তেওঁলোক সকলোৱে ধেনুকাৰ বিদ্যাৰ কৌশলেৰে চৰাইৰ চকুত ভেদ কৰিব লাগে

অৰ্থাৎ চৰাইৰ চকু লক্ষ্য আছিল। পৰীক্ষা আৰম্ভ কৰাৰ পূৰ্বে গুৰু দ্ৰোণে এটা এটা কৰি সকলোকে সুধে যে তেওঁলোকে কি দেখা পাইছে ?

সকলো কৌৰৱ আৰু পাণ্ডৱে বেলেগ উত্তৰ দিয়ে। কোনোবাই-গছ দেখা পাইছে, কোনোবাই চৰাই দেখা পাইছে ইত্যাদি।

কিন্তু অৰ্জুনৰ উত্তৰ সকলোতকৈ বেলেগ আছিল। তেওঁ কয়- 'মই কেৱল চৰাইৰ চকু দেখা পাইছো।'

এনেদৰে যাক কেৱল নিজৰ লক্ষ্য দেখা দিয়ে, বাকী সকলো কথা বা বস্তুৰ ওপৰত ধ্যান নাথাকে, তেওঁক সফল হোৱাত সংসাৰৰ কোনো শক্তিয়ে ৰখাব নোৱাৰে।

প্ৰিয় বন্ধু! ঈশ্বৰ কণ-কণত বিৰাজমান হৈ আছে আৰু তেওঁ আমাৰ সকলো গতিবিধিৰ ওপৰত দৃষ্টি দিয়ে। যেতিয়া আমি কোনো কামক নিষ্ঠাৰে আৰু পৰিশ্ৰমেৰে চেষ্টা কৰো তেতিয়া পৰোক্ষ ৰূপেৰে ঈশ্বৰে আমাৰ সহায় কৰে। সেইকাৰণে নিঃসংকোচ হৈ লক্ষ্য নিৰ্ধাৰিত কৰক আৰু তাক পুৰা কৰাৰ চেষ্টা কৰি থাকক।

আনৰ কল্যাণৰ কামনা কৰক

ঈশ্বৰে এইখন সংসাৰত সমস্য প্ৰাণীতকৈ কেৱল মনুষ্যক এনে অদ্ভুত মগজু দিছে, যাৰ দ্বাৰা তেওঁলোকে সকলো সমস্যাৰ সমাধান কৰিব পাৰে, সকলো কঠিনতাৰ সন্মুখীন হৈ তাৰ পৰা বাহিৰলৈ ওলাই আহিব পাৰে আৰু সকলো ধৰণৰ লক্ষ্যক ভেদ কৰিব পাৰে। গতিকে আপুনি আপোনাৰ জীৱনত এনে লক্ষ্য নিৰ্ধাৰিত কৰিব লাগে, যৰ পৰা প্ৰত্যক্ষ বা পৰোক্ষ ভাৱে আনৰ উন্নতি হ'ব পাৰে।

পৰমপিতা পৰমেশ্বৰ আপোনাৰ সহায় কৰিছিল, কৰে আৰু কৰি থাকিব। এইটো হয় যে এক, দুই বা চাৰি বাৰ তেওঁ আপোনাক অসফল আপোনাৰ পৰীক্ষা নিশ্চয় লয়। তেওঁ পৰীক্ষা লয় আৰু চাই যে 'মোৰ ওপৰত কিমান বিশ্বাস আছে', সেইকাৰণে প্ৰিয় বন্ধু! অসফলতাৰ পৰা ভয় নকৰিব। যদি কোনো কামত অসফল হৈছে তেন্তে এনেদৰে ভাৱক যে ঈশ্বৰে আপোনাৰ পৰীক্ষা লৈ আছে। আপুনি লক্ষ্যৰ

ওপৰত কাম কৰি থাকক। এদিন নহয় এদিন আপুনি নিশ্চয় সফল হ'ব।

এইখন সংসাৰে তেওঁকেই ৰাস্তা দিয়ে, যি তীব্ৰ গতিৰে চলে আৰু তীব্ৰ গতিৰে, ক'তো নৰখি আগবাঢ়ে, যিয়ে জানে যে তেওঁ কলৈ যাব, তেওঁৰ লক্ষ্য কি হয়?'

আপুনি কলৈ গৈ আছে?

এইটো ভাৱক আৰু ইয়াৰ ওপৰত মন্থন কৰক।

যেতিয়া আপুনি আপোনাৰ লক্ষ্যক নিৰ্ধাৰিত কৰি লয়, তেতিয়া পৰিস্থিতি আপোনাৰ অকুকূল হ'ব ধৰিব আৰু কোনেও আপোনাক পথ ভ্ৰষ্ট কৰিব নোৱাৰিব। আপোনাৰ ৰাস্তাৰ সকলো বাধা শেষ হ'ব আৰু আপুনি এটাৰ পিছত আন এটা কৰি সফলতাৰ চিৰি বগাই যাব, এটাৰ পিছত আন এটা লক্ষ্যত উপণিত হ'ব।

সদায় সামান্য হৈ থাকক

পৰিস্থিতি অনুকূল হওক বা প্ৰতিকূল যি কোনো পৰিস্থিতিত একে হৈ থাকক। কিছুমান লোকে অসফল হ'লেই নিৰাশা আৰু বিৰক্ত হৈ কাম কৰা ত্যাগ কৰি দিয়ে। সফলতা প্ৰাপ্ত কৰি থাকিলে মন লগাই কাম কৰি থাকে। এইটো ভুল হয়। দুয়ো পৰিস্থিতিত আপুনি নিষ্ঠাৰে কাম কৰি থাকিব লাগে।

যেতিয়া আপোনাক কোনোবাই প্ৰশংসাক কৰে তেতিয়া ভাল লাগে আৰু যেতিয়া সমালোচনা কৰিলে দুখী হৈ যায়, এইটো প্ৰবৃত্তি ভুল হয়। ইয়াৰ পৰা স্পষ্ট হয় যে আপুনি অসংযমিত, অধীৰ, দুৰ্বল মনোদশা আৰু নিৰ্বল আত্মবিশ্বাসৰ ব্যক্তি হয়।

সকলো পৰিস্থিতিত আপুনি নিজকে একে কৰি ৰাখাক। সুখত বেছি সুখী নহ'ক, দুঃখত ভয় নকৰিব। আপোনাৰ কথা আৰু হাও-ভাওত সামান্য হৈ থাকক। এনেদৰে ভাৱক যে সংসাৰত আপুনিয়েই প্ৰথম এনে ব্যক্তি নহয়, যাৰ জীৱনত সমস্যা বা দুঃখ আহিছে। সুখ-

দুঃখ ছাঁৰ দৰে হয়, জীৱনত ই অহা-যোৱা কৰি থাকে।

আপোনাৰ মনোযোগ সেই দিশত থাকক

সহজতাৰে আপুনি নিজৰ লক্ষ্যক গৈ পাব বিচাৰে তেন্তে বহুত আৱশ্যক হয় যে আপোনাৰ ধ্যান সেই দিশত থাকক, যি ফালে আপুনি যাব লাগে। আপোনাক আপোনাৰ দিশৰ জ্ঞান থাকিব লাগে। যদি আপুনি যাব বিচাৰে পূৱ ফালে, কিন্তু গৈ আছে পশ্চিম ফালে তেন্তে গন্তব্য স্হান নাপাব।

এটা কথা সদায় মনত ৰাখিব যে ওপৰলৈ যোৱাতো তললৈ নমাৰ তুলনাত বেছি কঠিন হয়। নমাৰ তুলনাত ওপৰলৈ যোৱাত বেছি কষ্ট হয়। গতিকে যদি আপুনি সফলতাৰ চিৰি বগোৱাৰ পথ নিৰ্বাচিত কৰিছে তেন্তে মনোযোগ ভালদৰে দিয়ক। ইতিবাচক অৰ্থাৎ পজিটিভ ভাৱক। যেতিয়া আমি কিছু পাব বিচাৰো তেন্তে ঈশ্বৰে তাৰ পৰিৱৰ্তে আমাৰ পৰা কিবা নহয় কিবা মূল্য নিশ্চয় লয়। যেনে- ত্যাগ, সেৱাভাৱ, কৰ্ম আদি। বিনা মূল্যত আমি একো নাপাওঁ। চব্বিশ কেৰেট খাটি সোণৰ দৰে এই কথা সদায় মনত ৰাখক।

কষ্টৰ পৰা ভয় নকৰিব

এটা ডাঙৰ মন্দিৰ আছিল। সেই মন্দিৰ মাৰ্বলেৰে নিৰ্মাণ কৰিছিল। মন্দিৰত মাৰ্বলেৰে নিৰ্মাণ কৰা ভগৱানৰ মূৰ্তিও আছিল, মানুহে সেই মন্দিৰলৈ আহি মূৰ্তিৰ ফল, ফুল, ধুপ, শলিতা আদিৰে পূজা কৰিছিল। ভগৱানৰ সেই মূৰ্তিক নমন কৰিছিল।

এদিন মন্দিৰৰ দোৱাৰৰ ওচৰত মাৰ্বলে মূৰ্তিক কয়- 'আপুনিও মাৰ্বল হয় মইও, কিন্তু মানুহে আপোনাক পূজা-অৰ্চনা কৰে, আপোনাক নমন কৰে আৰু মোৰ ওপৰত জুতা-চেণ্ডেল ৰাখে। এনেদৰে কি হয়?'

মূৰ্তিয়ে উত্তৰ দিয়ে- 'মই বহু বছৰলৈকে মূৰ্তিকাৰৰ হাঠুৰিৰে আঘাত পাইছো, সেইকাৰণে মোৰ পূজা কৰে, যদি আপুনিও আঘাত পোৱাহেঁতেন মোৰ দৰেই আপোনাকো পূজা কৰিলেহেঁনে।'

দোৱাৰৰ ওচৰত থকা মাৰ্বলে কথা কোৱা বন্ধ কৰি দিয়ে।

উপৰোক্ত কথা শুনাৰ অৰ্থ এইটো হয় যে সেই মাৰ্বলৰ মূৰ্তিৰ দৰে যদি আপুনিও কষ্ট উঠাই, সংঘৰ্ষ কৰি জীৱনত কোনো এটা দিশলৈ উপণিত হ'ব, তেন্তে নিঃসন্দেহে মানুহৰ দৃষ্টিত মহান হৈ যাব। সেই মূৰ্তিৰ দৰে মানুহে আপোনাকো শ্ৰদ্ধা নমন কৰিব, পূজা কৰিব।

আফ্ৰীকাৰ ঘন জংঘলত হাতীৰ সংখ্যা বেছি হয়। গৰমৰ দিনত হাতী যি ৰাস্তায়েদি পুখুৰীত পানী খাব যায়, সেই ৰাস্তায়েদি সিঁহতক ধৰিবৰ বাবে মানুহে ডাঙৰ ডাঙৰ গাত খান্দি থয়, সেই গাতৰ চাৰিওফালে সমান ডাঙৰ গছ পেলাই দিয়ে। তাৰ পিছত গাতৰ ওপৰত কোমল গছৰ পাতেৰে ঢাকি দিয়ে। যেতিয়া হাতীয়ে পানী উলিয়াই তেতিয়া সিঁহতৰ দলত সকলোতকৈ আগত যোৱা হাতী গাতৰ ওপৰত দাল পাতৰ কাৰণে গাত দেখা নাপায় আৰু দল ভাঙি যোৱাৰ পিছত হাতী গাত ভিতৰলৈ পৰি যায়। হাতী ধৰা সকলে সেই হাতীক আনি প্ৰথমে কেইবা দিনলৈকে ভোক-পিয়াহত ৰাখে, যৰ পৰা হাতী দুৰ্বল হৈ যোৱাৰ কাৰণে সি বহুত চটফটাই থাকে। তাৰ পিছত এজন ব্যক্তিয়ে তাক দানা দিয়ে। দানা দিয়াৰ বলতে লাহে লাহে সেই ব্যক্তিয়ে হাতীক চা-চিনাকি হয় আৰু তেওঁৱেই হাতী শিকাই। শিক্ষা দিয়াৰ পিছত হাতীক মানুহে বেচি দিয়ে।

কেইবাবাৰ হাতী ধৰিবৰ বাবে গাত খন্দা হয়, তাত ৰাতি দুৰ্ভাগ্যবশ্যত হৰিণ, নীল গায়, বাঘ, জংঘলৰ অন্য জন্তু পৰি যায়। গাত খন্দা ব্যক্তিয়ে সেই কেইটাকো উলিয়াই আনে। হাতী ধৰা সকলে আফ্ৰীকাৰ জংঘলত এবাৰ হাতীক ফচাবৰ বাবে এটা গাত খান্দে আৰু গাত ঢাকি দিয়ে। ৰাতি এটা সিংহ সেই গাতত পৰে। সিংহ কোনো সৰু পশুক ধৰিবলৈ দৌৰিছি ছাগে আৰু ভুলতো গাতত পৰি যায়। এজন চিকাৰীয়ে এইফালেদি আহি আছিল। তেওঁ সিংহক গাতত পৰি থকা দেখা পায়। বীৰ পুৰুষে কাৰোবাক দুখত দেখি নামাৰে, তাক সহায় কৰে। সিংহ বাৰে বাৰে জাঁপ মাৰিছিল, কিন্তু গাতৰ চাৰিওফালে থকা কাঠবিলাক তাক আঘাত কৰিছিল আৰু পুনৰ পৰি যায়। চিৰকাৰীয়ে এটা ৰচিত দুটা কাঠ বান্ধি দিয়ে আৰু ওচৰৰ এজোপা গছত উঠি যায়। তেওঁ গছৰ পৰা ৰচিক গাত মেৰিয়াই আৰু দুয়ো কাঠক গাতৰ চাৰিওফালে থকা কাঠৰ মাজত ৰচি জোৰেৰে লগাই দিয়ে। সেই কাঠ উঘালি দিয়াৰ পৰা সিংহক ৰাস্তা পায়। সি জাঁপ মাৰি সেই গাতৰ পৰা বাহিৰলৈ আহে আৰু জংঘললৈ গুচি যায়।

সেই চিকাৰীয়ে এদিন এটা পুখুৰীৰ কিনাৰত পানী খোৱাৰ পিছত আৰাম কৰিবৰ বাবে বন্দুক থৈ বহি আছিল। তেওঁ ভাগৰুৱা হৈ গৈছিল, সেইকাৰণে অলপ আৰাম কৰি থাকোতে তেওঁক টোপনি ধৰে। তেনেতে তাত এটা বাঘ আহে আৰু চিকাৰীক মাৰিবৰ বাবে উত্তাৱল হৈ যায়। চিকাৰীয়ে ভয় চিএৰিব ধৰিলে। এনেতে এটা সিংহ গৰজি উঠে। তাৰ গুঞ্জন শুনি বাঘ পলাই যায়, কিন্তু সিংহ বাঘৰ ওপৰত জাঁপ মাৰে বাঘক মাৰি পেলাই। চিকাৰীয়ে বুজি পাইছিল যে বাঘক মাৰি সিংহই এতিয়া তাক মাৰিব, কিন্তু সিংহ আহে আৰু চিকাৰীৰ সম্মুখত বহি নেগুৰ হিলাব ধৰিলে। চিকাৰীয়ে চিনি পালে যে এইটো সেই সিংহ হয়, যাক গাতৰ পৰা তেওঁ উলিয়াই অনাত সহায় কৰিছিল।

সপোনক বাস্তৱত পৰিণত কৰক

সপোনৰ বিষয়ে সকলোৱে জানে। সপোন দুই প্ৰকাৰৰ হয়- এটা সেই সপোন, যাক শুই থাকাতে দেখো, আনটো আমি জাগি থাকি চকুৰে দেখা পাওঁ। সফল হ'বৰ বাবে আপুনিও জাগি থাকি চকু আৰু মগজুৰ খিৰিকি খুলি সপোন চাওক, নিজে প্ৰয়াস কৰিব লাগিব, নিজে সাহস গোটাব লাগিব, তেতিয়াহে আপুনি সংসাৰত কিছু কাম কৰিব পাৰিব, তেতিয়াহে আপুনি সফল হ'ব পাৰিব।

শুই থাকি সপোন সকলোৱে দেখে। বহুত কম লোকে জাগি থাকি সপোন দেখে। অন্য শব্দত কব গ'লে যি লোকে জাগি থাকি সপোন দেখে বা সপোনৰ জাল তৈয়াৰ কৰে, তেওঁ সফলতা প্ৰাপ্ত কৰে, তেওঁৱেই সফলতা প্ৰাপ্ত কৰে। এইখন সংসাৰত সপোন চোৱা চাৰি প্ৰকাৰৰ ব্যক্তি আছে। প্ৰথম নম্বৰত তেওঁলোক যি কেৱল শুই থাকি সপোন দেখে। তেওঁলোকৰ নিজৰ কোনো সপোন নাথাকে। কোনো সপোন দেখিলে ঠিকেই, নেদেখিলেও ঠিকে। তেওঁলোকৰ সপোন চোৱাৰ কোনো উৎসাহ নাথাকে। এনে লোক সদায় ৰুটিন লাইফ জীয়াই থকা পছন্দ কৰে। তেওঁলোকে

> সফল হ'বৰ বাবে আপুনি জাগি থাকি সপোন চাওক। আপোনাৰ চকু আৰু মগজুৰ খিৰিকি খুলি দিয়ক, নিজে চেষ্টা কৰিব লাগিব, নিজে জাগিব লাগিব আৰু নিজে সাহস গোটাব লাগিব, তেতিয়া আপুনি সংসাৰত কিবা নহয় কিবা এটা কৰিব পাৰিব, তেতিয়াহে আপুনি সফল হ'ব পাৰিব।
>
> সূৰ্য সিন্‌হা

নিজকে সীমাত বান্ধি ৰাখে। সেই লোক সকল যি কাম এবাৰ পাই, সেই কামক গোটেই জীৱন কৰি থাকে। কামৰ কোনো প্ৰতিফল নাপায়, নিজকে সন্তুস্ট কৰি লয়। তেওঁলোকৰ জীৱনক এক ধাৰাত চলি থাকে। ভাৱে- জীৱন চলি আছে আৰু কি লাগে? এইটো চিন্তাধাৰাৰ অন্তৰ্গত তেওঁলোকে জীৱনত কেতিয়াও আগবঢ়াত বিশ্বাস কৰিব নোৱাৰে। যদি এনে কানো ব্যক্তিয়ে চুইমিং পুলত পৰি যায় তেতিয়া তেওঁ হাত-ভৰিও হিলাব নোৱাৰে আৰু ডুবি পৰি যাব। যদি কোনোবাই আহি বচাইও লয় তেতিয়া জীৱনত কেতিয়াও চুইমিং পুলৰ ফালে যাব নিবিচাৰিব। এনে চিন্তাধাৰাৰ লোক সংসাৰৰ এনে লোক হয়, যি এমুঠি ভাত খাই জীৱন কটাই দিয়ে। তেওঁলোকে কেৱল 'সন্তুষ্টি সদায় সুখী' ৰ শ্লগান দি থাকে। লাগিলে জীৱনত হেজাৰতা সমস্যা আহিলেও। সংসাৰত এনে লোকৰ সংখ্যা প্ৰায় 60 শতাংশ হয়।

দ্বিতীয় নম্বৰত সেই লোক হয়, যি কিবা কৰিব বিচাৰে, কিন্তু কৰিব নোৱাৰে। সপোন দেখে, কিন্তু তাক পুৰা কৰাত সাহস গোটাব নোৱাৰে। সদায় এনেদৰে ভাৱি থাকে, অপেক্ষা কৰি থাকে যে কোনোবাই আহিব আৰু সপোনক পুৰা কৰি দিব। এনে ধৰণৰ লোকৰ ইচ্ছা জাগে, কিন্তু জাগিয়েই মৰি যায়। কিছু কৰিব বিচাৰে, কিন্তু কৰাৰ সাহস গোটাব নোৱাৰে। যদি এনে লোকে চুইমিং পুলত পৰি যায় তেতিয়া জীৱন বচাবৰ বাবে চিঞৰ-বাখৰ কৰে, আনৰ পৰা সহায় বিচাৰে আৰু বাচিবলৈ নিজেও চেস্টা কৰে। যদি বাচি যায় তেতিয়া চুইমিং পুলৰ ফালে যায়, কিন্তু তাৰ পৰা অলপ দূৰত থাকে। তেওঁলোকে সাঁতুৰা শিকিব বিচাৰে, কিন্তু ডুবি যোৱাৰ ভয়ত শিকাৰ পৰা ৰখি যাব আৰু আনক সাঁতুৰা দেখি সন্তুস্ট হৈ যায়। এনে লোকক মানসিকতাৰ ৰোগী বুলি কোৱা হয়। এনে লোকে নিজে আগবাঢ়ি কিছু কৰিব নিবিচাৰে আৰু সদায় আনৰ উপলব্ধিকেই গণি থাকে। তাতেই তেওঁলোকে সন্তুস্ট হৈ থাকে যেন সেই উপলব্ধি তেওঁলোকে নিজে প্ৰাপ্ত কৰিছে। এনে লোকৰ সংখ্যা সংসাৰত প্ৰায় 25 শতাংশ হয়।

তৃতীয় নম্বৰত তেওঁলোক আছে, যি সপোন দেখে আৰু তাক

পুৰা কৰাত লাগি যায়। যেতিয়ালৈকে সপোন পুৰা নহয়, তেতিয়ালৈকে তেওঁলোকে মনে মনে বহি নাথাকে, সপোনক কোনো মিছনৰ দৰে পুৰা কৰি থাকে আৰু অন্তত তাক পুৰা কৰি শান্তি পায়। এনে লোকক সফল বুলি কোৱা হয়। যদি এনে লোকে চুইমিং পুলত পৰি যায় তেতিয়া তেতিয়ালৈকে সংঘৰ্ষ কৰি থাকে, যেতিয়ালৈকে হাত-ভৰি মাৰি সাঁতুৰা নিশিকে। বহুতো ক্ষেত্ৰত দেখা গৈছে যে সাঁতুৰাৰ আ-আ-ক-খ নজনা লোকে চুইমিং পুলত পৰে আৰু নিজকে বচাবৰ বাবে চেষ্টা কৰি নিজে সাঁতুৰা শিকি যায়। তেওঁলোকে আনৰ সহযোগৰ বিনে সাঁতুৰা শিকে। তাৰ পিছত চুইমিংৰ ওপৰত উপভোগ কৰে। এনে লোক অতি প্ৰসন্ন হৈ থাকে। নিজৰ পথত অহা সকলো বাধা-বিপত্তিক নষ্ট কৰি দিয়ে। এনে লোক সংঘৰ্ষ কৰাৰ ওপৰত বিশ্বাস কৰে। তেওঁলোকক গম পাই যে বাধা অস্থায়ী হয়। বাধা কমবীৰ আৰু যুজাৰু লোকৰ একো বেয়া কৰিব নোৱাৰে। সেইবিলাক আহি থাকে আৰু গুচি যায়। সংসাৰত এনে লোকৰ সংখ্যা প্ৰায় 10 শতাংশ হয়।

চতুৰ্থ নম্বৰত তেওঁলোক আহে যি নিজে সপোন দেখে আৰু সেই সপোনক পুৰাও কৰে, কিন্তু তেনে ধৰণৰ সপোনক আনকো দেখুৱাই আৰু তেওঁলোককো সপোনক পুৰা কৰাত সহায় কৰে। যদি এনে লোকে চুইমিং পুলত পৰি যায় তেতিয়া নিজে সাঁতুৰা শিকাৰ লগতে আনকো শিকাই, যাতে যি সমস্যাত তেওঁ পাৰ হৈছে, আনকো বচাব পাৰে। এনে লোক সমাজ আৰু সংসাৰক সলনি কৰাৰ ক্ষমতা ৰাখে। সংসাৰ তেওঁলোকৰ পিছত যায়। তেওঁলোকক সমাজত লিডাৰ বুলি কোৱা হয়। তেওঁলোকে নিজে লিডাৰ হোৱাৰ লগতে আনকো লিডাৰ বনাই দিয়ে। তেওঁলোকৰ সকলোতকৈ ডাঙৰ বিশেষতা হৈছে নিজে গুৰুত্বপূৰ্ণ হোৱাৰ লগতে আনকো গুৰুত্বপূৰ্ণ কৰি দিয়ে। এনে লোকৰ সংখ্যা প্ৰায় 5 শতাংশতকৈ কম হয়।

যদি আপুনি প্ৰথম পৰ্যায়ৰ ব্যক্তি হয় তেন্তে আপুনি পুৰণা ৰীতিৰ নীতিৰ মানুহ হয়, আপুনি নিজকে সীমাত বান্ধি ৰাখিছে। আপুনি নিজৰ বাবেই নহয়, বৰং পৰিয়াল, সমাজৰ বাবে বোজা হয়। গতিকে

আপুনি ভিতৰৰ পৰা পৰিৱৰ্তন আনিব লাগিব। আপুনি নাজানে যে সময় কিমান তীব্ৰ গতিৰে সলনি হৈছে আৰু এইখন সংসাৰত কিমান পৰিৱৰ্তন হৈছে, পৰিৱৰ্তনৰ গতি কিমান তীব্ৰ হয়।

পৰিৱৰ্তন প্ৰকৃতিৰ নিয়ম হয়। যদি সংসাৰৰ লগত চলে, তেতিয়া নিত হৈ থকা পৰিৱৰ্তনৰ লগত নিজকে সলনি কৰি থকাৰ অৱশ্যক। যি ব্যক্তিয়ে পৰিৱৰ্তনৰ লগত নিজকে পৰিৱৰ্তিন কৰিব নোৱাৰে, তেওঁলোকে নষ্ট হৈ যায় বা জীৱনত বহুত পিছ পৰি যায় আৰু আগবঢ়াৰ সকলো সম্ভাৱনা শূন্য হৈ যায়।

দ্বিতীয় পৰ্যায়ৰ ব্যক্তি এইখন সংসাৰত হৈ থকা পৰিৱৰ্তনৰ লগত নিজকে পৰিৱৰ্তন কৰিব বিচাৰে, কিন্তু এক কাল্পনিক ভয় তেওঁলোকক পৰিৱৰ্তনৰ পৰা ৰখায়। যদি তেওঁলোকে বিচাৰে তেনেহ'লে নিজকে পৰিৱৰ্তন কৰিব পাৰে, কিন্তু কাল্পনিক ভয়ৰ কাৰণে এনেদৰে হ'ব নোৱাৰে। জীৱনত সফল হ'ব বিচাৰে তেন্তে মনৰ পৰা কল্পনাৰ ভয়ক উলিয়াই দিব লাগিব, কাৰণ সেই ভয় আমি নিজে সৃষ্টি কৰিছো। বাস্তৱিকতা সেই ভয়ৰ লগত কোনো লেন-দেন নাই। ৰচিক সাঁপ বুলি ভৰাতকৈ অধিক একো মহত্ব নাথাকে, সেইকাৰণে আপুনিৰ ভিতৰৰ পৰা ভয়ক উলিয়াই দিয়ক আৰু এইখন সংসাৰৰ লগত আগবঢ়া শিকক।

তৃতীয় পৰ্যায়ৰ ব্যক্তি মহান আৰু সফল হয় আৰু সকলো সময়ত আপডেট হৈ থাকে আৰু সকলো ক্ষেত্ৰৰ সকলো তথ্য ৰখাৰ চেষ্টা কৰে। ইয়াৰ বাদেও সময়ৰ লগত সংসাৰত হৈ থকা পৰিৱৰ্তনৰ অনুৰূপে নিজকে পৰিৱৰ্তন কৰিবৰ বাবে সদায় সাজু হৈ থাকে। এইটো কাৰণে তেওঁলোক সফল হয় আৰু সংসাৰৰ মাজত সফল বুলি কোৱা হয়।

চতুৰ্থ পৰ্যায়ৰ ব্যক্তি নিজে পৰিৱৰ্তন কৰা লোক হয়। এইখন সংসাৰত যিমান পৰিৱৰ্তন হৈছে, সেই সকলো এই পৰ্যায়ৰ লোকৰ দ্বাৰা কৰা হয় অথবা এনে লোক সেই পৰিৱৰ্তনৰ আধাৰ হয়। তেওঁলোকেই হয় যি পৰম্পৰাবাদীক সমাপ্ত কৰি সংসাৰক এক ভাল

ভৱিষ্যত প্ৰদান কৰে। বোধহয় এনে লোকক দেখি কোনো বিদ্বানে কৈ কছে-

'কিছুমান লোকে সময়ত গতিত সংযোগ কৰিছে,
কিছুমান লোকে সময়ৰ গতিত সলনি হৈ গৈছে।'

চতুৰ্থ পৰ্যায়ৰ লোক সংসাৰৰ লগত নহয়, বৰং সংসাৰ তেওঁলোকৰ লগত চলে, তেওঁলোকৰ পিছত চলিব লগীয়া হয়। যি কোনো ক্ষেত্ৰত, যি কোনো ফীল্ডত তেওঁলোকে সদায় উচ্চ স্থানত থাকে।

এতিয়া আপুনি নিজৰ মূল্যাংকন নিজে কৰিব লাগিব। আপুনি নিষ্ঠাৰে ভাৱিব লাগিব যে আপুনি কোনটো শ্ৰেণীৰ ব্যক্তি হয় আৰু আপুনি কোনটো শ্ৰেণীৰ ব্যক্তি হ'ব লাগে। মনত ৰাখিব, এইখন সংসাৰত অন্য কোনো ব্যক্তিয়ে আপোনাক সফল কৰিব নোৱাৰে, ভগৱানেও নোৱাৰে। সফলতা প্ৰাপ্ত কৰিবৰ বাবে, সংসাৰত সন্মান পাবৰ বাবে আপুনি নিজকে প্ৰয়াস কৰিব লাগে। আপুনি নিজে জাগিব লাগিব। আপুনি সাহস গোটাব লাগিব, তেতিয়া আপুনি কিবা এটা কৰিব পাৰিব, তেতিয়া আপুনি সফল হ'ব পাৰিব, তেতিয়া আপুনি বিশ্বক জয় কৰিব পাৰিব, কিন্তু মনত ৰাখিব, বিশ্ব জয়ৰ চেষ্টা কৰাৰ পূৰ্বে এইটো কথা নাপাহৰিব যে সকলোতকৈ প্ৰথমে আপুনি নিজকে জয় কৰিব লাগিব, মনক জয় কৰিব লাগিব, তাক আপোনাৰ কণ্ট্ৰলত ৰাখিব লাগিব, অন্যথা মন আপোনাক বিচলিত কৰি দিব আৰু আপুনি গোটেই জীৱনত পথ ভ্ৰষ্ট হৈ থাকিব লাগিব, সেইকাৰণে মই কওঁ-

সকলোতকৈ প্ৰথমে মনক জয় কৰক।

চীনৰ মহান দাৰ্শনিক কনফিউচিয়েচৰ নাম চীনতেই নহয়, বৰং সমগ্ৰ বিশ্বত শ্ৰদ্ধা আৰু সম্মানেৰে লোৱা হয়। তেওঁৰ জ্ঞানৰ গম্ভীৰতাৰে প্ৰভাৱিত হৈ তেতিয়াৰ চীনৰ সম্ৰাটে তেওঁক এখন প্ৰান্তৰ গভৰনৰ বনাই দিয়ে। তেওঁ ঈশ্বৰ ভক্ত আৰু মহান দাৰ্শনিক আছিল, সেইকাৰণে তেওঁ সত্যৰ সন্ধান আৰু প্ৰভু চিন্তনত লীন হৈছিল। ৰাজকাৰ্যত তেওঁৰ ৰুচি নাছিল। মানুহৰ অভিযোগত সম্ৰাটে তেওঁক গভৰনৰ পদৰ পৰা আতৰাই দিয়ে। এই বিষয়ে কনফিউচিয়েচক জনোৱাত তেওঁ মৃদু হাঁহি মাৰি কয়, 'ভালেই হ'ল...'

কালান্তে এদিন সম্ৰাটক কনফিউচিয়েচলৈ মনত পৰে। তেওঁ মন্ত্ৰীক মাতি সুধে, 'আজিকালি কনিফউচিয়েচ ক'ত থাকে আৰু কি কৰে?' সন্ধান কৰি গম পালে যে আজিকালী তেওঁ তিব্বতৰ পাহাৰত এটা আশ্ৰমত শিষ্যৰ লগত থাকে, তেওঁ প্ৰভু চিন্তন কৰে আৰু মানুহক উপদেশ দিয়ে। ৰজাই তেওঁ লগ কৰাৰ ইচছা ব্যক্ত কৰে আৰু তেওঁ মানুহৰ লগত সেই মহান দাৰ্শনিকক লগ কৰিবলৈ যায়। সম্ৰাটে তেওঁৰ আশ্ৰমত গৈ পাই দেখা পাই যে সেই মহান সন্ত প্ৰকৃতিৰ কোলাত এটা শিলৰ টুকুৰাৰ ওপৰত বহি আছে আৰু ঈশ্বৰ চিন্তনত সমাধিস্হ হৈছে। সম্ৰাটে তেওঁক লগ কৰিবৰ বাবে অপেক্ষা কৰি থাকে।

সেই সমহান সন্ত কিছু সময় পিছত চকু মেলি দেখে যে চীনৰ সম্ৰাট তেওঁৰ ওচৰত আছে। তেওঁ সম্ৰাটৰ মধুৰ হাঁহিৰে আদৰ কৰে আৰু কুশল-সংবাদ জানিব বিচাৰিলে। তাৰ পিছত চীনৰ সম্ৰাটে সেই মহান সন্তক সম্বোধিত কৰি কয়- 'কনফিউচিয়েচ, মই তোমাক গভৰনৰ পদৰ পৰা আতৰাই দিছিলো, য'ত তোমাৰ প্ৰতিক্ৰিয় আছিল- ভালেই হ'ল। ইয়াত কি ৰহস্য লুকাই আছে?

মৃদু হাঁহিৰে সেই মহান সন্তই সম্ৰাটক উত্তৰ দিয়ে- 'ৰাজন! চোৱা, সেই পক্ষী কিছু সময় পুৰ্বে সেই ওখ গছ জোপাৰ সকলোতকৈ ওপৰৰ ডালত বহি আছিল, কিন্তু এতিয়া সি এই ৰমণীয় স্হানৰ সেউজীয়া ঘাঁহত আনন্দেৰে দানা খাই আছে। যেনেদৰে তাৰ আনন্দত কোনো প্ৰভাৱ নপৰে, তেনেদৰে মোৰ আনন্দতো কোনো প্ৰভাৱ নপৰে। মই পদ থাকো বা পদৰ তলত থাকো। এই আনন্দ প্ৰভু প্ৰদত্ত হয়। এইটো কাৰোৱে দ্বাৰা দিয়া উপহাৰ নহয়। দিয়া উপহাৰ যি কোনোৱে ঘূৰাই লব পাৰে, কিন্তু প্ৰভু প্ৰদত্ত আনন্দক কোনে ঘূৰাই লব পাৰে? হে ৰাজন! শসন ক্ষমতা, ধনবল, বাহুবল, বুদ্ধিবল সংসাৰৰ যিমান বল আছে, এই সকলোতে অহংকাৰ থাকে, কিন্তু এই দিব্য অৰ্থৰ আনন্দ সম্পূৰ্ণ বেলেগ হয়। কনিফিউচিয়েচে চীন সম্ৰাটক ভাৱপূৰ্ণ শব্দত কয়, 'শাসনৰ ভিতৰত অহংকাৰ থাকে। প্ৰভু ভক্তিত আনন্দৰ অহংকৰ নাথাকে, কিন্তু এই শিখৰলৈ তেওঁ গৈ পাই, যাৰ হৃদয় প্ৰভুৰ প্ৰেমেৰে ভৰপুৰ হৈ থাকে।

সেই মহান দাৰ্শনিক আৰু মহান সন্ত কনফিউচিয়েচৰ এইটো শব্দ চীন সম্ৰাটৰ হৃদয়ক বিন্ধি যায়। তেওঁ শীঘ্ৰে তেওঁৰ ভুলৰ বাবে ক্ষমা বিচাৰি মনৰ পৰা অনুতাপ কৰে আৰু কনফিউচিয়েচৰ চৰণত চীন সম্ৰাট নতমস্তক হৈ যায়। সঁচাকৈ সন্তই নিজে সহজ আৰু সৰল স্বভাৱেৰে সম্ৰাটৰ মন পৰিৱৰ্তন কৰি দিয়ে, কাৰণ তেওঁৰ ওচৰত আচৰণৰ শক্তি থাকে।

পৰিৱৰ্তন জৰুৰী হয়

পৰিৱৰ্তন প্ৰকৃতিৰ নিয়ম হয়। পৰিৱৰ্তন প্ৰকৃতিৰ সেইকাৰণে প্ৰিয় হয়, কাৰণ ই নিজে পৰিৱৰ্তনশীল হয়। যিহেতু প্ৰকৃতি পৰিৱৰ্তনশীল হয়, সেইকাৰণে এইখন সংসাৰো পৰিৱৰ্তনশীল হয়। যি দৰে গছত পুৰনা পাতৰ ঠাইত নতুন পাত লাগে, সেইদৰে কোনো ব্যক্তি যিমান ধনী বা বুদ্ধিমান হ'লেও, যদি তেওঁ প্ৰকৃতিৰ নিয়ম 'পৰিৱৰ্তন' ৰ অনুৰূপে নিজকে পৰিৱৰ্তন নকৰে তেন্তে নষ্ট হৈ যায় বা জীৱনৰ গতিত পিছ পৰি যায়। যি পিছ পৰা লোকৰ আমি কথা কৈ আছে, দুৰ্ভাগ্যৱশত তেওঁলোক হয় যি সকলে সময়ৰ অনুসাৰে নিজকে পৰিৱৰ্তন নকৰিলে আৰু আজি অশেষ চেস্টা কৰিও বিশ্বৰ চৰকাৰে তেওঁলোকক মুখ্য ধাৰাত আনিব পৰা নাই।

প্ৰিয় বন্ধু! যেনেদৰে মই কৈছো যে পৰিৱৰ্তন প্ৰকৃতিৰ নিয়ম হয়, সেইকাৰণে সময়ৰ দাবীক বুজি যি জৰুৰী হয়, তেনেদৰেই নতুন পদক্ষেপ লব লাগে। সময়ৰ লগত পৰিৱৰ্তন হোৱাৰ সাহস ৰখা ব্যক্তিক কেতিয়াও পিছ ফালে ঘূৰি চাব লগীয়া নহয়। সময়ৰ লগত পৰিৱৰ্তন সফলতাৰ বাবে অত্যন্ত আৱশ্যক হয়। বিশেষকৈ আজিৰ যুগত, কিন্তু পৰিস্হিতি আৰু পৰিৱেশ দ্ৰুত গতিৰে পৰিৱৰ্তন হৈছে। আজি বিশ্ব দ্ৰুত গতিৰে

যদি আমি নিজৰ লগতে দেশ আৰু সমাজৰ বিকাশ কৰিব লাগে তেন্তে দ্ৰুত গতিৰে পৰিৱৰ্তন হোৱা জগতৰ লগত আমিও পৰিৱৰ্তন হ'ব লাগিব। যদি আজি আমি এইখন জগতৰ লগত নচলিম তেন্তে আমি বহুত পিছত থাকি যাম। মনত ৰাখিব সময় কাৰোৰে অপেক্ষা নকৰে।

সূৰ্য সিন্‌হা

পৰিৱৰ্তন হৈছে, প্ৰতি দিনে নতুন-নতুন প্ৰযুক্তিৰ আৱিষ্কাৰ হৈছে, প্ৰতিদিন নতুন নতুন বস্তুৰ আৱিষ্কাৰ হৈছে, সদায় বিকাশৰ নতুন মাপদণ্ড নিৰ্দিষ্ট কৰা হৈছে। সময় দ্ৰুত গতিৰে পৰিৱৰ্তন হৈছে, গতিকে তাৰ অনুপাতে পৰিৱৰ্তন আৰু গুৰুত্বপূৰ্ণ হৈ গৈছে।

এই সময়ত বিকাশৰ গতি আমাক অত্যন্ত আচৰি কৰি দিছে। আজি এক নতুন প্ৰযুক্তি আহে আৰু আচৰিজনক ৰূপেৰে দ্বিতীয় দিনা সেইটো পুৰনা হৈ যায়। গতিকে পৰিৱৰ্তন সময়ৰ দাবীও হয় আৰু আৱশ্যকতাও। আপুনিও পৰিৱৰ্তন হওক, আপোনাৰ পৰিৱৰ্তন অত্যন্ত আৱশ্যক হয়।

জাপান, চীন আদি বিকাশশীল দেশে নিজকে পৰিৱৰ্তন কৰি লৈছে, কিন্তু আমাৰ দেশত এইটো কথা সাধাৰণ ব্যক্তিৰ মগজুৰে ঢুকি নাপায়। এইটো কাৰণ হয় যে আমাৰ দেশৰ বিকাশ বহুত লেহেমীয়া হৈছে।

ইমানেই নহয়, ভ্ৰষ্টাচাৰ, বেইমানী, স্বজন-পোষণ, ঘোচখোৰ আদিয়ে আমাৰ দেশৰ প্ৰাথমিকতাৰ গাঁথনিক ফুপোলা কৰি দিছে। এই সকলো বেছি দিনলৈকে নচলিব। এদিন নহয় এদিন আমিয়েই নহয়, বৰং ভৱিষ্যত প্ৰজন্মকো ইয়াৰ ফল ভোগ কৰিব লাগিব। যি দৰে আমাৰ প্ৰাকৃতিক সম্পদ, কৃষি-ভূমি, জংঘলক বিকাশৰ নামত নষ্ট কৰা হৈছে, এদিন সেয়া আমাৰ ভৱিষ্যত প্ৰজন্মৰ বিনাশৰ কাৰণ হৈ যাব। সেই সময়ত আমাৰ বংশধৰ আমাক শ্ৰদ্ধাৰে মনত নাৰাখিব, বৰং গালিহে দিব, দোষৰোপ কৰিব। যি লোকে ভৱিষ্যত প্ৰজন্মৰ বাবে ভূমি, ধন-সম্পত্তিৰ অধিক উপাৰ্জন কৰিছে, এই সকলো তেওঁলোকৰ কামত নাহিব। সকলো এনেয়ে পৰি থাকিব।

এইটো সত্য যে আজি যদি আপুনি নিষ্ঠাৰে এজোপা গছ লগাই, এটোপাল পানী বচাই, পৰিৱেশক প্ৰদূষিত হোৱাৰ পৰা ৰক্ষা কৰে, তেন্তে তাৰ পৰা নিশ্চয় নতুন জীৱন পাব আৰু তেওঁলোকে এনে লোকক প্ৰশংসা কৰিব, বিকাশৰ নামত বিনাশ সকলক মনত নাৰাখে। গতিকে, প্ৰকৃতিয়ে বাৰে বাৰে সতৰ্কবাণী দিছে। সময়ৰ লগত আমি

সকলোৱে পৰিৱৰ্তন হোৱা শিকিব লাগিব, তেতিয়া আমাৰ দেশত সত্য বিকাশ সম্ভৱ হ'ব আৰু তেতিয়া আমাৰ ভৱিষ্যত প্ৰজন্মই আমাক সন্মানেৰে মনত ৰাখিব।

সময়ৰ লগত সকলো বস্তুৰ ভিতৰত পৰিৱৰ্তন আহে। বিজিনেচ প্ৰণালীত, খেতি কৰাৰ পদ্ধতিত, ফেচন আদি সকলো ক্ষেত্ৰত। যি ব্যক্তিয়ে নিজকে পৰিৱৰ্তন কৰিব পৰা নাই তেওঁ পিছত থাকি যায়।

আপুনি ওচৰে-পাঁজৰে নিশ্চয় দেখা পাব যুগ গতি দ্ৰুত হৈ গৈছে। বিকশিত দেশে পৰম্পৰাগত ব্যৱসায় প্ৰণালীক নেটৱৰ্ক প্ৰণালীৰ পৰিৱৰ্তন কৰি সাধাৰণ জনতাৰ জীৱন-স্তৰ উচ্চ কৰি দিয়াৰ সুযোগ দিছে। এইটো বিজিনেচ প্ৰণালী আমেৰিকাৰ দৰে দেশত 1949 ৰ পৰা চলি আহিছে আৰু অত্যাধিক সফল হৈছে, কিন্তু আমি আমাৰ দেশত সেই পুৰনা প্ৰণালী আৰু টেকনিকেৰে কাম কৰি পিছ পৰি গৈছো, দেশ আৰু সমাজৰ বিকাশতো বাধা দিছো।

যদি আম আমাৰ লগত দেশ আৰু সমাজৰ বিকাশ কৰিব বিচাৰো তেন্তে দ্ৰুত গতিৰে পৰিৱৰ্তন হোৱা সংসাৰৰ লগত পৰিৱৰ্তন হ'ব লাগিব। যদি আমি সংসাৰৰ লগত পৰিৱৰ্তন নহওঁ, তেন্তে বহুত পিছত থাকি যাম। মনত ৰাখিব, সময় কাৰোৰে অপেক্ষা কৰি নাথাকে। যদি আমি সফল হ'ব বিচাৰো তেন্তে সময়ৰ লগত পৰিৱৰ্তন হ'ব লাগিব।

সৰু কাম, ডাঙৰ কামঃ এক পাগলামী

কিছুমান লোকে আজিও এশ বছৰ পুৰনা নিম্নস্তৰীয় চিন্তাধাৰা ৰাখে যে এইটো কাম সৰু বা ডাঙৰ। এনে চিন্তাধাৰা পাগলামী হয়। কোনো কাম সৰু নহয়। মন সৰু হ'ব নালাগে। ডাঙৰ মনেৰে কৰা সৰু কামো ডাঙৰ হৈ যায়। কথা কেৱল নতুন চিন্তাধাৰাক আত্মসাৎ কৰাৰ হয়। নতুন দৃষ্টি, নতুন চিন্তাধাৰা আৰু নতুন দৃষ্টিভংগীৰ আৱশ্যক হয়।

যি কামক আমি সৰু বুলি ভাৱিছিলো, সেই কামক কৰাৰ

দায়িত্ব ডাঙৰ ডাঙৰ বিদেশী কোম্পানীয়ে কৰিছে আৰু অত্যন্ত লাভৱান হৈছে। তেওঁলোকে আমাৰ জোতা আমাৰ মূৰত থৈছে। আমাৰ দেশৰ প্ৰাকৃতিক সম্পদ, আমাৰ লোকৰ শ্ৰমেৰে তেওঁলোকে সৰু সৰু বস্তু তৈয়াৰ কৰিছে আৰু নিজৰ দেশৰ মোহৰ লগাই খৰচতকৈ কেইবা গুণ অধিক দামত আমাকেই বেচিছে।

এটা সৰু বীজ পৈণত হৈ বিকাশ গছৰ ৰূপত পৰিণত হয়। এনেদৰে যেতিয়া আমি কোনো সৰু কামক ডাঙৰ মনেৰে কৰো তেন্তে সেই কামো এজোপা গছৰ দৰে মহান আৰু বিৰাট ৰূপ লয়।

যদি আমি আমাৰ জীৱনত উচ্চতাৰ শিখৰ স্পৰ্শ কৰিব বিচাৰো তেন্তে আমি ভিতৰৰ পৰা পৰিৱৰ্তন কৰিব লাগিব, আমি আমাৰ অন্তৰক পৰিৱৰ্তন কৰিব লাগিব।

এইটো আমাৰ জীৱনৰ বাহ্যিক নহয়, আভ্যন্তৰিণ যাত্ৰা হয়। আমি চাব লাগিব যে আমি আভ্যন্তৰিণ ৰূপেৰে কলৈ গৈ আছো? আমাৰ দিশ সঠিক হয়নে?

বাহ্যিক ৰূপেৰে আমি গোটেই জীৱন যাত্ৰা কৰি থাকো, কিন্তু আমাৰ আভ্যন্তৰিণ যাত্ৰা এটা পথত চলি আছে বা ই সফলতাৰ পথৰ ফালে লৈ গৈছে বা অসফলতাৰ ফালে। আমাৰ আভ্যন্তৰিণ যাত্ৰাই আমাক দুটা পথলৈ লৈ যাব পাৰে। সফলতাৰ ফালে বা অসফলতাৰ ফালে। ইয়াত ভাৱি চোৱা আৰু নিৰ্ণয় লোৱাৰ কথা এইটো হয় যে আমি কোনটো পথেদি যাব লাগে? যদি আমি ভিতৰৰ পৰা পৰিৱৰ্তন কৰিব পাৰো, অন্তৰ নেতিবাচক আৰু পৰম্পৰাবাদী চিন্তাধাৰক পৰিৱৰ্তন কৰিব পাৰো তেন্তে আমি সকলো প্ৰাপ্ত কৰিব পাৰো।

আমি ভিতৰত কেনেদৰে পৰিৱৰ্তন কৰিব লাগে? আমাৰ ভিতৰত এনে কি আছে, যাক পৰিৱৰ্তন কৰিব লাগে? আহক, ইয়াৰ ওপৰত আলোচনা কৰে-

প্ৰত্যেক ব্যক্তিৰ মনত দুই প্ৰকাৰৰ চিন্তাধাৰা থাকে, বিজয় আৰু পৰাজয়, ইতিবাচক আৰু নেতিবাচক। বিজয় বা ইতিবাচকতাই আমাক

ঈশ্বৰীয়া শক্তি বা ঈশ্বৰৰ উপস্থিতিৰ অনুভৱ কৰাই, কিন্তু পৰাজয় আৰু নেতিবাকচকতাই আমাক নাস্তিকতা, অবিশ্বাস আৰু চয়তানৰ উপস্থিতিৰ বোধ কৰাই।

অন্য শব্দত কব গ'লে আমাৰ ভিতৰত ভগৱান আৰু চয়তান দুয়ো থাকে। নিজৰ চিন্তাধাৰাৰে আমি যাক জগাই দিওঁ, সিয়েই আমাৰ বাবে কাম কৰা আৰম্ভ কৰে। যাক আমি বেছি গুৰুত্ব দিওঁ, ই আমাৰ বাবে বেছি কাম কৰে। যদি আমি কোনো কামৰ বিষয়ে কৈ দিওঁ যে 'মই এইটো কাম কৰিব পাৰো' তেন্তে আমাৰ ভিতৰৰ ভগৱানে আমাক শীঘ্ৰে কৈ দিয়ে যে আপুনি এইটো কামক কেনেদৰে কৰিব পাৰে। তেওঁ আপোনাৰ মনত নতুন নতুন বিচাৰধাৰা সৃষ্টি কৰি দিয়ে আৰু আপোনাৰ ইচ্ছাশক্তিক প্ৰবল কৰি দিয়ে।

যদি আপুনি ভাৱে যে আজিৰ বতৰ বহুত ভাল তেতিয়া সাধাৰণ বততো আপোনাক ভাল লাগিব। এনেদৰে হয়, যি কোনো কামৰ বিষয়ে 'হয়' বুলি কোৱা অৰ্থাৎ যেতিয়া আপুনি ইতিবাচক বা পজিটিভ হয়, তেতিয়া আপোনাৰ ভিতৰত থকা ঐশ্বৰিক শক্তি জাগ্ৰত হৈ যায়।

যদি আপুনি কোনো কামৰ বিষয়ে 'নোৱাৰো' বুলি ভাৱে, 'এইটো কাম বহুত কঠিন হয়, মই এইটো কাম কৰিব নোৱাৰো' তেতিয়া আপোনাৰ ভিতৰৰ চয়তান জাগি উঠে আৰু ই শীঘ্ৰে আপোনাক কৈ দিয়ে যে অমুক কামক কিয় কৰিব নোৱাৰে। ইয়াৰ পিছত যদি আপুনি কয় বা ভাৱে যে আজি বতৰ বেয়া তেনেহ'লে ভাল বতৰো বেয়া লাগিব। আপুনি চিন্তিত হৈ যাব। কাৰণ সেই সময়ত নেতিবাচক আৰু নিৰাশাজনক শক্তি জাগি যায়। সেই চয়তান যি আলস্য আৰু কৰ্ম-বিমুখতাৰ পৰিচায়ক হয়, যি নিজৰ সকলো নেতিবাচক শক্তিৰে আপোনাক বাধা দিয়ে, মাটিত পেলাই আৰু পিছফালে থেলি দিয়ে।

ভিতৰৰ ভগৱানক জগাওক

যদি আপুনি জীৱন সফল হ'ব বিচাৰে, সংসাৰৰ সকলো সন্মান

পাব বিচাৰে তেন্তে আপুনি মনৰ ভিতৰৰ চয়তানক মাৰিব লাগিব আৰু ভিতৰত লুকাই থকা ঈশ্বৰক জগাব লাগিব।

যদি আপুনি আপোনাৰ মনৰ ভিতৰত থকা ভগৱানক জগোৱাত সফল হৈ যায় তেতিয়া এইখন সংসাৰত এনে কোনো কাম নাই, যাক আপুনি কৰিব নোৱাৰিব।

এবাৰ পুনৰ আপোনাৰ মনত পেলাই দিওঁ যে এই পৰিৱৰ্তন, নতুন যুগৰ লগত খোজত খোজ মিলোৱা বা বিকাশত নিজৰ অতুলনীয় অৱদান দিব বিচাৰে তেন্তে তেতিয়াহে এই সকলো কৰিব পাৰিব, যি নিজৰ মনক জয় কৰি লৈছে বা যি নিজৰ মনত শাসন কৰাৰ ক্ষমতা ৰাখে। যি নিজৰ মনক জয় কৰিব নোৱাৰে, তেওঁ একো কৰিব নোৱাৰে।

কিছু দিন আগৰ কথা। কোনো এখন চহৰত এজন ধনী মানুহ আছিল। তেওঁৰ এক অদ্ভুত ৰুচি আছিল, তেওঁ নিজৰ ঘৰৰ ভিতৰত নিৰ্মাণ কৰা ডাঙৰ চুইমিং পুলত সাঁপ, ঘঁৰিয়াল আদি অনেক জীৱনক পালিছিল। এবাৰ তেওঁ ঘৰত এটা পাৰ্টিৰ আয়োজন কৰে। সেই পাৰ্টিত বহুতো লোক আহে। খোৱা-লোৱা কৰাৰ পিছত সকলো আলহিক চুইমিং পুলৰ ওচৰলৈ যাব কয়, 'বন্ধুসকল, আপোনালোকে এই পুলক চাওক, ইয়াত এটাৰ পিছত এটা ভয়ানক জীৱ আছে, যদি কোনোবাই ইয়াক পাৰ কৰিব পাৰে তেন্তে মই তেওঁক এক কোটি টকা দিম বা মোৰ ছোৱালীৰ লগত বিয়া কৰাই দিম।'

সকলোৱে সেই চুইমিং পুলৰ ফালে চাই, কিন্তু কাৰোৰে সাহস নহ'ল তাৰ পাৰ কৰিবলৈ, কিন্তু তেতিয়া 'ছপাক' কৰি এটা মাত ভাঁহি আহে আৰু মানুহে দেখে যে এজন যুৱক সেই ভয়ানক পুলকন কৰি আছে আৰু ঘঁৰিয়াল, সাঁপ আদিৰ পৰা বাচি আগবাঢ়িছে। এনেদৰে তেওঁ পুল পাৰ কৰি তাৰ পৰা বাহিৰলৈ আহে। সকলোৱে তেওঁৰ এই বীৰতাক দেখি আচৰিত হৈ যায়। ধনী ব্যক্তিক বিশ্বাস হোৱা নাছিল যে কোনোবাই এনেদৰে কৰিব পাৰে। ইমান বছৰে পুলৰ কিনাৰলৈ যোৱাতো দূৰ তাৰ পানী চুবলৈ সাহস কৰা নাছিল। সেই ব্যক্তিয়ে যুৱকক সুধে, 'আজি তুমি বহুত সাহসৰ কাম কৰিলা, তুমি সঁচাকৈ সাহসী, তুমি কোনটো পুৰস্কাৰ বিচাৰা ?

'মই আপোনাৰ ছোৱালীক বিয়া কৰিব বিচাৰো', যুৱকে কয়। তাৰ পিছত সেই ব্যক্তি এই সাহসী যুৱকৰ লগত তেওঁৰ ছোৱালী বিয়াক কৰাই দিয়ে আৰু গোটেই ধন দি বিদায় দিয়ে। এনেদৰে যুৱকৰ দ্বাৰা শীঘ্ৰে লোৱা নিৰ্ণয় আৰু তেওঁ সাহসে তেওঁৰ জীৱন অধিক পৰিৱৰ্তন আনি দিয়ে।

আত্ম-অনুশাসন জৰুৰী হয়

প্ৰত্যেক ব্যক্তিয়ে বিচাৰে যে জগতত তেওঁৰ শাসন চলক, তেওঁৰ শাসন ক্ষমতা চলি থাকক। তেওঁ যি কোনোৰে ওপৰত নিয়ন্ত্ৰণ ৰাখিব পাৰে, সকলো পৰিস্থিতি তেওঁৰ নিয়ন্ত্ৰণ থাকক। এই সকলো অসম্ভৱ নহয়। ইয়াৰ ভিতৰত প্ৰত্যেক চিন্তাধাৰা সম্ভৱ হ'ব পাৰে, যদি আপুনি নিজৰ ওপৰত নিয়ন্ত্ৰণ কৰিব পাৰে। সকলোতকৈ প্ৰথমে আপোনাৰ মন আৰু বাণীৰ ওপৰত নিয়ন্ত্ৰণ কৰিব লাগিব। যদি আপুনি মন আৰু বাণীৰ ওপৰত নিয়ন্ত্ৰণ ৰাখিব পাৰে তেন্তে বিশ্বাস কৰক, আপুনি জগতত শাসন কৰিব পাৰে, সফলতাৰ শিখৰত গৈ পাব পাৰে, য'ত আপোনাতকৈ আগত বোধহয় কোনেও গৈ পোৱা নাই।

সকলোতকৈ প্ৰথমে এইটো বুজিব লাগে যে এইটো আত্ম-অনুশাসন কি হয়? আত্মৰ অৰ্থ হৈছে স্বয়ং আৰু অনুশাসনৰ অৰ্থ হৈছে সত্তাৰ ওপৰত নিয়ন্ত্ৰণ অৰ্থাৎ নিজৰ ওপৰত, নিজৰ সত্তাৰ ওপৰত চেল্ফ কন্ট্ৰল, মনৰ ওপৰত অধিকাৰ। মনৰ মনৰ লেকাম নিজৰ হাতত থকা।

সূৰ্য সিন্হা

যি ব্যক্তিৰ বাণী আৰু কাম কৰাৰ মাজত অন্তৰ নাথাকে, তেওঁক সিদ্ধ পুৰুষ বুলি কোৱা হয় আৰু তেওঁ তন-মনৰ ওপৰত নিয়ন্ত্ৰণ ৰাখিব পাৰে।

বাণীৰ ওপৰত নিয়ন্ত্ৰণ ৰাখক

জিভা আমাৰ শৰীৰৰ এক সৰু, কিন্তু অত্যন্ত গুৰুত্বপূৰ্ণ অংগ হয়। এই জিভাৰে

আমি অমৃতো বৃষ্টিপাত কৰিব পাৰো আৰু বিযো।

সকলো ধৰণৰ জংঘলী জন্তু, পক্ষী, সৰিসৃপ প্ৰাণী আৰু জলচৰ প্ৰাণীও মনুষ্যৰ নিয়ন্ত্ৰণত আহিব পাৰে, কিন্তু নিজৰ নিজৰ সৰু জিভাৰ ওপৰত নিয়ন্ত্ৰণ ৰাখিব নোৱাৰে। ই এনে এক বস্তু হয়, যি নৰখে, নিয়ন্ত্ৰণত নাহে। এবাৰ চলা আৰম্ভ কৰিলে কেঁচিৰ দৰে চলি থাকে। সন্মুখৰ ব্যক্তিৰ মনত আঘাত কৰে, মনোভাৱনাত আঘাত কৰে বা সন্মান টুকুৰা-টুকুৰ কৰি দিয়ে, ইয়াৰ লগত তাৰ কোনো সম্পৰ্ক নাই। এই বাণীৰে আমি সকলোকে ভাল-বেয়া কওঁ, অপশব্দ কওঁ, কাৰোবাক অভিশাপ দিওঁ। এনেদৰে কেতিয়াও হোৱাতো উচিত নহয়। এইটো মানৱ জাতিৰ প্ৰতিয়েই নহয় ঈশ্বৰৰ প্ৰতিও কৰা অপৰাধ হয়।

যদি আমি আমাৰ বাণীৰ ওপৰত নিয়ন্ত্ৰণ ৰখা শিকি লওঁ তেতিয়া আমাৰ একো কাম নৰখিব। বাণী আৰু মনেই আমাৰ ভিতৰত অহংকাৰক জন্ম দিয়ে। অহংকাৰৰ কাৰণে আমি আনক সদায় ঘৃণাৰ চকুৰে চাওঁ। আমি আনক তুচ্ছ আৰু নিজকে মহান বুলি ভাৱো। আত্ম-অনুশাসনৰ প্ৰথম শিক্ষা এইটো হয় যে আমি আমাৰ বাণীৰ ওপৰত নিয়ন্ত্ৰণ কৰিব লাগে, তাৰ পিছত অহংকা আৰু ভ্ৰমক ত্যাগ কৰি দিব লাগে। যেনেৰ ঘূনে কাঠক ভিতৰৰ পৰা খাই ফুপোলা কৰি দিয়ে, তেনেদৰে অহংকাৰ আৰু ভ্ৰমো এনে পোক হয়, যি আমাৰ জীৱনক খাই শেষ কৰি দিয়ে। এইটো কাৰণে বহুতো লোকে অসফল হয়।

আপুনি প্ৰায়ে নিশ্চয় দেখিছে যে এটা ঠাইতে একে ধৰণৰ দুটা দোকান থাকে। দুয়ো দোকানত বস্তুৰ দামো সমান হয়। ইয়াৰ স্বত্বেও এটা দোকানী ব্যস্ত হৈ থাকে আৰু আনটো দোকানীয়ে খালি বহি থাকি গ্ৰাহকৰ অপেক্ষা কৰি থাকে। এনেদৰে কিয় হয় আপুনি কেতিয়াবা ভাৱিছেনে ?

এই সকলো বাণীৰ সুপৰিণাম আৰু দুষ্পৰিণাম হয়। এটা দোকানীয়ে প্ৰেম ভৰা বাণী আৰু প্ৰেম ভৰা ব্যৱহাৰৰ কাৰণে নিজৰ দোকানত গ্ৰাহকৰ ভীৰ একত্ৰিত কৰে আৰু আনটো দোকানীয়ে নিজৰ অহংকাৰ

আৰু বেয়া ব্যৱহাৰৰ কাৰণে গ্ৰাহকৰ পৰা বঞ্চিত হৈ থাকে। অহংকাৰ বাণীয়ে আমাৰ চৰিত্ৰক কলংকিত কৰিব পাৰে। গোটেই জীৱনৰ পৰিশ্ৰম পানীত পৰি যাব পাৰে। মিত্ৰও শত্ৰুলৈ পৰিণত হ'ব পাৰে। তাতে আকৌ মিঠাৰে শত্ৰুকো মিত্ৰ কৰি দিব পাৰে, নোহোৱা কামকো সম্পূৰ্ণ কৰিব পাৰে, তাক শুধৰাব পাৰে।

যদি আমি জীৱনত সফল হ'ব বিচাৰো তেন্তে বাণী আৰু মনৰ ওপৰত নিয়ন্ত্ৰণ ৰাখিব লাগিব। এই প্ৰসংগত এনেদৰে কব পাৰি-

বশীকৰণ এক মন্ত্ৰ হয়, কঠোৰ বচন ত্যাগ কৰক।

মনক বশ কৰক

আত্ম-অনুশাসনত বাণীৰ পিছত যাৰ সকলোতকৈ মুখ্য ভূমিকা থাকে, সেয়া হৈছে- মন। যদি মনকো বাণীৰ দৰে নিয়ন্ত্ৰণ কৰি লোৱা হয় তেন্তে সফলতাৰ চিঁড়ি বগোৱাত আমাক কোনেও ৰখাব নোৱাৰে।

মন চলায়মান হয়। ইয়াৰ গতি পোহতৰকৈ বেছি তীব্ৰ হয়। মই এটা মূহুৰ্তত এটা ঠাইত থাকিলে আন এটা মূহুৰ্তত আন এটা ঠাইত থাকে। ই আমাক কেতিয়াবা-কেতিয়াবা বেয়া কামো কৰাই। অনিয়ন্ত্ৰিম মনে আমাক কেতিয়াও সঠিক ৰাস্তা দেখুৱাব নোৱাৰে, কিন্তু সংসাৰত ভাল আৰু সফল ব্যক্তি হ'বৰ বাবে এই মনেক আমাক ভাল কামো কৰোৱাই। আমি গম্ভীৰতাৰে ভাৱিব লাগে যে আমাৰ মনে আমাক যি কাম কৰাব বিচাৰে, সেইটো ভাল নে বেয়া। মই মোৰ অভিজ্ঞতাৰ পৰা এইটো কব পাৰো যে যদি ব্যক্তিৰ বাণী আৰু মনক নিয়ন্ত্ৰণ কৰি লোৱা যায় তেন্তে তেওঁ মহান হৈ যায় আৰু নিজৰ কল্যাণৰ লগতে আনৰো কল্যাণ কৰাত সক্ষম হৈ যায়।

আমি মনত কোনো বেয়া চিন্তা সেইকাৰণেও কৰিব নালাগে, কাৰণ যি কথা মনত থাকে, সেয়া এটা সময়ত বাণীৰ ৰূপত ওলাই আহে। ভাল ব্যক্তিৰ মনৰ পৰা ভাল চিন্তাধাৰাৰে ভাল কথা ওলাই আৰু বেয়া মনুষ্যৰ মনত বেয়া চিন্তাধাৰাৰে বেয়া কথা ওলাই।

মনত ৰাখিব, আপুনি আপোনাৰ বাণীৰ কাৰণেই নিৰ্দোষ আৰু

নিজৰ বাণীৰ কাৰণেই দোষী সাব্যস্ত হয়। যদি আপোনাৰ মনত আনৰ ওপৰত নিয়ন্ত্ৰণ কৰাৰ ইচ্ছা থাকে তেন্তে নিজৰ ওপৰত নিয়ন্ত্ৰণ ৰাখক, নিজে অনুশাসনত চলক। যদি আপুনি ইয়াত সফল হয় তেন্তে আনে আপোনাৰ লগত আগবাঢ়িব আৰু আপোনাৰ অনুকূল হৈ যাব।

সঙ্গতিৰ প্ৰভাৱ

কোনো বিদ্বানে কৈছে- 'আপুনি মোক কোনো ব্যক্তি সঙ্গতিৰ বিষয়ে কৈ দিয়ক, মই আপোনাক কৈ দিম তেওঁৰ চৰিত্ৰ কেনেকুৱা।'

এইটো কথা একেবাৰে সত্য যে সঙ্গতিৰ দ্বাৰা ব্যক্তিৰ চৰিত্ৰৰ বিষয়ে গম পোৱা যায়, আমি যেনেদৰে মানুহৰ লগত উঠা-বহা কৰো, তেনেদৰে হৈ যাওঁ। বেয়া লোকৰ সঙ্গতিত থাকিলে বেয়া হৈ যাওঁ, ভাল লোকৰ সঙ্গতিত থাকিলে ভাল হৈ যাওঁ। মধ্যমীয়া লোকৰ সঙ্গতিত থাকিলে মধ্যমীয়া হৈ যাম আৰু সফল লোকৰ সঙ্গতিত থাকিলে নিঃসন্দেহে সফল হৈ যাম।

যেনেদৰে অলপ দৈক গাখীৰত মিলালে সেই গাখীৰো দৈত পৰিণত হয়, তেনেদৰে যদি আপুনি বেয়া লোকৰ সঙ্গগতিত থাকিব তেন্তে লাগিলে আপুনি যিমান ভাল হ'লেও, আপুনি বহুত ভাল কাম কৰিলেও, লাগিলে আপুনি একো বেয়া কাম নকৰিলেও আপোনাৰ ওপৰত বদনামৰ দাগ লাগি যাব। মানুহে কব, যাৰ মিত্ৰ বেয়া হয়, তেওঁ ভাল কেনেদৰে কৰিব পাৰে? নিশ্চিত ৰূপেৰে তেওঁও বেয়া হৈ যাব, সেইকাৰণে ভাল, সদ্গুণী, চৰিত্ৰৱা, কৰ্মশীল, কৰ্মঠ, বুদ্ধিমান লোকৰ সঙ্গত থাকক। ইয়াৰ পৰা এটা লাভ এইটো হ'ব যে তেওঁলোকৰ ভাল গুণ আপোনাৰ ভিতৰতো ফুটি ওলাব, আনটো লাভ হ'ব যে তেওঁলোকৰ দৃষ্টিত আপোনাৰ ভাল প্ৰভাৱ পৰিব। তেওঁলোকে আপোনাৰ দৰে ভাল মানুহ হ'বলৈ যত্ন কৰিব। তেওঁলোকৰ দৰে আপোনাকো সম্মান কৰিব আৰু বিশ্বাস কৰক, তেওঁলোকৰ দৰে আপুনিও সফল ব্যক্তিৰ ৰূপত পৰিচিত হ'ব।

সফলতাৰ শত্ৰু – অজুহাত

প্ৰিয়, বন্ধু! মই এতিয়ালৈকে মোৰ জীৱন সফল-অসফল দুয়ো প্ৰকাৰৰ লোকক লগ পাইছো। এদিন সেই সকলো লোকৰ বিশ্লেষণ কৰি এইটো পাওঁ যে অসফল লোকে সকলোতকৈ বেছি অজুহাত দেখুৱাই। এনেদৰে নহয় যে অজুহাতৰ কোনো বিশেষ শ্ৰেণী নাথাকে। ভাল আৰু পঢ়া-লিখা লোকো অজুহাত দেখুৱাই কাম এৰি দিয়া দেখা যায়। এনে লোকক চাই আচৰিত হয় আৰু সকলোতকৈ বেছি দুঃখ সেই সময়ত লাগে যেতিয়া এইটো গম পোৱা যায় যে সেই লোক সকলৰ যোগ্যতাৰ অভাৱ নাই, কেৱল কাম কৰাৰ পৰা অজুহাত দেখুৱাই।

> অজুহাত দেখুৱাই ব্যক্তিয়ে আনক ঠগাৰ আৰু মূৰ্খ কৰাৰ চেষ্টা কৰে, যদি তেওঁলোকে এই কামত সফল হৈ যায় তেতিয়া তেওঁলোকে এনেদৰে ভাৱিব নালাগে যে তেওঁলোকে আনক ঠগা আৰু মূৰ্খ কৰাত সফল হৈ গৈছে। সাধাৰণতে তেওঁলোকে নিজকে ঠগে আৰু নিজে মূৰ্খ হৈ পৰে। এই অজুহাতৰ কাৰণে মানুহে অসফলতাৰ মুখ্য কাৰণ হৈ যায়।
>
> সূৰ্য সিন্‌হা

যি কামক কিছুমান লোলে অজুহতা দেখুৱাই পিছোৱাই দিয়ে, সেই কামক অন্য লোকে সফলতাৰে পুৰা কৰি লয়। সেই কামক কৰিবৰ বাবে সেই ব্যক্তিয়ে অজুহাত দেখুৱাব নোৱাৰিলেহেঁতেন নে ? নিশ্চয় দেখুৱাব পাৰিলেহেঁতেন, কিন্তু তেওঁ সময়ৰ মূল্যক জানিছিল। তেওঁ গম পাইছিল যে পাৰ হৈ যোৱা সময় ঘূৰি নাহে। অজুহাত দেখুৱাই তেওঁ নিজৰ লোকচান হ'ব বুলি জানিছিল

সেইকাৰণে অজুহাতৰ পৰা চিৰদিনৰ বাবে দূৰত থকাৰ চেষ্টা কৰে, অজুহাতৰ পৰা বাচি থাকে।

সংসাৰত যিমান সফল লোক আছে, যিমান সৃজনাকৰ্তা বা আৱিস্কাৰক জন্ম হৈছে, তেওঁলোকেও অজুহাত দেখুৱাব পাৰিছিল, কিন্তু নকৰিলে। আজি সকলোৱে দেখা পাব পাৰে যে এনে লোকে কোনো উচ্চতাৰ শিখৰত আছে। কিছুমানৰ নাম বিশ্ব ইতিহাসৰ স্বৰ্ণিম অক্ষৰত লিপিবদ্ধ হৈছে।

অজুহামে আমাক আলস্যৰ ফালে থেলি দিয়ে আৰু আলস্যই ব্যক্তিক কেতিয়াও সফলতা দিয়াব নোৱাৰে। ইয়াত মই এনে কিছুমান প্ৰসিদ্ধ অজুহাতৰ উল্লেখ কৰিব বিচাৰো, যি বিলাক বহুত লোকপ্ৰিয় হয়। আহক, আপুনি জানক যে অজুহাতৰ পৰা মানুহ কিয় অসফল হৈছে আৰু তাৰ পৰা মুক্তি পোৱাৰ উপায় কি কি হ'ব পাৰে?

'ই বহুত চতুৰ, চালাক আৰু শিক্ষিত'

কোনো কাৰ্য বিশেষৰ প্ৰসংগত কিছুমান লোকে এই অজুহাতক ধৰি ৰাখে যে এনে ধৰণৰ কাম বহুত চতুৰ আৰু শিক্ষিত লোকে কৰিব পাৰে। যিয়ে এনে ধৰণৰ কাম কৰিছে, তেওঁলোকৰ বিষয়ে অজুহাত দেখুওৱা সকলৰ মতামত এইটো হয় যে তেওঁলোকে বহুত চালক, চতুৰ আৰু শিক্ষিত। আমি হ'লো সহজ-সৰল লোক, সাধাৰণ বুদ্ধিৰ, ছল-কপটৰ পৰা দূৰ আৰু কম শিক্ষিত। আমাৰ পৰা এনে কাম কেনেদৰে সম্ভৱ?

যি লোকে নিজৰ বৌদ্ধিক ক্ষমতা আনতকৈ সদায় কম বুলি ভাৱে, তেওঁলোকে বহুত লোকচান উঠাই আৰু সদায় অসফল হৈ থাকে। তেওঁলোকে সদায় এনেদৰে ভাৱে যে অমুক কামত তীক্ষ্ণ বুদ্ধি আৰু অভিজ্ঞতাৰ আৱশ্যক হয়, কিন্তু সত্য এইটো হয় যে তেওঁলোকতকৈ কম বুদ্ধিৰ ব্যক্তি, যাৰ বুদ্ধি সততা আৰু অভিজ্ঞতা মগজুত সোমাৱা নাছিল, তেওঁলোকে সেই কামক সৰলতা আৰু কুশলতাৰে কৰিছে। কেৱল এই বিশ্বাসৰ বলত- 'মই এই কামক কৰিব পাৰো।'

সাধাৰণতে কথা বুদ্ধি আৰু অভিজ্ঞতাৰ নহয়। আচল বিষয়টো হৈছে দৃষ্টিভঙ্গীৰ। আপোনাৰ দৃষ্টিভঙ্গী কোনো কামৰ প্ৰতি কোনেকুৱা হয় ? আপোনাৰ কাম কৰাত ৰুচি কেনেকুৱা হয় ? এইটো আপোনাক কোনো কামক কৰা আৰু নকৰাত আপোনাক সহায় কৰে।

যাৰ চিন্তাধাৰাই নেতিবাচক হয়, কামক কৰাৰ পূৰ্বেই সেই কামৰ ভুল-ত্ৰুটি বিচাৰি উলিয়াই, তেওঁলোকে কোনো কাম কৰাৰ পূৰ্বে পৰাজয় স্বীকাৰ কৰিছে আৰু সেই কাম কৰাৰ পৰা বাচিবৰ বাবে অজুহতা দেখুৱাই। এনে লোক প্ৰতিভাশালী হোৱাৰ পিছতো নেতিবাচক চিন্তাধাৰাৰ কাৰণে সদায় ব্যৰ্থ হয়, তেওঁলোকৰ শৰীৰ আলচি হয় আৰু মগজুৱে কাম কৰাৰ পৰিৱৰ্তে নতুন-নতুন অজুহাত ভৰাত ব্যস্ত থাকে। কোনো কোনো লোকে এই ভয়েৰে বিজিনেচ কৰিব নোৱাৰে যে তাক লোকচান হৈ যাব। কোনো কোনো লোকে সেইকাৰণে প্ৰপাৰ্টি কিনিব নোৱাৰে যে কোনোবাই তেওঁলোকৰ ভূমি কব্জা কৰিব, কাঢ়ি লব, কোনোবাই ঠগিব পাৰে ইত্যাদি।

আমি আমাৰ বুদ্ধিক কেতিয়াও আনতকৈ কম বুলি ভাৱিব নালাগে। কোনো কামক পিছোৱাই দিয়াৰ পৰিৱৰ্তে তাক কুশলতাৰে কৰাৰ বিষয়ে ভাৱিব লাগে। সদায় আশাবাদী দৃষ্টিভঙ্গী ৰাখিব লাগে। যেতিয়া আপুনি নিজকে প্ৰথমে ইতিবাচক কৰি তুলিব, তেতিয়া আপুনি সফলতাৰ চিঢ়ি বগাই যোৱাত সফল হ'ব।

'মই এতিয়া বহুত সৰু আৰু মোৰ বয়স বেছি'

এই অজুহাতে হেজাৰ হেজাৰ লোকৰ বাবে সফলতাৰ দোৱাৰ বন্ধ কৰি দিয়ে। বহুতো লোকে এনেদৰে ভাৱে যে 'মই এতিয়া বহুত সৰু হৈ আছো, এনে ধৰণৰ কাম কৰাৰ মোৰ অভিজ্ঞতা নাই', 'মই এই কামটো কৰিব নোৱাৰো' বা 'মোৰ বয়স বেছি হৈ গৈছে, মই এতিয়া নতুন কাম কৰি কি কৰিম ?', 'কোনো নতুন কাম শিকাৰ মোৰ বয়স পাৰ হৈ গৈছে', 'এতিয়া মই এইটো কাম কাৰ বাবে কৰিম' বা 'মই এইটো কাম কি কৰিম ?', 'এতিয়া মই ঈশ্বৰ ভক্তিত মন লগাব

লাগে।'

এনে লোক ঈশ্বৰ ভক্তিটো কেনেদৰে ধ্যান লগাব পাৰিব, ঘৰ পৰিয়াল খেলিমেলি হৈ আছে, গোটেই জীৱন নিজকে গঢ়ি তুলাত কটাই দিছে, তথাপিও একো কৰিব নোৱাৰিলে। এতিয়া আগবাঢ়িছে ঈশ্বৰ ভক্তিত লীন হ'বলৈ। প্ৰভুৰ স্মৰণ আৰু ধ্যানো সদ্‌কৰ্ম কৰা, নিজৰ কৰ্তব্যৰ প্ৰতি নিষ্ঠাৱান আৰু পৰিশ্ৰমী লোকেই কৰিব পাৰে।

এইটো কথাও সত্য যে ঈশ্বৰৰ স্মৰণ আৰু ধ্যান সকলোকে কৰিব লাগে, কিন্তু ঈশ্বৰে আমাক কোনো কাম কৰিবৰ বাবে মানা কৰেনে। এনে ধৰণৰ অজুহাত দেখুওৱা লোক, এনে নিম্ন চিন্তাধাৰা ৰখা লোক কোনো কামক কৰাৰ চেষ্টাই নকৰে আৰু গোটেই জীৱন অজুহাত দেখুওৱাত জীৱন কটাই দিয়ে। কম বয়স বা বয়স বেছিৰ অজুহতা দেখুওৱা সকলোতকৈ ভাল উপায় হয়।

সফল ব্যক্তিৰ বাবে কাম কৰাৰ কোনো বয়স বা সীমা নাথাকে। 'মোৰ বয়স কম হয় বা বেছি,' এনে অজুহাত দেখুওৱা আৰু নিম্ন চিন্তাধাৰাই বহুতো লোকৰ ভৱিষ্যত অন্ধকাৰলৈ থেলি দিয়ে।

যদি আপুনি আপোনাৰ বয়সৰ অজুহাতৰ পৰা বাচিব বিচাৰে তেন্তে নিজকে সদায় যুৱকৰ দৰে মন ৰখা উচিত। নিজকে কেতিয়াও শিশু বা বুঢ়া বুলি ভাৱিব নালাগে। যি কোনো কামক জন্ম হোৱাৰ পৰা ব্যক্তিয়ে আৰম্ভ নকৰে। কোনো এটা দিনত তেওঁক নতুন কাম আৰম্ভ কৰিব লগীয়া হয়। যি কোনো ব্যক্তি শৰীৰৰ পৰা বুঢ়া নহয়, যেতিয়ালৈকে তেওঁ এই কথাক মনেৰে মান নলয়, সেইকাৰণে মই কওঁ- মনক জয় কৰক। মনক জয় কৰাৰ অৰ্থ হৈছে সংসাৰক জয় কৰ।

'মই সদায় অসুস্থ হৈ থাকো, মোৰ স্বাস্থ্যই বেয়া।'

এইটো হৈছে স্বাস্থ্যৰ অজুহাত। কিছুমান লোকে সদায় নিজকে অসুস্থ হোৱা কথা কৈ কাম নকৰি অজুহাত দেখুৱাই। তেওঁলোকে এনেদৰে প্ৰমাণিত কৰিব ধৰে যে কোনো নতুন কাম কিয় কৰিব পৰা

নাই। তেওঁলোকে নিজকে অসুস্হতাৰ অজুহাত দেখুৱাই কয় যে তেওঁলোকৰ সকলো পইচা চিকিৎসাত খৰচ হৈছে। অসুস্হতাৰ অজুহাত দেখুৱাই তেওঁলোকে নিজে কামৰ দায়িত্ব লব নিবিচাৰে।

এইখন সংসাৰত লাখ লাখ লোক কেৱল সেইকাৰণে ব্যৰ্থ হয় যে তেওঁলোকে নিজৰ অসুস্হতাৰ অজুহাত দেখুৱাই ধৰি লয়। মৃত মন আৰু উৎসাহ নথকাৰ পৰা তেওঁলোকে যদি কোনো কামক কৰিবও বিচাৰে তেতিয়া তাত ব্যৰ্থ হৈ যায়।

যদি আপুনি এই অজুহাতৰ পৰা বাচিব বিচাৰে তেন্তে অসুস্হতাৰ বিষয়ে আলোচনা কৰা আৰু সেই বিষয়ে ভাৱিবলৈ বন্ধ কৰিব লাগিব। যেতিয়া আপুনি আপোনাৰ কোনো অসুস্হতাৰ বিষয়ে আলোচনা কৰিব বা ভাৱিব তেন্তে সেই চিন্তাধাৰা আপোনাৰ অবচেতন মন গৈ আপোনাক স্হায়ী ৰূপেৰে অসুস্হ কৰি দিব। আমি আমাৰ অসুস্হতাৰ বিষয়ে বেছি চিন্তা কৰিব নালাগে, বৰং নিজকে সুস্হ বুলি ভাৱিব লাগে। ঈশ্বৰ প্ৰতি কৃতজ্ঞতা ব্যক্ত কৰক যে তেওঁ আপোনাক মনুষ্য যোনিত জন্ম কৰাইছে। আপোনাৰ এইটো জীৱনৰ আনন্দ উঠাবৰ বাবে। আপুনি ইয়াক অজুহাত দেখুৱাই বা আলস্যত নষ্ট নকৰিব।

কিছুমান লোকৰ পেটেন্ট অজুহাতঃ 'মোৰ ভাগ্যই বেয়া'

কিছুমান লোকৰ ডাঙৰ পেটেন্ট অজুহাত হৈছে- 'মো ভাগ্যই বেয়া, যদি মোৰ ভাগ্য ভাল হোৱাহ'লে তেন্তে কোনো ধনী ঘৰত জন্ম হ'লোহেঁতেন।'

ভাগ্যৰ অজুহাতো ব্যক্তিক ব্যৰ্থতাৰ ফালে থেলি দিয়ে। কিছুমান লোকে ভাগ্যৰ ভৰসাত বহি থাকে আৰু কোনো কাম কৰিব নিবিচাৰে। যেতিয়ালৈকে কোনো ব্যক্তিয়ে কোনো কাম আৰম্ভ নকৰেই তেন্তে সেই কাম কেনেদৰে হ'ব পাৰিব?

আমাৰ জীৱনত ভাগ্য বা সংযোগ মাত্ৰ এক শতাংশ কাম কৰে, কিন্তু 99 শতাংশ সফলতা আমি আমাৰ কৰ্মৰ কাৰণে পাওঁ, বুদ্ধি সততা আৰু কৰ্মঠতাৰ কাৰণে পাওঁ। অনেক জ্ঞাত-অজ্ঞাত কাৰণে

বহুতো ব্যক্তি ব্যৰ্থ হৈ যায়। তেওঁলোকে সদায় কান্দি থাকে যে ভগৱানে মোৰ ভাগ্য বেয়া লিখিছে, কিন্তু আনৰ বিষয়ে তেওঁলোকৰ মত থাকে অমুক ব্যক্তি বহুত ভাগ্যৱান।

যেতিয়া কোনো সাধাৰণৰ পৰা অসাধাৰণ হৈ যায় তেতিয়া ভাগ্যৰ ওপৰত কান্দি থকা লোকে এনেদৰে কয় যে 'তেওঁ ভাল ভাগ্য লৈ আহিছে...তেওঁৰ ভাগ্য ভগৱানে সোণৰ কলমেৰে লিখিছে বোধহয় বা তেওঁ আগৰ জনমত নিশ্চয় কোনো ডাঙৰ পূণ্য কৰিছে।' ইয়াৰ অৰ্থ হৈছে যে এনে অজুহাত ভাগ্যৰ মাজৰ পৰা ওলাই আহিব নোৱাৰে।

মনত ৰাখিব, যি কোনো ব্যক্তি সংযোগ বা ভাগ্যৰ বলত সফল নহয়। সফলতাত তেওঁৰ পৰিশ্ৰম, বুদ্ধি সততা আৰু কৰ্মঠতাৰো যোগদান থাকে।

সাধাৰণ লোকে যাক ভাগ্য বুলি ভাৱে, সেইটো কোনো কাম কৰাৰ প্ৰস্তুতি, প্লেন, ইতিবাচক চিন্তাধাৰা আৰু দৃষ্টিভঙ্গীৰ সাৰ মৰ্ম থাকে। ঈশ্বৰে সকলো ব্যক্তিক জন্মৰ সময়ত ভাগ্যৰ নামত এক খালি কাগজ দি দিয়ে। ব্যক্তিয়ে কৰ্ম কৰি যোৱাৰ লগে লগে সেই খালি কাগজত তেওঁৰ ভাগ্য লিখি গৈ থাকে।

গতিকে অজুহাত দেখুওৱা এৰক। ভাগ্য শব্দৰ এটা সীমা থাকে। সফলতা যি যোগ্যতাৰ বলত পাই, সেয়া বেলেগ বস্তু হয়। নিজকে যোগ কৰি তুলক, সফল হোৱা নায়কৰ দৰে যোগ্যতা জগাই তুলক। যি মনৰ গোলামীত ফচি আপুনি অজুহাত দেখুৱাই, ভাগ্য বা দুৰ্ভাগ্যৰ কথা কয়, সেই মনক সকলোতকৈ প্ৰথমে জয় কৰক। মনক জয় কৰাৰ পিছত আপোনাৰ সকলো দুৰ্বলতা নিজে নিজে দূৰ হৈ যাব। দৰিদ্ৰতা আৰু দুৰ্ভাগ্য পৰিশ্ৰমী আৰু কৰ্মঠ ব্যক্তিৰ ঘৰত সোমাবলৈ সাহস নকৰে। কেৱল দূৰৰ পৰা চাই থাকে। অজুহাত দেখুওৱা আৰু কামচোৰ লাকে গোটেই জীৱন দৰিদ্ৰতা আৰু দুৰ্ভাগ্য জোঁকৰ দৰে লাগি থাকে।

পৰোপকাৰ কৰাও শিকক

সত্য সুখ আৰু সত্য শান্তি কেনেদৰে পোৱা যায়, ইয়াৰ বাবে মানুহে তীৰ্থস্থানত ঘূৰি থাকে। সিদ্ধ পীঠ, প্ৰসিদ্ধ মন্দিৰ, মছজিদ, গীৰ্জাঘৰ আৰু গুৰুদ্বাৰালৈ যায়, কিন্তু যি বস্তুক তেওঁ প্ৰাপ্ত কৰিব বিচাৰে, সেইটো কতো নাপায়। এনেদৰে ঘূৰি ফুৰা তেতিয়ালৈকে চলি থাকে, যেতিয়ালৈকে ব্যক্তিৰ মনত আনৰ প্ৰতি পৰোপকাৰ, কষ্ট, সংবেদনা, কৰুণা আৰু সহানুভূতিৰ ভাৱ উৎপন্ন নহয়।

আমাৰ ভাৱনা কলুষিত হয়, সেইকাৰণে আমি ইফালে-সিফালে ঘূৰি ফুৰো। যি দিনা আমাৰ মনত আনৰ প্ৰতি পৰোপকাৰ, কষ্ট, সংবেদনা, কৰুণা আৰু সহানুভূতিৰ ভাৱনা উৎপন্ন হ'ব ধৰে আৰু আমি সকলোৰে লগত ভাল ব্যৱহাৰ কৰা আৰম্ভ কৰি দিম তেতিয়া আমাৰ মনকো শান্তি পায়। আমাৰ চিন্তাধাৰা উন্নত হ'ব ধৰে আৰু ভাল হ'ব ধৰে।

সৎকামৰ বিনা বিশ্বাসো মৰি যায়।

আমি আনৰ বাবে প্ৰাৰ্থনা কৰিব লাগে। যেতিয়া আমি আনৰ বাবে প্ৰাৰ্থনা কৰিম তেতিয়া আমাৰ ভাৱনা আৰু পৰিৱৰ্তন

> আজি বহুতো লোকে স্বাৰ্থৰ হৈ জীৱন জীয়াই থাকে। স্বাৰ্থ পুৰা কৰাৰ বাবে তেওঁলোকে আৰু একো দেখা নাপায়। আনৰ যিমান বেয়া হ'লেও, তেওঁলোকক অলপো কুণ্ঠাবোধ নহয়। স্বাৰ্থ পুৰা হোৱাত তেওঁলোকক বহুত শান্তি পায়। সেইকাৰণে তেওঁলোকে সত্য শক্তি আৰু সত্য সুখৰ পৰা সদায় বঞ্চিত হৈ যায়। সত্য সুখ আৰু সত্য শান্তি আনৰ পৰোপকাৰ কৰাৰ পৰা প্ৰাপ্ত হয়, সেইকাৰণে স্বাৰ্থপৰ ব্যক্তিয়ে এই বস্তুক নাপায়।
>
> সূৰ্য সিন্‌হা

হোৱাত ঈশ্বৰে আমাক সহায় কৰে, আমাক শক্তি দিয়া আৰম্ভ কৰি দিয়ে।

এইখন সংসাৰত গম নাপাওঁ কিমান লোকৰ ঋণী হয়। আনক সহায় কৰাৰ পিছত আমি এই ঋণৰ পৰা মুক্তি পাব পাৰো। আনৰ সহায় কৰাৰ ভাৱনা মনত জন্ম লোৱাতো এই কথাৰ প্ৰমাণ যে আপুনি আনৰ ঋণৰ পৰা মুক্ত হ'ব বিচাৰে। ঋণৰ পৰা মুক্ত হোৱাত মনুষ্যক সত্য সুখ প্ৰাপ্ত হয়।

যেতিয়াই আপুনি আনৰ বাবে প্ৰাৰ্থনা কৰে, সত্য মনেৰে কাৰোবাক সহায় কৰে তেতিয়া আপোনাৰ মনক এক অদ্ভুত সুখ আৰু শান্তি পায়। তেতিয়া আপুনি নিঃসংকোচ হৈ এই পৰিণামত আহি পাব পাৰে যে আজি আপুনি কোনো জ্ঞাত বা অজ্ঞাত ঋণৰ পৰা মুক্ত হৈছে। মনত ৰাখিব, তেনেকুৱা সুখ, শান্তি আপুনি লাখ-কোটি টকা খৰচ কৰিলও নাপাব, যেনেকুৱা সুখ আপুনি নিঃস্বাৰ্থ ভাৱেৰে আনক সহায় বা তাৰ ওপৰত উপকাৰ কৰিলে পাব।

আপোনাৰ আত্মা তৃপ্ত হ'ব আৰু ই বাৰে বাৰে আপোনাক কব- 'হয়, আজি তুমি সঁচাকৈ এক ভাল কাম কৰিলা।'

ঋণমুক্ত হোৱাৰ এক উপায়

এবাৰ এজন বৃদ্ধ ব্যক্তিয়ে এটা বাগিচাত ফলৰ গছ ৰুইছিল। তেতিয়া সেইফালেদি এজন ব্যক্তি পাৰ হৈ যায়। তেওঁ বৃদ্ধক ফলৰ গছ ৰোৱা দেখি বহুত আচৰিত হৈ যায়। তেওঁ বৃদ্ধক সুধে- 'বাবা, আপুনি এই গছজোপাৰ ফল খাবই নোৱাৰিব তেনেহ'লে কিয় লগাইছে?'

বৃদ্ধই উত্তৰ দিয়ে- 'যিমান গছৰ ফল জীৱনত মই খাইছো, সেইবিলাক গছ মই ৰুইছিলোনেকি। সেই সকলো আমাৰ পূৰ্ব-পুৰুষ সকলে ৰুইছিল। এইজোপা নতুন গছ ৰুই মই মাত্ৰ তেওঁলোকৰ ঋণ পৰিশোধ কৰিছো, যাতে ভৱিষ্যত চাম এই খাই খাব পাৰে আৰু মই ঋণমুক্ত হ'ব পাৰো।'

কামৰ প্ৰতিদানত কিছু প্ৰাপ্ত কৰা ঋণমুক্ত নহয়।

আমাৰ স্বভাৱ এনেদৰে হয় যে যেতিয়াই আমি কোনো কাম কৰো তেতিয়া তাৰ প্ৰতিদানত কিবা নহয় কিবা পোৱাৰ ইচ্ছা থাকে। আমি কোনো কাম কৰো আৰু তাৰ প্ৰতিদানত কিছু পোৱা যায় তেতিয়া ভাৱি লব লাগে যে সেই কামৰ প্ৰৰিশ্ৰমিক পোৱা গৈছে।

যেতিয়া আমি কোনো কাম কিছু পোৱাৰ আশা নাৰাখো, লোভৰ বিনা কৰো, তেতিয়া সেই কামক সহায় বুলি কোৱা যায়। যেতিয়া আমি নিঃস্বাৰ্থ ভাৱেৰে কাৰোবাক সহায় কৰো তেতিয়া ঈশ্বৰে আমাক চাই থাকে আৰু যদি সঁচাকৈ আমাৰ ভিতৰত কোনো লোভ নাথাকে, স্বাৰ্থ নাথাকে, প্ৰতিদানত কিছু পোৱাৰ ভাৱ নাথাকে, তেতিয়া আমি ঋণমুক্ত হৈ যাওঁ, তাৰ প্ৰতিপাদনত আমি কেইবা গুণ বেছি প্ৰাপ্ত কৰো। ঈশ্বৰৰ ফালৰ পৰা পোৱা এইটো আমাৰ পুৰস্কাৰ হয়। সত্য শান্তি আৰু সত্য সুখ আমি পাওঁ, পুৰস্কাৰ বেলেগ কৰি আমি পাওঁ। ঈশ্বৰ আমাৰ ওপৰত দয়ালু হৈ যায়। আনক সহায় কৰিলে আমাৰ নোহোৱা কাম সম্পন্ন হৈ যায়, আমি অপ্ৰত্যাশিত ৰূপেৰে লাভ প্ৰাপ্ত কৰো। বহু বছৰৰ পৰা অপূৰ্ণ হোৱা কামনা পূৰণ হয় তেতিয়া বুজিব লাগে যে পৰোপকাৰ আৰু সৎ ভাৱনাৰ প্ৰতিপাদন ঈশ্বৰে আমাক পুৰস্কৃত কৰিছে।

এই প্ৰসংগত মোক এটা কাহিনী মনত পৰিছে-

এটা ল'ৰা আছিল, যি বহুত দুখীয়া পৰিয়ালৰ পৰা আহিছিল, বাল্যকালৰ পৰাই যিমান পাৰে মানুহক সহায় কৰিছিল। যেতিয়া কাৰোবাৰ ঘৰত কোনো কাৰ্যক্ৰম বা কিছু কাম থাকে তেতিয়া তেওঁ সহায়ৰ বাবে যায়। এনেদৰে তেওঁ আনৰ সহায় কৰি বহুত লোকপ্ৰিয় হৈ যায়। সকলো লোকে তেওঁক মৰম কৰিব ধৰে। তেওঁ নিঃস্বাৰ্থ ভাৱেৰে মানুহৰ সহায় কৰি থাকে।

সময় পাৰ হৈ যায়। এদিন হঠাৎ ল'ৰাটোৰ মগজুত এটা ভাৱ আহে যে এটুকুৰা মাটি কিনা যাওক। মাটি কিনিবৰ বাবে তেওঁৰ ওচৰত

বহুত কম পইচা আছিল। তেওঁ কিছুমান মানুহৰ ওচৰত সহায়ৰ বাবে যায় আৰু অলপ অলপ টকা তেওঁলোকৰ পৰা এক বছৰৰ বাবে ধাৰ লয়। সেই টকাৰে ল'ৰাটোৱে মাটিৰ এটা টুকুৰা কিনি লয়, কিন্তু সময়ৰ লগত নিঃস্বাৰ্থৰ ভাৱেৰে আনক সহায় কৰাৰ তেওঁৰ প্ৰবৃত্তিক ত্যাগ কৰি দিয়ে। এক বছৰ পুৰা হোৱালৈকে তেওঁৰ মাটিৰ দাম হঠাৎ বাঢ়ি যায়। তেওঁ সেই মাটিক বেচি সকলোৰে পইচা ঘূৰাই দিয়ে আৰু বাকী পইচাৰে পুনৰ এটুকুৰ কম দামৰ মাটি কিনে। এনেদৰে তেওঁ মাটিৰ টুকুৰা কিনা আৰু বেচাত লাগি যায় আৰু এদিন ৰিয়েল স্টেট জগতত বহুত উচ্চতালৈ গৈ পায়। ইয়ালৈকে যে তেওঁ ৰিলে স্টেট বিজিনেচৰ কিং হৈ যায়।

এই কাহিনীৰ মূল তত্ত্ব এইটো হয় যে যেতিয়া কোনো ব্যক্তিয়ে নিৰন্তৰে আনক নিঃস্বাৰ্থ ভাৱেৰে সহায় কৰে, সত্য মনেৰে পৰোপকাৰ কৰে তেতিয়া ঈশ্বৰে তেওঁক সদায় সহায় কৰে। ঈশ্বৰে তেওঁৰ মনত সফলতাৰ মনোভাৱ ভৰাই দিয়ে, সেইকাৰণে ইয়াতকৈ আৰু ভাল কথা একো হ'ব নোৱাৰে যে আপুনি আনক সহায় কৰক, ঈশ্বৰে আপোনাক সহায় কৰিব।

যেতিয়া আমি আনৰ প্ৰতি সত্য শ্ৰদ্ধা ভাৱ ৰাখো, সকলোৰে প্ৰতি প্ৰেম ভাৱ ৰাখো, সকলোকে সহায় কৰিব বিচাৰে, তেতিয়া এনে ধৰণৰ ভাৱনা আপোনাৰ চকু-মুখত ফুটি উঠে।

আমি সহায়ৰ পৰিৱৰ্তে সহায় লোৱাৰ মনোভাৱ মনলৈ আনিব নালাগে, এইটো পৰোপকাৰ নহয়, ব্যৱসায় হয়। তাত নিঃস্বাৰ্থ ভাৱ নাথাকে। এইটো প্ৰতিদান পৰিশোধ কৰাৰ কথা হৈ যায়। আমি এইখন সংসাৰত সকলোৰে সহায় কৰাৰ চেস্টা কৰিব লাগে। সকলোৱে নিজৰ মিত্ৰ বা ভাই বুলি ভাৱিব লাগে। ইয়ালৈকে যে শত্ৰুৰ বাবেও নিজৰ মনত সৎ ভাৱ আৰু সহায়ৰ মনোভাৱ ৰাখিব লাগে। আপুনি এইটো দেখা পাব যে মাত্ৰ মনত সহায় আৰু সহানুভূতিৰ মনোভাৱ ৰাখিলে শত্ৰুও মিত্ৰলৈ পৰিণত হৈ যাব, এনেদৰে গোটেই সংসাৰেই আপোনাৰ মিত্ৰ হৈ যাব। যি কোনো ধৰণৰ সফলতা প্ৰাপ্তিত এনে ধৰণৰ ঘনিষ্ঠতাই অত্যন্ত কামত আহে।

যিমান সহায় আপুনি আনৰ বাবে কৰে, যিমান সুখ আপুনি আনক দিয়ে আৰু যিমান অধিক আপুনি আনক সঠিক পথ দেখুৱাই, আপোনাৰ পৰিচিত ব্যক্তি সিমানেই আপোনাক মনত ৰাখিব। যদি আপুনি নিজৰ পৰিয়ালক সুখ দি থাকিব তেতিয়া আপোনাক পৰিয়ালৰ লোকেই মনত ৰাখিব আৰু মৃত্যুৰ কেইদিন পিছত আপোনাক সকলোৱে পাহৰি যায়ব। এনেদৰে এইখন সংসাৰৰ পৰা লাহে লাহে আপোনাৰ নাম মুচি যাব।

আজি মানুহে মহাত্মা গান্ধী, ভগত সিং আৰু স্বামী বিবেকানন্দ আদিৰ ফটো নিজৰ ঘৰত সেইকাৰণে লগাই, কাৰণ তেওঁলোকৰ জীৱন দেশ আৰু দেশবাসীৰ বাবে সমৰ্পিত আছিল। তেওঁলোকে নিজৰ বাবে নহয়, আনৰ বাবে জীৱন জীয়াইছিল। এই মহান বিভূতি সকলক মানুহে স্মৰণ কৰি প্ৰেৰণা লয় আৰু সদায় হৈ থাকিব। তেওঁলোকে নিজৰ বাবে একো বিচৰা নাছিল, কিন্তু সমগ্ৰ দেশৰ বাবে সুখৰ কামনা কৰে, সেইকাৰণে তেওঁলোকক আজিও মানুহে মনত ৰাখে।

এজন কৃষকে গৰু গাড়ীৰে গাওঁলৈ ঘূৰি আহিছিল। ৰাস্তাৰ মজত এটা ডাঙৰ শিল পৰি আছিল। তাক নাতৰোৱাকে কোনো গৰু গাড়ী পাৰ হৈ যাব নোৱাৰে। কৃষকে চিন্তাত পৰি যায়। তেতিয়া তেওঁৰ দৃষ্টি এজন ব্যক্তিৰ ওপৰত পৰে। কৃষকে তেওঁৰ পৰা সহায় বিচাৰে। দুয়োৱে মিলি শিলক আতৰাই দিয়ে। কৃষকে খংত শিল থোৱা ব্যক্তিক গালি পাৰিব ধৰে, লগতে সহায় কৰা জনক বহুত প্ৰশংসা কৰে। কৃষকে সেই ব্যক্তিকো গৰু গাড়ীত বহুৱাই লয়। নিজৰ গন্তব্য স্হানত পোৱাৰ পিছত সেই ব্যক্তিয়ে কয়, 'যি ব্যক্তিক আপুনি গালি দিছিল, সেইজন ময়েই হয়। আচলতে মই ভাগৰি পৰিছিলো। বিশ্ৰামৰ বাবে ঠাই বিচাৰিছিলো তেতিয়া পাহাৰৰ ওপৰত এইটো শিল দেখা পাওঁ। ভাবিলো শিলৰ ওপৰত বহি অলপ বিশ্ৰাম কৰো। মই সেই শিলত বহিব ধৰোতে শিল পৰি ৰাস্তাৰ মাজত পৰি যায়। মই চিন্তিত হৈ গৈছিলো। মই ভাবিব ধৰিলো যে এজন মানুহৰ পৰা এই শিলটোক আতৰাব নোৱাৰি আৰু শিল নাতৰালে গৰু গাড়ী পাৰ হ'ব নোৱাৰিব। ইয়াত কোনো মানুহো দেখা পোৱা নাছিলো, সেইকাৰণে মই ভাবিলো যে যদি মই গুচি যাওঁ তেতিয়া গৰু গাড়ী চলোৱা মানুহক অসুবিধাত পৰিব, সেইকাৰণে মই ইয়াক টিলাৰ ওপৰত শুই গ'লো আৰু কাৰোবাৰ অপেক্ষা কৰিব ধৰিলো। আপুনি অহাৰ পিছত আপোনাক সহায় কৰি মোৰ মনে শান্তি পালে। ভুল যি কোনো ব্যক্তিৰ লগত হ'ব পাৰে, কিন্তু তাৰ কোনো লোকচান নহয়, তাৰ ধ্যান ৰখা উচিত।'

এখন গাওঁত এজন দুখীয়া ব্ৰাহ্মণ আছিল। পূজা-পাঠেৰে তেওঁৰ জীৱিকা চলিছিল। এদিন সেই দেশৰ ৰজাই তেওঁক পূজা কৰিবৰ বাবে মাতে। ব্ৰাহ্মণে আনন্দৰে ৰজাৰ মহলত পূজা কৰে, পূজা শেষ হোৱাৰ পিছত যেতিয়া ব্ৰাহ্মণে নিজৰ ঘৰলৈ যাব ধৰে তেতিয়া ৰজাই ব্ৰাহ্মণক সুধে, 'ঈশ্বৰ ক'ত থাকে, ক'ত দেখা পাই, আৰু কি কৰে?' ব্ৰাহ্মণে অলপ ভাৱি উত্তৰ দিয়ে, 'মহাৰাজ উত্তৰ দিবৰ বাবে মোল অলপ সময় লাগিব।' ৰজাই কয়, 'ঠিক আছে, এক মাহ পিছত উত্তৰ দিব লাগিব।' সময় পাৰ হৈ গ'ল, ব্ৰাহ্মণক ইয়াৰ উত্তৰ পোৱা নাছিল। ব্ৰাহ্মণৰ চিন্তা বাঢ়িব ধৰিলে আৰু তেওঁ উদাস হৈ থাকিব ধৰে। ব্ৰাহ্মণৰ এক বুদ্ধিমান পুতেক আছিল, পিতাকৰ উদাস হোৱাৰ কাৰণ সুধে। ব্ৰাহ্মণে পুতেকক ৰজাৰ প্ৰশ্নৰ বিষয়ে অৱগত কৰালে। পুতেকে ক'লে, 'দেউতা, আপুনি মোক ৰজাৰ ওচৰলৈ লৈ বলক, মই তেওঁৰ প্ৰশ্নৰ উত্তৰ দিম।' এক মাহ পিছত ব্ৰাহ্মণে পুতেকক লগত ৰজাৰ ওচৰলৈ আহে আৰু কয় যে আপোনাৰ প্ৰশ্নৰ উত্তৰ মোৰ পুত্ৰই দিব। ৰজাই ব্ৰাহ্মণৰ পুতেকক সুধে, 'কোৱ, ঈশ্বৰ ক'ত থাকে?'

ব্ৰাহ্মণৰ পুতেকে কয়, 'মহাৰাজ! প্ৰথমে অতিথিৰ আদৰ-সৎকৰা কৰা যায়, তাৰ পিছত প্ৰশ্ন কৰা যায়, আপুনি আতিথ্য নকৰাকেই প্ৰশ্ন সুধা আৰম্ভ কৰি দিলে।' ৰজা লজ্জিত হৈ যায় আৰু অতিথিৰ বাবে গাখীৰ আনিবলৈ আদেশ দিয়ে। গাখীৰৰ গিলাচ প্ৰস্তুত কৰে। ব্ৰাহ্মণৰ পুতেকে গাখীৰৰ গিলাচত আঙুলি ডুবাই চাব ধৰে। ৰজাই সুধে, 'এইটো কি হয়?' ব্ৰাহ্মণৰ পুত্ৰই কয়, 'শুনিছো গাখীৰত মাখন লুকাই থাকে। মই সেই মাখনক বিচাৰিছো?' ৰজাই কয়, 'গাখীৰক যেতিয়া একেবাৰে মন্থন কৰিলে মাখন পোৱা যায়।' ব্ৰাহ্মণৰ পুতেকে কয়, 'মহাৰাজ, এইটো আপোনাৰ প্ৰশ্নৰ উত্তৰ হয়। পৰমাত্মা প্ৰত্যেক জীৱৰ ভিতৰত থাকে, তাক পাবৰ বাবে নিয়মৰ অনুষ্ঠান কৰিব লগীয়া হয়। মনোযোগেৰে অভ্যাস কৰিলে আত্মাত লুকাই থকা পৰামাত্মাৰ নিবাসৰ আভাস হয়।' উত্তৰ শুনি ৰজা আনন্দিত হৈ যায় আৰু কয়, 'এতিয়া মোৰ দ্বিতীয় প্ৰশ্নৰ উত্তৰ দিয়া। ঈশ্বৰ ক'ত দেখা দিয়ে? ব্ৰাহ্মণ পুতেকে শীঘ্ৰে এটা মমবাতী আনিব দিয়ে আৰু তাক জ্বলাই ৰজাক কয়, 'মহাৰাজ, এইটো মমবাতী কোনফালে পোহৰ দিছে?' ৰাজাই কয়, 'ইয়াৰ পোহৰ চাৰিওফালে আছে।' তেতিয়া ব্ৰাহ্মণ পুত্ৰই কয়, 'এইটো আপোনাৰ দ্বিতীয় প্ৰশ্নৰ উত্তৰ।' পৰমাত্মা সৰ্বদ্ৰষ্টা হয় আৰু সকলো প্ৰাণীৰ কৰ্মক চাই।' ৰজাই আনন্দিত হৈ কয় এতিয়া মেৰ অন্তিম প্ৰশ্নৰ উত্তৰ দিয় যে পৰমাত্মাই কি কৰে? ব্ৰাহ্মই পুত্ৰৰ উত্তৰ দিয়ে, 'মহাৰাজ, আপুনি প্ৰশ্নক গুৰু হিচপে সুধিছেনে শিষ্য হিচাপে।' ৰজাই বিনম্ৰ হৈ কয়, 'মই শিষ্য হৈ সুধিছো।' ব্ৰাহ্মণ পুত্ৰই কয়, 'ৱাহ মহাৰাজ! আপুনি বহুত ভাল শিষ্য হয়। গুৰু মাটিত থিয় হৈ আছে আৰু শিষ্য সিংহাসনত বহি আছে।' এইটো শুনি ৰজা লজ্জিত হয়। তেওঁ সিংহাসনৰ পৰা নামি ব্ৰাহ্মণক সিংহাসনক বহুৱাই সুধে, 'এতিয়া কওক, ঈশ্বৰে কি কৰে?' ব্ৰাহ্মণৰ পুত্ৰই কয়, 'এতিয়া কবলৈ কি বাকী থাকিল। ঈশ্বৰে এইটোৱেই কৰে যে ৰজাক ভিক্ষাৰী আৰু ভিক্ষাৰীক ৰজা বনাই দিয়ে।' ৰজাই সেই ব্ৰাহ্মণ পুত্ৰৰ উত্তৰ শুনি বহুত প্ৰভাৱিত হয় আৰু তেওঁ সেই ব্ৰাহ্মণক তেওঁৰ ৰাজসভাত ৰাখি লয়।

আত্মাই পৰমাত্মা

মনুষ্যৰ ভিতৰ যি শক্তিয়ে কাম কৰে, যি শক্তি মনুষ্যৰ শৰীৰক চলাই, যি মনুষ্যক সকলো কাম কৰোৱাত সমৰ্থ হয়, সেই শক্তি পৰমপিতা পৰমেশ্বৰৰ সূক্ষ্ম হয়, যাক আমি আত্মা বুলি কওঁ। মনত ৰাখিব, আত্মাই পৰমাত্মা হয়।

মনুষ্য কি হয়?

কেৱলমাত্ৰ মাটিৰ পুতলা। মৃত্যুৰ পিছত মাটিৰ এই পুতলা মাটিতেই মিলি যায়।

এবাৰ এজন শিষ্যই পহাৰলৈ চাই গুৰুক সুধে- 'গুৰুদেৱ, এইখন পাহাৰতকৈ শক্তিশালী আৰু কঠোৰ এইখন সংসাৰত কিবা আছেনে?'

গুৰুৱে কয়- 'লোহা। লোহা পাহাৰতকৈ বেছি কঠোৰ আৰু শক্তিশালী হয়, কাৰণ ই পাহাৰক কাটিব পাৰে।'

'লোহাতলৈ শক্তিশালী কোনো বস্তু আছেনে?'

'লোহাতকৈ শক্তিশালী অগ্নি হয়, যি লোহাক গলাব দিব পাৰে।'

'গুৰুদেৱ, অগ্নিতকৈ শক্তিশালী কি

> যদি আমি আমাৰ অস্তিত্ব বজায় ৰাখিব বিচাৰো তেতিয়া আমি আমাৰ আত্মাৰ লগত জড়িত হ'ব লাগিব, তাক শুনিব লাগিব, কাৰণ সেইটো হৈছে একমাত্ৰ চিড়ি, যি আমাক পৰমাত্মালৈকে লৈ যায় আৰু পৰমাত্মা আমাৰ মনত বিচাৰধাৰাৰ এনে সূত্ৰ গাঁঠি দিয়ে আমি সেই সূত্ৰৰ সহায়েৰে আমাৰ কৰ্মশক্তিকক জগাই তলো।
>
> সূৰ্য সিন্‌হা

হয় ?'

'অগ্নিতকৈ শক্তিশালী পানী হয়, যি অগ্নিক নুমাই তাক নিজৰ দৰে ঠাণ্ডা কৰি দিব পাৰে।'

'গুৰুদেৱ! আপোনাৰ ৰহস্য আৰু জ্ঞানৰ কথাই মোক উৎসুকতা কৰি দিছে,' শিষ্যই মৃদু স্বৰেৰে সুধে, 'পানীতকৈ শক্তিশালী কি হয় ?'

'তুমি তোমাৰ সকলো উৎসুকতাৰ শমন কৰা। মোৰ কামেই তোমাক জ্ঞান দিয়ে,' গুৰুৱে হাঁহি হাঁহি উত্তৰ দিয়ে, 'পানীতকৈ শক্তিশালী সূৰ্য হয়, কাৰণ ই পানীক বাষ্প কৰি উৰাই দিয়ে।'

'সূৰ্যতকৈ শক্তি কি হয় গুৰুদেৱ ?'

'সূৰ্যতকৈ শক্তিশালী মেঘ হয়, যি তাক ঢাকিব লুপ্ত কৰাই দিয়ে।'

'মেঘতকৈ শক্তিশালী কি হয় ?'

'মেঘতকৈ শক্তিশালী বায়ু হয়, যি মেঘক উৰুৱাই লৈ যায় আৰু বায়ুৰ কাৰণেই মনুষ্য জীয়াই থাকে।'

'তেনেহ'লে বায়ুতকৈ গুৰুত্বপূৰ্ণ কি হ'ব পাৰে।'

'মনুষ্যৰ সংকল্প শক্তিৰে বায়ুকো নিয়ন্ত্ৰিত কৰিব পাৰি।'

'মনুষ্যতকৈ শক্তিশালী কি হ'ব পাৰে ?'

'মনুষ্যতকৈ ডাঙৰ হৈছে ঈশ্বৰৰ শক্তি। মনুষ্য ঈশ্বৰৰ আগত একো নহয়। সি আত্মা হয় আৰু আত্মা পৰমাত্মাৰেই এটা অংশ হয়। যেনেদৰে মনুষ্যই নিজৰ বস্ত্ৰ ফাটি যোৱাৰ পিছত অন্য বস্ত্ৰ ধাৰণ কৰিবলৈ ভয় নকৰে, তেনেদৰে পৰমপিতা পৰমেশ্বৰো এই শৰীৰ জৰ্জৰ হোৱাৰ পিছত আত্মাক নতুন শৰীৰ প্ৰদান কৰে। এইটো কথাক কেতিয়াও পাহৰিব নালাগে যে যি কাম হয়, সেইটো পৰমাত্মাৰেই ইচ্ছানুসাৰে হয়।'

গুৰুৰ পৰা জ্ঞান পাই শিষ্যৰ উৎসুকতা শান্ত হৈ যায়। তেওঁ জানি যায় যে আত্মাই পৰমাত্মা হয় আৰু ইয়াতকৈ ডাঙৰ অন্য কোনো শক্তি নাই।

পৰমাত্মাৰে যুক্ত হোৱা

যদি আমি নিজৰ অস্তিত্ব বজায় ৰাখিব বিচাৰো তেন্তে পৰমাত্মাৰ লগত যুক্ত হ'ব লাগিব। যি পৰমাত্মাৰ লগত যুক্ত নহয় তেওঁ সমাপ্ত হৈ যায়। পৰমাত্মা এক মহাশক্তি হয় আৰু আমি সেই মহাশক্তিৰ এটোপাল মাত্র। ঈশ্বৰৰ শক্তি সমুদ্রৰ দৰে অতল হয় আৰু আমি হৈছে বৰষুণৰ এটোপাল মাত্র। আপুনি নিশ্চয় দেখিছে যে অলপ বৰষুণ মৰুভূমিত পৰে, অলপ পাহাৰত, অলপ বৃক্ষৰ পাতত, অলপ ঘৰত। কিছুমান ভাগ্যৱান টোপাল চিপ চিপত পৰে, কিছুমান সমুদ্রত।

মৰুভূমি, পাহাৰ, শুকান মাটি, বৃক্ষ, ঘৰ আদিত পৰা টোপাল কিছু সময় পিছতেই নিজৰ অস্তিত্ব হেৰুৱাই দিয়ে, চিপত পৰা টোপাল মুকুতা হৈ যায় আৰু সমুদ্রত পৰা টোপাল সমুদ্রৰ এটা অংশ হৈ নিজে সমুদ্র হৈ যায়।

এনেদৰে যেতিয়া আমি ঈশ্বৰৰ লগত যুক্ত হওঁ তেতিয়া আমিও মহাশক্তিশালী হৈ যাওঁ, কাৰণ তেতিয়া ঈশ্বৰৰ শক্তিও আমাৰ লগত থাকে।

এবাৰ আকাশৰ পৰা পানীৰ এটা টোপাল গছৰ পাতত পৰি যায়, সেই টোপাল সেই পাতত ৰখি যায়। গছৰ তলত এখন নদী বৈ থাকে। সেই পানীৰ টোল যেতিয়া তলত পৰি যায় তেতিয়া ই পাতক টানি ধৰে। ই এনেদৰে ভাৱে যে নদীত পৰি মোৰ অস্তিত্ব সমাপ্ত হৈ যাব। ই গমেই পোৱা নাছিল যে নদীৰ পানীতেই তাৰ অচল অস্তিত্ব আছে। ই সেই পানীৰেই অংশ হয়। বায়ুৱে তাক হিলা হিলাই পেলোৱাৰ বহুত চেষ্টা কৰে, কিন্তু সেই টোপালে নিজৰ ভয়ৰ কাৰণে পাতক আৰু টানি ধৰে। এনেদৰে ই সেই পতাত শুকাই নষ্ট হৈ যায়।

ঈশ্বৰে যি কৰে, ভালেই কৰে

ভগৱান শ্রী কৃষ্ণই গীতাত কৈছে- 'হে মনুষ্য! তুমি কেৱল কৰ্ম কৰা, ফলৰ ইচ্ছা নকৰিবা। ফল দিয়া বা নিদিয়া মোৰ কাম। ফল

কেনেদৰে পাব, পাব বা নাপাব, এই কথাক ভৰাৰ তোমাৰ কোনো অধিকাৰ নাই।' এই সত্যক সংসাৰৰ প্ৰায় সকলো লোকে জানে। এনে অনেক উদাহৰণ আপুনি পাব যে যেতিয়া মনুষ্যক তেওঁৰ কৰ্মৰ অনুৰূপে ফল নাপায় আৰু কাৰোবাক ইমান প্ৰতিফল পাই যে তাৰ পক্ষে চম্ভালাত কঠিন হৈ যায়। শাশ্বত সত্য এইটোও হয় যে আপোনাৰ ব্যৰ্থ হোৱাতো বোধহয় ঈশ্বৰৰ কোনো ইচছা আছে। তেওঁ হয়তো আপোনাক অন্য কোনো কামত বেছি উন্নতি দিব বিচাৰে।

এই প্ৰসংগত মই আপোনাক এটা সৰু ঘটনাৰ বিষয়ে কব বিচাৰো। চাওক, কেনেদৰে ঈশ্বৰে এটা দোৱাৰ বন্ধ কৰি দিলেও আন এটা দোৱাৰ খুলি দিয়ে আৰু আপোনাৰ সফলতাৰ সিংহাসনত বহুৱাই দিয়ে-

এটা ল'ৰাই নিজৰ জীৱিকাৰ বাবে চাকৰি বিচাৰি আছিল। তেওঁক কোনোবাই কৈ দিয়ে যে বাচ স্টেডৰ ওচৰত সাৰ্বজনিক শৌচালয়ত টয়লেট অটেণ্ডেন্টৰ এটা পোস্ট খালি আছিল। সেই ল'ৰাই চাকৰিৰ বাবে তালৈ যায়। তাক দিয়া কাম দেখাৰ পিছত তেওঁক বাচনি কৰি লয়। পিছত তেওঁক এটা ফৰ্মত হস্তাক্ষৰ কৰিবলৈ কয়। ল'ৰাই কয় যে তেওঁ পঢ়া-লিখা নাজানে, সেইকাৰণে হস্তাক্ষৰ কৰিব নাজানে। হস্তাক্ষৰ কৰিব নাজানাৰ কাৰণে তেওঁ সেই চাকৰি নাপাৰে।

পিছত সেই ল'ৰাই ফলৰ এটা দোকানত কাম কৰিব ধৰে আৰু লাহে লাহে ফলৰ ব্যৱসায়ত পাৰ্গত হৈ যায়। এদিন ঈশ্বৰৰ প্ৰেৰণাৰে তেওঁৰ মনত এক ভাৱ আহে যে এতিয়া মই চাকৰিৰ পৰিৱৰ্তে নিজে ফলৰ ব্যৱসায় কৰিব লাগে।

এনেদৰে তেওঁ নিজে ফলৰ ব্যৱসায় কৰিব ধৰে। তেওঁ এই কামত বহুত সফলতা প্ৰাপ্ত কৰে। ফলৰ ব্যৱসায় ইমান বাঢ়ি যায় যে তেওঁ বিদেশলৈও ফলৰ আমদান-ৰাপ্তানি কৰিব ধৰে।

এবাৰ ব্যৱসায়ৰ আৰু বঢ়াবৰ বাবে তেওঁক একাউণ্টেণ্টে পৰামৰ্শ দিয়ে যে তেওঁক বেংকৰ পৰা লোন লব লাগে। এই বিষয়ে তেওঁ এটা

বেংকৰ মেনেজাৰক লগ কৰে। বেংক মেনেজাৰে তেওঁ লোকন দিবৰ বাবে ডিলিং সম্বন্ধী ফৰ্ম দিয়ে আৰু কয় যে এই ফৰ্মত হস্তাক্ষৰ কৰক। সেই ল'ৰাই সংকোচ নকৰি কয় যে তেওঁ হস্তাক্ষৰ কৰিব নাজানে।

বেংক মেনেজাৰে তেওঁৰ ফালে আচৰিত হৈ চাই কয়, 'আপুনি হস্তাক্ষৰ কৰিব যদি নাজানেই তেন্তে আপুনি ব্যৱসায়ক ইমান সফলতাৰে কেনেদৰে বঢ়াইছে ? যদি আপুনি পঢ়া-লিখা জনাহেঁতেন আৰু বেছি উন্নতি কৰিব পাৰিলেহেঁতেন।'

এইটো কথা শুনি ব্যৱসায়ী ল'ৰাই কয় 'যদি মই হস্তাক্ষৰ কৰিব জনাহেঁতেন বাচ ষ্টেণ্ডৰ শৌচালয়ত টয়লেট চাফা কৰি থাকিলোহেঁতেন।'

এই কাহিনীৰ পৰা আমি এইটো প্ৰেৰণা পাওঁ যে ব্যৰ্থতাৰ পৰা ভয় কৰিব নালাগে আৰু ব্যৰ্থতাৰ দোষ আনৰ ওপৰত জাপি দিব নালাগে। প্ৰত্যেক ব্যৰ্থতাক ঈশ্বৰৰ ইচ্ছা বুলি মানি নিৰন্তৰে কৰ্ম কৰি গৈ থাকিব লাগে, যেতিয়া আপুনি নিৰন্তৰে কৰ্ম কৰি থাকিব তেতিয়া এদিন আপুনি নিজকে বেছি সফল ব্যক্তি হিচাপে দেখা পাব। গতিকে ব্যৰ্থতাৰে ভয় নকৰিব, বৰং এনেদৰে ভাৱক- 'ঈশ্বৰে মোক কেৱল কৰ্ম কৰিবলৈ এইখন সংসাৰলৈ পঠিয়াইছে। মোৰ কৰ্তব্য কেৱল কৰ্ম কৰা হয়।'

কৰ্ম নকৰা ব্যক্তি শীঘ্ৰে নষ্ট হৈ যায়। তলত দিয়া কাহিনীৰ পৰা এই কথা স্পষ্ট হৈ যায়-

এখন নগৰত এজন মহাজন আছিল। এদিন তেওঁ নিজৰ মুনিমক মাতি সুধে যে আমাৰ ওচৰত কিমান ধন আছে। মুনিমে কয় যদি আপোনাৰ ভৱিষ্য সাত প্ৰজন্মই বহি বহি খাই তেতিয়াও সমাপ্ত নহ'ব।

তাতে মহাজনৰ একমাত্ৰ পুতেকে বহি আছিল। এই কথা শুনি তেওঁ ভাৱিলে যে যদি আমাৰ ওচৰত ইমান ধন আছে তেন্তে আমি কৰ্ম কৰাৰ দৰকাৰ নাই। তেওঁ কাম কৰা বন্ধ কৰি দিয়ে। তেওঁ গোটেই দিন

এনেয়ে বহি থাকে, শুই থাকে বা মনোৰঞ্জনৰ সাধনাত মন লগাব ধৰিলে। ভোক লাগিলে বিভিন্ন ধৰণৰ ব্যঞ্জন খাবলৈ পায়। এনেদৰে এনেয়ে বহি বহি তেওঁৰ শৰীৰ বেয়া হ'ব ধৰে। স্থূলতা বাঢ়ি যায়, যৰ পৰা তেওঁ আৰু এলেহুৱা হ'ব ধৰে। তেওঁক স্থূলতা জন্য ৰোগে ঘেৰি ধৰে। সেই সময়তো তেওঁৰ মগজুত সোমোৱা নাছিল যে তেওঁক শাৰীৰিক পৰিশ্ৰম কৰিব লাগে, তেতিয়া তেওঁৰ চেতনা নাহিল যে কিছু কৰ্ম কৰিব লাগে। পৰিণামত এইটো হয় যে ৰোগৰ কাৰণে তেওঁ অত্যাধিক কষ্ট ভোগ কৰি মৰি যায়। ইয়াৰ লগতে মহাজনৰ বংশও সমাপ্ত হৈ যায়।

এই কাহিনীৰ পৰা আমি এইটো শিক্ষা পাওঁ যে কৰ্ম সদায় ধন-সম্পত্তিৰ বাবেই কৰা নাযায়। কৰ্ম স্বাস্থ্য আৰু বয়সক বঢ়াবৰ বাবেও কৰা যায়। ঈশ্বৰে আমাক এই শৰীৰ কেৱল কৰ্ম কৰিবৰ বাবে দিছে। যি ব্যক্তিয়ে কৰ্ম নকৰে, তেওঁ মহাজনৰ বংশৰ দৰে নষ্ট হৈ যায়।

সেইকাৰণে প্ৰিয় বন্ধু! আমি নিৰন্তৰে কৰ্ম কৰি থাকিব লাগে। কৰ্মৰ ওপৰত আমাৰ অধিকাৰ আছে, আমি কৰ্ম কৰিবৰ বাবে জন্ম হৈছো, যদি আমি মনেৰে কৰ্ম কৰো তেতিয়াহ'লে আমি যেনেকুৱা সফলতা পাব বিচাৰো, তেনেকুৱা সফলতা প্ৰাপ্ত কৰিব পাৰো, যদি আমি আমাৰ মনক কৰ্মত লগাই দিওঁ তেন্তে আমাৰ দ্বাৰা কৰা কৰ্ম বহুত সহজ হৈ যাব, আমাৰ আত্মা সেই কৰ্মত লিপ্ত হৈ যাব আৰু পৰমাত্মাৰ সঙ্গ আমি প্ৰাপ্ত কৰিম। আমি অনুভৱ কৰিম যে পৰমাত্মা এতিয়া আমাৰ লগত আছে, কাৰণ যেতিয়া আমি সেই কৰ্মক কৰিম, তেতিয়া সেই সময়ত আমি আমাৰ মনক জয় কৰো আৰু যেতিয়া আমি আমাৰ মনক জয় কৰিম তেতিয়া সফলতা আমাৰ পৰা দূৰত কেনেদৰে থাকিব পাৰে? সফলতা আমাৰ চৰণ স্পৰ্শ কৰিব, কাৰণ এনেদৰে কোৱা গৈছে-

মনক জয় কৰাই আচল জয় হয়।

এতিয়া আমি আমাৰ মনক জয় কৰিছো, এতিয়া পৰাজয়ৰ

প্ৰশ্নই নুঠে, পৰাজয়ক আমি বহুত পিছত এৰি হৈ আহিলো।

এতিয়া কেৱল সফলতা হয়, সকলো কামত সফলতা, নিৰন্তৰে সফলতা। এতিয়া আমাৰ নিৰন্তৰে জয় হৈছে, কেৱল জয়, কাৰণ আমি আমাৰ মনত জয় কৰিলো।

প্ৰিয়, বন্ধু! মনক জয় কৰক, আপোনাৰ জয় নিশ্চিত।

এইটো কাৰণ হয় যে মই বাৰে বাৰে কৈছো-

'নিজৰ মনক জয় কৰক'.....'নিজৰ মনক জয়ক'।

আচাৰ্য উপকৌশলক তেওঁৰ কন্যাৰ বাবে যোগ্য দৰাৰ সন্ধান কৰিছিল। তেওঁৰ গুৰুকুলত কেইবাজনো ব্ৰহ্মচাৰী আছিল, কিন্তু তেওঁ কন্যাদানৰ বাবে এন সুপুত্ৰৰ সন্ধান কৰিছিল, যি কঠিন পৰিস্থিতিটো নিজৰ আত্মাক প্ৰতাড়িত নকৰে। পৰীক্ষাৰ বাবে সকলো ব্ৰহ্মচাৰীক গুপ্ত ৰূপেৰে অলংকাৰ আনিবলৈ কয়, যাক মাক-পিতাৰ বাদেও আনওে নাজানে।

সকলো ছাত্ৰই চোৰ কৰি কিছুমান অলংকাৰ আনিলে। আচাৰ্যই অলংকাৰ ভালদৰে ৰাখিলে। অন্তত বাৰাণসীৰ ৰাজকুমাৰ ব্ৰহ্মদত্ত খালি হাতেদি আহে। আচাৰ্যই তেওঁক সুধে, 'তুমি একো নাপালানেকি ?' ব্ৰহ্মদত্তই উত্তৰ দিয়ে, 'পাইছিলো, কিন্তু মোৰ আত্মা আৰু পৰমাত্মাই মোক চোৰ কৰা দেখা পাইছিল।' আচাৰ্যক তেওঁৰ কন্যাৰ বাবে সুপুত্ৰ পাই যায়, যাৰ তেওঁ সন্ধান কৰি আছিল। তেওঁ সকলো শিষ্যক তেওঁলোকৰ অলংকাৰ ঘূৰাই দিয়ে।

দুটা বেং আছিল। সিহঁত জংঘলত পুখুৰীৰ কিনাৰত গছৰ তলত আছিল। এদিন সিঁহত দুয়ো ভাৱিলে 'আমি বাহিৰৰ জগত খনক দেখাই নাই, জংঘলৰ বাহিৰতো বস্তু থাকিব। বলা, মনুষ্যৰ জগত খনক চাই আহোঁ।' খোৱা বস্তু অলপ লৈ গৈ সিঁহত দুয়ো যাত্ৰা আৰম্ভ কৰিছেল। কিছু দূৰ গৈ দেখা পাই যে- ডাঙৰ ডাঙৰ ঘৰ, প্ৰদূষণেৰে আৱৰা বাহন, নিজৰ পেটৰ কাৰণে ব্যস্তা ভৰা মানুহ, খেলা-ধূলা, পঢ়া-লিখাত ব্যস্ত শিশু, চিঞৰৰ বাখৰ আৰু প্ৰচণ্ড চিৎকাৰ ইত্যাদি। সিঁহতক নিজৰ ঘৰ মনত পৰি যায়। সিঁহত ভাগৰি পৰে। সিঁহতক পিয়াহ লাগিল আৰু অলপ খালি ঠাইত আৰাম কৰিব মন গ'ল। বিচাৰি বিচাৰি এক গাখীৰ বেপাৰীৰ দোকানত সোমাই যায়।

তাত এটা বাল্টি আছিল। সিঁহত এনে লাগিল যে এই বাল্টিত পানী আছে, সেইকাৰণে সোনকালে জাঁপ মাৰি বাল্টিৰ ভিতৰত সোমাই গ'ল। কিন্তু কি হ'ল? বাল্টিত পানীত নাছিল, তাত মালাই ভৰি আছিল। বেচেৰা সেই দুই বেং মালাইত ডুবিব ধৰিলে, উশাহ ফুলিব ধৰে আৰু সোনকালে বাহিৰলৈ আহিব বিচাৰিলেও আহিব নোৱাৰিলে। এটা বেঙে মনৰ পৰা পৰাজয় স্বীকাৰ কৰি লয়, সি ভাৱিলে, 'মোৰ অন্তিম সময় আহি গৈছে, হায় মোৰ কপাল! চহৰলৈ আহি এই অচিনাকী মানুহৰ মাজত মৰিব লগীয়া আছিল।' সি ঈশ্বৰলৈ মনত পেলাই আৰু মৃত্যুলৈ অপেক্ষা কৰিব ধৰিলে। আনটো বেঙে পৰাজয় স্বীকাৰ কৰা নাছিল। মনত ভাৱিলে লাগিলে যিয়েই নহওক, সি বাল্টিৰ পৰা ওলাই আহিব। সি কোনো ধৰণে মলাই ভৰা বাল্টিৰ পৰা বাহিৰলৈ আহিবলৈ চেষ্টা কৰিব ধৰিলে। সি ভৰি জোৰে জোৰে চলাব ধৰিব। বহুত চেষ্টা কৰিও বাৰে বাৰে পিচলি যায়। তথাপিও মন সৰু কৰা নাছিল, সাহস গোটেই নিৰন্তৰে চেষ্টা কৰি থাকে নিজৰ ভৰি চলাই থাকে। হঠাৎ সি দেখা পালে যে সি ওপৰলৈ আহিব ধৰিছে। সি নিৰন্তৰে জোৰে জোৰে ভৰি চলোৱাৰ পৰা মলাই হিলিছে আৰু মাখনলৈ পৰিণত হ'ব ধৰিছে। বেঙে আশাৰ ৰেঙণি দেখা পালে। সি ভাগৰি পৰিছিল, কিন্তু তথাপিও ভৰি চলাই থাকে।

তাৰ পিছত কি হ'ল! মাখনলৈ পৰিণত হ'ল আৰু শেষত সেই মাখনৰ বলত সেই সাহসী বেঙে ওপৰলৈ উঠিব ধৰে। যেতিয়া মাখন ছহৰ ৰূপত পৰিণত হ'ব ধৰে, তেতিয়া সেই সাহসী বেঙে বাল্টিৰ পৰা বাহিৰত জাঁপ মাৰি দিয়ে। নিজৰ সাহস, নিষ্ঠা, পৰিশ্ৰম, জীয়াই থকা উৎসাহ আৰু মনক জয় কৰাৰ কাৰণে সেই বেং বাচি যায়, কিন্তু নিৰাশাবাদী আটো বেং মলাইৰ বাল্টিত ডুবি মৰি যায়।

অন্তত

সুধি পাঠকবৃন্দ,

গ্ৰন্থ খনক পঢ়াৰ পিছত আপুনি নিশ্চয় বুজি পালে যে যদি ব্যক্তিয়ে নিজৰ মনক জয় কৰি লয় তেন্তে তেওঁ জীৱনত বহুত দূৰলৈ গৈ পাব পাৰে।

যদি আপুনি জীৱনত সফল হ'ব বিচাৰে তেন্তে আপুনি মনক জয় কৰিব লাগিব। যিয়ে মনক নিয়ন্ত্ৰণ কৰিব পাৰে, তেওঁ গোটেই জগতক নিয়ন্ত্ৰণ কৰিব পাৰে, সেইকাৰণে আপুনি ভিতৰৰ পৰা বিশ্বাসৰ শলিতা জ্বলাব লাগিব। আপুনি সৎ কাম কৰিব লাগিব, সৎ কামেৰে আপুনি মনক জয় কৰিব লাগিব আৰু এনেদৰে আপোনাৰ জীৱন আলোকিত হৈ যাব পাৰে।

আমি মনৰ ওপৰত বিজয় পোৱাৰ লগতে অনেক ভুল-ত্ৰুটি আৰু অনেক বেয়া অভ্যাসৰ পৰা মুক্তি পাওঁ। আমাৰ একাৰে নতুন জন্ম হয়। আমি নিজকে বিজয়ী ঘোষণা কৰি সকলো লক্ষ্যক বিজয়ীৰ দৰে প্ৰাপ্ত কৰিব পাৰো। তেতিয়া আমাৰ ভিতৰত অটুট বিশ্বাস উৎপন্ন হয়, কিন্তু এইটোও মনত ৰাখিব লাগে যে কেৱল বিশ্বাসৰ দ্বাৰাই আমি সফলতা নাপাওঁ, কাৰণ কৰ্মৰ বিনা বিশ্বাস আধৰুৱা হয় আৰু যি কামক কৰা সময়ত আমি উৎসাহিত হৈ থাকো, সেই কামৰ মাধ্যমেৰে আমি সফলতাৰ চিঢ়িত বগাওঁ আৰু ইয়াৰত কোনেও বাধা দিব নোৱাৰে।

জীৱনত সফলতাক প্ৰাপ্ত কৰিবৰ বাবে ইচ্ছাশক্তি অত্যন্ত গুৰুত্বপূৰ্ণ হয়। যদি আমাৰ ভিতৰত কোনো কামক কৰা ইচ্ছাশক্তি নাথাকিব তেন্তে আমি সেই কামক কৰিব নোৱাৰিম। যেতিয়া ঘৰৰ পৰা ওলাই

যাম তেতিয়া কলৈ গৈ পাম, আমি ঘৰতেই থাকি যাম।

প্ৰিয়, বন্ধু, মই মানৱ প্ৰশিক্ষক হয়। মোৰ প্ৰসায় সদায় এইটো থাকে যে সংসাৰৰ প্ৰত্যেক ব্যক্তি সুখী হওক, শান্তিৰে থাকক আৰু জীৱনত উন্নতি পথত নিৰন্তৰে আগবাঢ়ি গৈ থাকক। যদি মোৰ প্ৰয়াসৰ দ্বাৰা এইখন সংসাৰত কোনো এজনো ব্যক্তিৰ জীৱন সফল হৈ যায় তেতিয়া মই মোৰ জীৱনক ধন্য বুলি মানিম।

মই কোনো মহাপুৰুষ নহয়। মইও আপোনাৰ দৰে এক সাধাৰণ ব্যক্তি। কিন্তু, মই জীৱনত বহুত কিছু হেৰুৱাইছো, বহুত কিছু পাইছো। সংঘৰ্ষ কৰিছো, সাধনা কৰিছো, যাৰ কাৰণে মই নিজকে এনেদৰে যোগ্য কৰি তুলিব পাৰিছো। যেনেদৰে দাপোনত ধূলি লাগি যোৱাৰ পৰা চেহেৰা স্পষ্ট ৰূপে দেখা নাপাই আৰু ধূলি আতৰালে চেহেৰা স্পষ্ট ৰূপে দেখা পাই, সেইদৰে মই মাত্ৰ আপোনাৰ মস্তিস্কৰ দাপোনৰ ধূলি আতৰাব বিচাৰিছো, যাতে আপুনি নিজৰ সত্য স্বৰূপক চিনি পাব পাৰে।

মই জানো যে আপুনি বুদ্ধিমান হয়, তেজস্বী হয় আৰু আপোনাৰ গাত মহান হোৱাৰ সকলো ক্ষমতা আছে। এই সকলো তেতিয়ালৈকে ব্যৰ্থ প্ৰমাণিত হয়, যেতিয়ালৈকে আপুনি আপোনাৰ মনক জয় কৰি নলয়। গতিকে মনৰ ওপৰত বিয় পোৱাতো আৱশ্যক হয়। এই মন চলায়নমান হয়, বতাহতকৈ বেছি তীব্ৰ গতিৰ হয়। ইয়াৰ এক ভাল সাৰিথৰ দৰে লেকাম লগাই ধৰি ৰাখিব লাগে। লেকাম ঢিলা হ'লে চলায়নমান মন আপোনাক আধ্যাত্মিক ৰূপেৰে কব গ'লে নৰকৰ ফালে আৰু ব্যৱহাৰিক ৰূপেৰে কব গ'লে ব্যৰ্থতাৰ ফালে লৈ যায়।

আপুনি সফল হওক, আপুনি সত্য সুখ আৰু সত্য শান্তি পাওক, এই কামনাৰে এইখন গ্ৰন্থক সমাপ্ত কৰিছো। আপোনাৰ পৰামৰ্শ, সমালোচনাক, সদায় আমন্ত্ৰিত কৰো।

আপোনাৰ,

সূৰ্য সিন্‌হা

website: www.suryasinha.com,
email: surya@suryasinha.com, winnerztrack@gmail.com

সূৰ্য সিন্‌হা

এনে এক নাম, যাৰ পৰা পাই এক প্ৰেৰণা, আপুনি পাব আপোনাৰ জীৱনৰ প্ৰেৰণা শ্ৰোত

সফল, সুব্যৱস্থিত আৰু আদৰ্শ

আমন্ত্ৰণ

সূৰ্য সিন্‌হাৰ মানৱ প্ৰশিক্ষণ আৰু প্ৰেৰণা প্ৰদানকাৰী সংস্থা 'উইনাৰ্জ ট্ৰেক' সাদিনীয়া দিৱসীয়, পাঁচদিনীয়া, তিনিদিনীয়া, দুদিনীয়া এক এদিনীয়া কৰ্মশালা আৰু চেমিনাৰ নিম্নলিখিত বিষয়ৰ ওপৰত প্ৰস্তুত কৰো ঃ-

- সফলতা প্ৰাপ্তি (Gain Success)
- ব্যক্তিত্ব বিকাশ (Personality Development)
- ভাষণ আৰু প্ৰস্তুতিকৰণ কলা Public Speaking and Presentation Skill)
- কথপোকথন কলা (Communication Skill)
- ধ্যান সাধনা আৰু চাপ মুক্তি (Meditation and Ant of Relation)
- ব্যৱহাৰ কুশলতা (Relationship Mastery)
- স্মৃতি বিকাশ (Memory Development)
- অধ্যয়ন টেকনিক (Study Technology)
- শিক্ষা প্ৰদানৰ টেকনিক (Teaching Technology)
- সময় প্ৰৱন্ধন (Time Management)
- ধন প্ৰৱন্ধন (Money Management)
- লক্ষ্য নিৰ্ধাৰণ (Goal Setting)
- লিডাৰশ্বিপ (Ledership)
- ব্যৱসায় বিকাশ (Business Development)
- চেল্চ প্ৰফেচন (Sales Pronotion)
- ডি.টি. ডবলিউ (Distributors Training Workshop)

বুকিংৰ বাবে অৰ্ডাৰ ফৰ্ম

নাম ঃ ....

ঠিকানা ঃ ....

ফ'ন ঃ .... ম'বাইল ঃ ....

ই-মেল ঃ ....

ৱাৰ্কশ্চপ - চেমিনাৰ ☐ সাদিনীয়া পাঁচদিনীয়া

☐ তিনদিনীয়া ☐ দুদিনীয়া ☐ এদিনীয়া দিবসীয়

এক দিবসীয়

(যি ৱৰ্কশ্বপ - চেমিনাৰৰ বাচনি কৰিব, সেই বাকচত ✓ চিহ্ন লগাওক)

কৃপা কৰি দৃষ্টি দিয়ক

- ✓ সকলো ৱৰ্কশ্বপ - চেমিনাৰৰ প্ৰোফেচনেল ফিচ বেলেগ-বেলেগ।
- ✓ এটাতকৈ অধিক চেমিনাৰ / ৱৰ্কশ্বপ কৰালে পেকেজ ডিচকাউণ্ট পোৱা যাব।
- ✓ উৰা জাহাজৰ ভাড়া আৰু লজিং-ফুডিং চাৰ্জ অতিৰিক্ত লাগিব।
- ✓ বাচনি কৰা ৱৰ্কশ্বপ - চেমিনাৰৰ বুকিং কৰিবৰ বাবে ফিচৰ 50 শতাংশ বেংক ড্ৰাফ্ট বা চেকেৰ মাধ্যমেৰে অগ্ৰিম দিয়াৰ আৱশ্যক।

উইনাৰ্চ ট্ৰেক

সূৰ্য সিন্‌হাৰ কিতাপ আৰু কেচেট পাইকাৰীত কিনিবৰ বাবে অথবা

ৱৰ্কশ্বপ - চেমিনাৰৰ

E-mail : winnerztrack@gmail.com

Website : www.suryasinha.com

www.winnerztrack.com

ফোন ঃ 09313632981, 09350527204

আমন্ত্ৰণ

আপুনিও যদি নিজৰ ব্যক্তিত্ব বিকাশ কৰিব বিচাৰে আৰু ব্যক্তিগত ৰূপেৰে লেখক, মানৱ প্ৰশিক্ষক আৰু প্ৰেৰক শ্ৰী সূৰ্য সিন্হাৰ **ন্তুপাৰ্চনোলিটি ডেভেলপমেন্ট প্ৰগ্ৰেমন্দ** এটেণ্ড কৰি বিচাৰে, তেনেহ্নদলে আপুনি এই ৰেজিষ্ট্ৰেচন ফৰ্ম ফিল আপ কৰি আমালৈ প্ৰেৰণ কৰক। আমি আপোনাক **ন্তুপাৰ্চনোলিটি ডেভেলপমেন্ট প্ৰগ্ৰেমন্দ**-ত অন্তৰ্ভুক্ত হ্নদবৰ বাবে আপোনাক আপোনাৰ চহৰত আমন্ত্ৰিত কৰি পাৰো।

ৰেজিষ্ট্ৰেচন ফৰ্ম

আবেদকৰ নাম ঃ ....

পিতা / পতিৰ নাম ঃ ....

মাতাৰ নাম ঃ ....

বয়স ঃ .... বছৰ ....

লিঙ্গ ঃ পুৰুষ ( ) মহিলা ( )

শিক্ষাগত যোগ্যতা ঃ ....

আবেদকেৰ পেচা ঃ ....

ঠিকানা ঃ ....

....

....

ফোন নং ঃ ....

মোবাইল নং ঃ ....

অফিচৰ ঠিকানা ঃ ....

ফোন নং ....

স্হান ঃ ....

তাৰিখ ঃ .... আবেদকৰ হ্স্তাক্ষৰ